이 책을 향한 찬사들

이 세상 문화를 향유하는 대다수 사람들에게는 그리스도인들이 낯설겠지만, 많은 그리스도인들은 급변하는 낯선 문화 속에서 절망감을 느끼거나 두 손을 들어 방어적인 태세를 취하기 쉽다. 이에 대해 팀 켈러는 부드럽지만 확고하게 복음을 풀어내면서 복음이 무엇과도 타협할 수 없는 것임을 상기시킨다. 동시에 그리스도인이 어떻게 책임감을 가지고 세상 문화와 상호작용할 것인지 생각하게 한다. 세상 문화 안에 있는 선한 것들을 긍정하고, 복음을 탄탄하고 충실하게 문화에 적용할 수 있는 방법을 알려 준다. 그러나 기계적인 방법론을 알려 주는 것은 아니다. 이 책은 지난 이십 년 동안 대도시에서 목양 사역을 충성스럽게 감당해 온 사람이 성경의 중요한 주제들에 대해 기록한 성찰과 묵상이다.

D. A. 카슨(D. A. Carson) _ 트리니티 복음주의 신학교 석좌교수

도시, 문화, 교회, 그리고 성경이 이루는 하모니에 팀 켈러보다 더 자세히 귀 기울인 사람을 여태껏 보지 못했다. 《팀 켈러의 센터처치》에서 그는 다양한 종류의 음악을 묘사할 뿐만 아니라 그 결과들을 사역의 전개와 부흥을 위한 교향곡으로 어떻게 지휘했는지 이야기한다. 이제 우리가 귀 기울일 차례다. 저자는 우리가 복음의 위대한 교향곡을 경험할 수 있도록 실제적이고 유용한 방법들을 제시한다.

브라이언 채플(Bryan Chapell) _ 커버넌트신학교 총장

《팀 켈러의 센터처치》는 다음 세대 교회 지도자들에게 지극히 유용한 자원이다. 신학적으로 깊이가 있을 뿐 아니라 우리 생각을 자극하는 활력이 넘치는 책이다. 이 책은 어떤 점에서 당신의 마음을 불편하게 만들 수도 있다. 팀 켈러가 또 한 번 정곡을 찔렀다.

알리스터 벡(Alistair Begg) _클리블랜드 파크사이드교회 담임목사

"우리 교회가 한 것처럼 이렇게 사역하라"라고 말하는 부류의 책은 더 이상 우리에게 필요하지 않다. 다른 교회의 모델을 비판하는 책도 마찬가지다. 이제 우리에게는 교회 사역을 체계적으로 행하되 분별력 있고, 성경적으로 생각할 수 있도록 돕는 책이 필요하다. 《팀 켈러의 센터처치》에는 저자의 경험과 지혜, 그리고 겸손이 가득 담겨 있다. 우리가 살고 있는 도시가 은혜의 복음으로 변혁되는 것을 진지하게 원한다면 이 책이 무척 유용하게 사용될 것이다.

대린 패트릭(Darrin Patrick) _저니교회 담임목사

후기 기독교주의와 세속주의에 문화가 점점 빠져들면서, 그리스도인들이 복음을 잘 이해하고 효과적으로 소통하는 법을 아는 것이 더 중요해지고 있다. 《팀 켈러의 센터처치》에서 팀 켈러는 복음이 무엇이며, 우리가 섬기는 곳에서 어떻게 성공적으로 복음을 전달할 수 있는지를 탁월하게 설명한다. 이 책은 학문적 분석 이상의 작품이다. 삼십 년 동안의 성공적 사역에 기반을 둔 탁월한 목회 코칭이기도 하다. 팀 켈러에게 감사를 표한다.

샌디 윌슨(Sandy Willson) _멤피스 제2장로교회 담임목사

우리들은 대부분 눈에 보이는 대로만 본다. 반면 팀 켈러는 다른 사람들이 보지 못하는 것을 관찰한다. 하나님 말씀의 진리와 당대 문화에 관하여 특별히 더 그렇다. 다시 한 번 그는 깊은 통찰력을 우리에게 제공했다. 바로 교회에 대해서다. 교회가 어떻게 건강한 잠재력을 경험할 수 있는지에 대해서다. 이 책에 관해 듣기만 하고 읽지 않는 것은 정말 어리석은 일이다!

랜디 포프(Randy Pope) _애틀랜타 페리미터교회 담임목사

이 탁월한 책은 그가 기반으로 둔 맨해튼 사역처럼, 개혁주의 신학의 경륜과 지혜로운 목회자의 지성이 어떻게 결합하여 도시 목회에서 영적 결실을 맺을 수 있는지 보여 준다. 모든 페이지마다 광채가 난다. 팀 켈러는 하나님이 지금 우리 시대에 주신 큰 선물이다.

J. I. 패커(J. I. Packer) _리젠트대학 원로교수

《팀 켈러의 센터처치》는 맨해튼에서 일어난 하나님의 지속적이고 뛰어난 사역에 대한 신학적으로 정확하고, 사회적으로 통찰력 있는 설명서다. 뿐만 아니라 현대 도시 문화에 적절하게 녹아든 사역에 대한 매우 중요하고 독창적이며 시기적절한 요청이다. 우리의 도시를 그리스도께 인도하려면 이 책의 원리들을 주의 깊게 배워야 한다.

리처드 코어킨(Richard Coekin) _런던 코미션 교회개척 네트워크 지도자

도시는 도전으로 가득 찬 복잡하면서도 중요한 전략이 필요한 사역지다. 도시에서 사역하는 이들에게는 희망과 효과성을 불붙일 수 있는 격려와 자원들이 요구된다. 그래서 나는 팀 켈러가 이 책을 쓴 것이 참 감사하다. 복음에 대한 그의 열정, 도시에 대한 사랑, 성령의 역사하심에 대한 비전은 사람들의 삶을 변혁시킬 것이다. 또한 도시에 희망과 평화를 불러일으킬 것이다. 팀 켈러는 그의 통찰과 생각을 우리와 나누기 위해 이 책을 썼다. 더욱이 그가 섬기는 교회는 그의 중심과 이 비전의 실재 및 가능성을 보증한다. 준비하라. 당신의 생각은 명료해질 것이며, 당신의 가슴은 감동할 것이다.

크로포드 로리츠(Crawford W. Loritts) _펠로우십성경교회

팀 켈러는 복음 중심적 사역에 꼭 필요한 책을 우리에게 선물했다. 신학적으로 탄탄하고, 실천적으로 심오한 이 책은 우리 삶과 교회 사역에 대한 복음의 의미를 총체적으로 꿰뚫고 있다. 그리고 성경신학과 실천신학을 탁월하게 연결했다. 나는 팀 켈러 및 리디머 시티투시티(Redeemer City to City)와 함께 사역하면서 많은 도움을 받았다. 전 세계에서 이 책을 통해 교회와 사역에 심원한 영향을 받는 것도 목도했다. 이 책은 강의 그 이상이다. 교회들이 꼭 필요로 하는 생명력과 재생산력이 있는 복음의

신학이다. 생각하는 그리스도인의 서재라면 꼭 있어야 할 책이다.

스티븐 엄(Stephen T. Um) _시티라이프장로교회 담임목사

만약 교회 지도자들이 신학적으로 생각만 하고 세상을 복음의 관점에서 바라보거나 교회들이 복음의 지혜로 살아가도록 돕지 않는다면 그것은 목회자의 부르심을 저버리는 일이다. 오늘날 팀 켈러보다 이 작업을 더 분명히 잘할 수 있는 사람은 없다. 그는 복음을 모든 환경에 맞추어 간단하고 쉬운 모델로 만들어 세일즈하기를 거절한다. 대신 교회들이 다양한 부름에 따라 독특한 문화적 맥락 속에서 충성되고 열매 맺을 수 있는 여러 가지 길들을 부각시킨다. 정말로 당신이 복음으로 교회 정체성을 세우고, 중요한(그리고 어려운) 질문들을 어떻게 물어야 할지 배우고 싶다면 이 책을 읽으라.

리처드 린츠(Richard Lints) _고든콘웰신학대학원 석좌교수

팀 켈러의 책 중에서 《팀 켈러의 센터처치》야말로 내가 가장 좋아하는 책이라고 자신 있게 말할 수 있다. 이 책은 진정 팀 켈러가 지닌 지혜의 총화를 보여 주는 것 같다. 복음 가운데 오랫동안 숙성되고, 성경 본문 주해에 근거하며 우리 문화의 정신을 통찰한 종합체이다. 독설하지 않으면서 대화하는 그의 적극성, 하나님 은혜의 심원한 결과들에 대해 끝까지 사유하는 그의 헌신성, 예수님의 신부와 하나님의 나라와 구속사에 대한 그의 큰 사랑이 여기에 결집되어 있다. 모든 것이 신선하게 펼쳐진다. 얼마나 탁월하고 실천적인 책인가! 떠오르는 지도자들, 그리고 꿈꾸고 싶은 교회들과 함께 이 책을 사용하기를 손꼽아 기다린다.

스코티 스미스(Scotty Smith) _그리스도공동체교회 설립목사

많은 사람들은 팀 켈러가 목회자이며 변증가이고 신학자인 줄 알고 있다. 그러나 그는 동시에 도시 전도자이다. 《팀 켈러의 센터처치》에서는 그의 비전과 소명의 다양한 측면들이 한 자리에서 펼쳐진다. 이 책은 필독서 이상의 것이다. 도시 속에서 하나님 나라의 사역을 위해 팀 켈러가 그의 심장과 인생을 헌신하여 바친 선물이다.

마크 고닉(Mark R. Gornik) _시티신학교 학장

《팀 켈러의 센터처치》는 우리 시대의 가장 위대한 선교 서적 중 하나다. 이 책은 복음의 수단을 통해 도시 전체를 변혁시킬 만큼 강력한 교회의 비전을 제시한다. 팀 켈러는 뛰어난 교사이며, 탁월한 지도자이고, 예수님의 모범적인 제자다. 이것은 가치 있는 책이다!

앨런 허쉬(Alan Hirsch) _포지선교훈련네트워크 설립자

우리는 뛰어난 교회 지도자들과 놀라운 기독교 사상가들이 많은 시대에 살고 있다. 그러나 내가 보기에는 팀 켈러보다 더 사려 깊은 교회 지도자는 없는 것 같다. 《팀 켈러의 센터처치》는 깊이 있는 신학적 성찰과 분별 있는 문화적 주해의 결과로 형성되는 교회 사역에 대한 요청서다. 용기 있는 지도자들이 그런 사역을 수행할 때 도시는 다시금 복음 아래 번성하게 될 것이다.

존 오트버그(John Ortberg) _멘로파크장로교회 담임목사

뉴욕에 있는 팀 켈러의 교회는 지역 사회를 지혜롭게, 성경적으로, 효과적으로 연결하는 복음 중심적 사역의 모델들 중에서 가장 뛰어난 교회로 꼽는다. 이것은 주로 팀 켈러의 복음에 대한 깊은 이해와 문화를 해석하는 탁월한 은사 덕분이다. 그의 최신 책은 어디서 사역을 하든 상관없이 누구에게나 탁월하고 유용한 도구가 될 것이다. 《팀 켈러의 센터처치》는 팀 켈러의 사역을 복제하기 위한 매뉴얼이 아니다. 이 책은 그보다 훨씬 중요하며, 예수 그리스도의 복음이 어떻게 문화, 사역, 그리고 그리스도인의 삶에 관련되는지 보여 주는 신학적 비전이다.

필립 라이켄(Philip Ryken) _휘튼대학 총장

Shaped by the Gospel
Copyright © 2016 by Redeemer City to City and Timothy J. Keller
Used by permission of Zondervan. www.zondervan.com
Korean Translation Copyright © 2018 by Duranno Ministry

This Korean edition published by arrangement
with Redeemer City to City and Timothy J. Keller c/o McCormick Literary
through Duran Kim Agency, Seoul

이 책의 한국어판 저작권은 듀란킴 에이전시를 통해
McCormick Literary와 독점 계약한 두란노서원에 있습니다.
저작권법에 의하여 한국 내에서 보호받는 저작물이므로 무단 전재와 무단 복제를 금합니다.

복음으로 세우는 센터처치

지은이 | 팀 켈러, 마이클 호튼, 데인 오틀런드
옮긴이 | 오종향
초판 발행 | 2018. 2. 12
5쇄 발행 | 2024. 5. 17
등록번호 | 제1988-000080호
등록된 곳 | 서울특별시 용산구 서빙고로65길 38
발행처 | 사단법인 두란노서원
영업부 | 2078-3333 FAX | 080-749-3705
출판부 | 2078-3332

책값은 뒤표지에 있습니다.
ISBN 978-89-531-3080-7 04230
       978-89-531-3079-1 04230 (세트)

독자의 의견을 기다립니다.
tpress@duranno.com   www.duranno.com

두란노서원은 바울 사도가 3차 전도 여행 때 에베소에서 성령 받은 제자들을 따로 세워 하나님의 말씀으로 양육
하던 장소입니다. 사도행전 19장 8-20절의 정신에 따라 첫째 목회자를 돕는 사역과 평신도를 훈련시키는 사역,
둘째 세계선교™와 문서선교(단행본·잡지) 사역, 셋째 예수문화 및 경배와 찬양 사역, 그리고 가정·상담 사역 등을 감
당하고 있습니다. 1980년 12월 22일에 창립된 두란노서원은 주님 오실 때까지 이 사역들을 계속할 것입니다.

복음으로 세우는
센터처치

팀 켈러, 마이클 호튼, 데인 오틀런드 지음

오종향 옮김

두란노

Contents

Part 1

｛복음 신학｝

복음은 모든 것을 새롭게 한다

Part 2

[복음 부흥]

복음 중심적 부흥을 준비하라

센터처치
신학적 비전을
나누며

이 시리즈에 대한 소개

대개 두 가지 종류의 책들이 목회자들과 교회 지도자들을 대상으로 저술된다. 한 가지는 모든 교회에 해당되는 일반적인 성경적 원리를 제시한다. 이런 책들은 성경에 대한 주해와 성경신학으로 시작해서 성경적인 교회의 특징과 역할을 열거한다. 가장 중요한 특징이라면 성경 말씀에 충실하고 교리적으로 건전하다는 점이다. 그러나 이런 종류의 책들은 전도, 교회 리더십, 공동체, 멤버, 예배, 봉사 등에 대한 성경적 기준을 요구한다.

두 번째 범주의 책들은 이 스펙트럼의 정반대에서 움직인다. 이 책들은 성경 구절들을 많이 인용하기는 하지만, 성경적·신학적 기초를 놓는 데는 시간을 많이 쓰지 않는다. 대신, 이 책들은 "어떻게 할 것인가"에 대한 실용적인 책들이다. 특정 스피릿, 프로그램, 목회 방법들을 제시한다. 이 계열의 첫 번째 책들은 1970년대와 1980년대 교회 성장 운동이 한창이던 시기에 피터 와그너, 로버트 슐러와 같은 저자들을 통해 폭발적으로 등장했다. 이 계열의 두 번째 세대는 성공적인 교회에 대한 개인적인 간증이 가득한 책으로서 교회를 개척해서 일구어 낸 목사들이 쓴 것들이다. 다른 사람들이 사용할 수 있도록 실천적인 원리들을 뽑았다. 실용적인 교회론 서적의 세 번째 세대가 나온 지는 10년이 넘었는데, 교회 성장을 위한 "이렇게 하라"를 정면으로 비판하는 책들이다. 좋은 교회가 현장에서 어떤 모습이어야 하는지에 대한 그림들과 사례 제시로 구성되어 있다. 사역을 어떻게 조직화하고 실행할지에 대한 실천적인 조언들을 제시한다.

물론 그 책들로부터 내가 사용할 수 있는 한 가지 이상의 좋은 아이디어들을 거의 매번 찾을 수 있었다. 그러나 전체적으로, 그 책들이 의도하는 것보다는 별로 도움이 안 됨을 발견했다. 그 책들은 특정 환경에서 특정 시기에 사용된 기법과 모델을 명시적이든 암시적이든, 거의 절대화해서 가르친다. 내가 분명히 확신하기에 그 기법들 중 많은 것들은 뉴욕과 잘 맞지 않는다. 저자들이 주장하는 것처럼 보편적으로 적용되는 것이 아니다. 특히, 미국 이외의 나라에 있는 교회 지도자들은 미국의 도시 외곽 지역(suburb)에 있는 교회에서 유효한 목회 모델이 세계 어디에서나 적용될 것이라는 관점에 대해 불편하게 느낀다.

리디머교회에서 우리가 경험한 것에 대해 가르치거나 저술하라고 사람들이 내게 요청할 때 내가 깨달은 것은 대부분 두 번째 종류의 책을 바란다는 것이었다. 목회자들은 그들이 신학교에서 배운 바 있는 교회의 삶에 대한 성경적 교리와 원리들을 다시 요약하는 것을 바라지 않았다. 대신, 그들은 '성공 비결'에 대한 책을 찾고 있었다. 그들은 도시인들에게 효과적인 특정 프로그램과 방법론을 배우고 싶어 했다. 어떤 목회자는 이렇게 말했다. "나는 윌로우크릭 모델을 시도했습니다. 이제 나는 리디머 모델을 해 보려고 합니다."

사람들이 우리에게 오는 것은, 미국에서 교회를 가장 안 다니고 가장 세속적인 도시에서 우리가 번성하고 있다는 것을 알았기 때문이다. 그러나 방문자들이 1990년대 초반과 중반에 리디머교회를 왔을 때 새로운 모델을 발견하지 못하고 실망했다. 적어도 독특하고 새로운 프로그램의 형태로는 없었다. 리디머교회가 열매를 맺은 진정한 비결은 목회 프로그램에 있는 것이 아니라, 보다 깊은 수준에서 작동하는 것에 있었던 것이다.

하드웨어, 미들웨어, 소프트웨어

도대체 더 깊은 수준에 있는 것은 무엇인가? 시간이 흐르면서, 그것은 사역의 분명한 두 차원 사이에 있는 중간 영역이라는 것을 깨닫게 되었다. 우리 모두는 교리적 기초(doctrinal foundation)라는 것을 갖고 있다.

신학적 신념의 집합이다. 그리고 우리 모두는 특정한 사역 형태(forms of ministry)를 갖고 있다. 그러나 많은 사역자들은 교리적 확신이나 문화적 맥락에 다 맞지 않는 프로그램과 사역 방법을 채택한다. 바깥에서 사실상 "고형화 된"- 때로는 교회의 신학 및 맥락 모두에 이질적인 - 유명 방법론을 도입하는 것이다. 이런 일이 일어날 때, 효과성은 결여된다. 그런 사역으로는 교회 안에 있는 사람들의 삶을 변화시키지 못하며 지역 도시에 사는 사람들 속으로 파고들지 못한다. 왜 안 되는 것일까? 프로그램들이 복음 이해 및 지역 문화 특성에 대한 성찰로부터 우러나오지 않았기 때문이다.

교리적 기초를 '하드웨어'라고 부르고, 사역 프로그램들을 '소프트웨어'라고 부른다면, '미들웨어'라고 부르는 부분을 이해하는 것이 중요하다. 나는 컴퓨터 전문가는 아니지만, 컴퓨터를 잘 다루는 친구들의 말에 의하면, 미들웨어라는 것은 하드웨어 및 운영시스템과 다양한 유저 소프트웨어 프로그램들 사이에서 기능을 맡는 소프트웨어 층이라고 한다.

마찬가지로 한 사람의 교리적 믿음과 사역 방법들 사이에는 특정 문화적 상황과 역사적 순간 속으로 복음을 어떻게 가져갈 것인가에 대해 잘 고안된 비전이 있어야 한다. 이것은 단순한 교리적 신념보다는 훨씬 더 실천적인 것이며, 사역을 위한 "이렇게 하라"라는 방법론들보다는 훨씬 더 신학적인 것이다. 일단 이 비전이 서 있고, 바르게 강조되고, 가치가 부여되면, 교회 지도자들이 - 도심에 있든, 주택가에 있든, 시골에 있든 간에 - 예배, 훈련, 전도, 봉사, 사회 참여 등에 있어서 좋은 의사결정을 내리는 데 있어 중추적 역할을 하게 된다.

신학적 비전

이 '미들웨어'는 고든콘웰신학교의 신학교수인 리처드 린츠(Richard Lints)가 "신학적 비전"(theological vision)이라고 부른 것과 비슷하다.[1] 린츠에 의하면, 우리의 교리적 기초는 성경에서 추출된 것으로서, 모든 것의 출발점이다.

> 신학은 먼저 하나님과의 대화에 관한 것이어야 한다. … 하나님은 말씀하시고 우리는 듣는다. … 그리스도인의 신학적 틀은 주로 듣는 것에 대한 것이다 - 하나님께 귀 기울이는 것이다. 신학을 함에 있어서 접하게 되는 가장 큰 위험 중 하나는 모든 일을 우리가 다 하려는 열망이다. … 우리는 하나님이 성경에서 무엇을 말씀하실 수 있고, 말씀하셨는지에 대해 외부적인 개념의 경계선을 그음으로써 매우 자주 이러한 유혹에 굴복한다. … 우리는 구속의 메시지를 문화의 이야기에 담으려고 하는데, 문화의 이야기들은 복음의 실제 의도를 왜곡하기도 한다. 또는 우리는 복음을 순전히 전통의 관점에서 보려는 시도들도 하는데, 문제는 그 전통이 십자가에서 이루신 그리스도의 구속적 사역과는 현실적인 관계성이 전혀 없다는 점이다. 또는 우리는 하나님이 이성의 개념을 정의하시게끔 하지 않고, 하나님 개념 자체에 대해 이성적 제한을 둔다.[2]

그런데 교리적 기초만으로 충분한 것은 아니다. 어떤 구체적인 사역 방법들을 선택하기 전에, 당신은 그 교리적 신조들이 "현대 세계에 어떻게 관련되는지"를 먼저 물어야만 한다. "질문의 과정을 통하여 신학적 비전이 형성된다."[3] 달리 말하면, 신학적 비전은 당신의 교리를 가지고 특정 시간과 장소에서 무엇을 행할 것인지에 대한 비전이다.

그럼, 신학적 비전은 어디에서 형성되는가? 린츠는 이것이 당연히 성경 자체에 대한 깊은 성찰에서 오는 것임을 보여 준다. 또한 우리를 둘러싼 문화에 대해 많은 시간을 할애하여 생각하는 것에 달려 있다.

린츠는 왜 우리가 교리적 기초에 멈추어 머물 수 없으며 우리의 무대 환경까지 보아야 하는지를 설명한다. 그 무대는 우리의 역사적 시점과 문화적 장소이다. 린츠가 제시하는 매우 중요한 사항을 보자:

> 신학적 비전을 통해서 사람들은 전에는 전혀 볼 수 없었던 방식으로 전혀 다르게 문화를 볼 수 있게 된다. … 신학적 비전을 갖추고 있는 사람들은 문화의 주류 흐름에 단순히 반대해서 거스르지 않으며, 성경의 틀로부터 그 문화를 이해하고 문화와 대화할 수 있는 주도성을 갖게 된다. … 현대의 신학적 비전은 반드시 하나님의 말씀 전체를 현시대의 세상 속으로 가져가야 한다. 그래야만 시대가 변혁될 수 있다.[4]

이런 관점에서, 나는 신학적 비전을 형성하기 위해 비슷하지만 좀 더 구체적인 질문들을 제안한다. 우리가 이 질문들에 답을 해 나가다 보면, 신학적 비전이 도출될 것이다.

- 복음은 무엇이며 어떻게 우리가 이것을 현대인의 마음에 다가오도록 제시할 것인가?
- 문화는 어떤 모습인가? 우리는 문화에 어떻게 연결되고 동시에 어떻게 도전하면서 소통을 할 것인가?
- 우리는 어디에 위치하고 있는가 - 도심, 교외, 작은 도시, 시골 - 그리고 이것이 어떻게 우리의 사역에 영향을 미치는가?
- 공공 영역과 문화 생산에 어떻게 그리고 얼마나 그리스도인이 참여할 것인가?
- 교회 안의 다양한 사역들을 - 말씀, 실천, 공동체, 교육 - 어떻게 상호 연결할 것인가?
- 우리 교회는 얼마나 혁신적이며 얼마나 전통적이어야 하는가?
- 우리 교회는 도시와 지역 안에서 다른 교회들과 어떻게 연결될 것인가?
- 기독교의 진리를 세상에 어떻게 제시할 것인가?

우리의 신학적 비전은 교리적 기초에서 성장해 나오는 것이지만, 암묵적 또는 명시적 문화 이해를 포함하며 사역에 관한 우리의 결정들과 선택들에 가장 밀접하게 영향을 미친다.

복음을 충실하게 재 진술한 문장으로서, 삶과 사역과 선교가 역사의 현 시점에서, 그리고 한 특정 문화 속에서 어떤 모습을 띠어야 할지에 대한 풍성한 시사점을 포함하는 것이 신학적 비전이다(다이어그램을 보라).

무엇을 할 것인가

어떻게 복음이 특정 지역 사회에서 특정 시대에
특정 교회 안에서 표현될 것인가

- 지역 문화에의 적응
- 예배 스타일과 전체 순서
- 제자도와 전도의 과정
- 교회의 리더십 구조와 운영 이슈

어떻게 볼 것인가

복음을 충성되면서도 새롭게 표현하되, 동시대의
문화 속에서 삶, 사역 및 사명에 대한 풍성한 적용
점을 찾는 것.

- 비전과 중요 가치들
- 사역 DNA
- 강조점들, 관점들
- 사역 철학

무엇을 믿을 것인가

성경에서 나온 시간을 초월한 진리들로서 하나님
에 대하여, 그분과의 관계에 대하여, 세상에 가지
신 하나님의 목적들에 대하여

- 신학적 전통
- 교단적 관계
- 조직 신학 및 성경 신학

센터처치

이 책은 2012년에 《팀 켈러의 센터처치》라는 이름으로 처음 출간된 것의 일부이다. 그 책에서 나는 리디머교회의 사역 원리로 역할한 신학적 비전을 제시했다. 우리가 '센터처치'라는 이름으로 의미했던 것은 무엇이었나? 우리는 여러 가지 이유로 이 이름을 선택했다.

1. 복음이 중심(센터)에 있다.

복음 중심적인 것은 복음을 믿는 것이나 복음을 설교하는 것과 별개의 것일 수 있다.

2. 중심(센터)은 균형의 장소이다.

성경이 하는 것처럼 균형을 잡아야 한다. 말씀의 사역과 실천의 사역 사이에서; 인간 문화를 도전하는 것과 인정하는 것 사이에서; 문화 참여와 문화적 차별성 사이에서; 진리에 대한 헌신과 같은 믿음을 공유하지 않는 타인들에 대한 관용 사이에서; 실행 방식의 전통과 혁신 사이에서.

3. 신학적 비전은 도시 및 문화의 중심(센터)에 의해서 또한 그들을 위해서 형성되어야 한다. 전 세계의 도시 중심부에서의 사역은 21세기 교회의 가장 중요한 우선순위이다. 우리의 신학적 비전은 폭넓게 적용될 수 있지만, 특히 도시의 경험에 의해서 각별한 적용점을 가진다.

4. 신학적 비전이 사역의 중심(센터)에 있다.

신학적 비전은 교리와 형태 사이에 다리를 만들어 낸다. 모든 사역들이 어떻게 일어나는지에 대해 가장 중심이 되는 것이다. 두 개의 교회가 상이한 교리 체계와 사역 형태(실천)들을 갖고 있지만, 동일한 신학적 비전을 소유할 수 있다 - 그리고 그들은 자매 사역 기관이라고 느낄 것이다. 다른 한편으로, 두 개의 교회들이 유사한 교리 체계와 사역 형태를 가지면서도, 전혀 다른 신학적 비전을 소유할 수도 있다. 그러면 그들은 서로 다르게 인식할 것이다.

센터처치 신학적 비전은 세 개의 기본적인 헌신 내용으로 요약될 수 있다 - 복음, 도시, 그리고 운동이다.[5] 센터처치 시리즈의 각각의 책은 이 세 가지 헌신 내용들을 다루고 있다.

복음

개별적인 성경교리들을 모두 갖고 있으면서도 실질적으로는 복음을 놓칠 수 있다는 점을 성경과 교회사를 통해 알 수 있다. 그러므로 모든 새로운 시대와 환경마다 '복음을 분명하고 강력하게 소통하는' 방법을 찾아내는 것은 매우 중요하다. 복음의 반대편에 있는 것들과 유사품들과 구별하는 것이 필요하다.

도시

모든 교회들은 각각의 지역 공동체와 사회 환경을 이해하고, 사랑하고, 동일시해야 한다. 또한 동시에 비판하고 도전할 수 있는 역량과 의지를 가져야 한다. 각각의 교회는 도시에 있든지, 교외지역에 있든지, 또는 시골에 있든지 간에 (그리고 많은 경우의 수와 조합이 존재한다) 그 지역들에서 일어나는 사람들의 삶의 독특한 면들에 대하여 지혜로워야 하고 소통할 수 있어야 한다. 그러나 우리는 또한 기독교와 교회들이 어떻게 전반적인 문화에 참여하고 상호작용을 할 것인지를 생각해야 한다. 이것은 서구문화가 점점 후기 기독교사회로 접어들면서 매우 첨예한 이슈가 되고 있다.

운동

신학적 비전의 마지막 영역은 교회의 '관계'들과 관련 된다 - 지역사회, 가까운 과거, 오래된 역사, 그리고, 다른 교회들과 사역 단체들. 어떤 교회들은 매우 제도적이며, 과거의 전통을 강조하는 반면, 다른 교회들은 제도를 거부하며, 유기적이며, 지속적 혁신과 변화를 강조한다. 어떤 교회들은 특정한 교회사적 전통에 충성하려고 한다. 그래서 역사적, 전통적 의례들과 사역의 관례들을 소중히 여긴다. 어떤 특정 교단에 속하거나 새로운 전통에 강력하게 동의하는 교회들은 변화를 거부하기도 한다. 스펙트럼의 다른 쪽 끝에는 신학적, 교회사적 전통과는 연관성을 거의 못 느끼는 교회들이 있다. 이들은 다른 다양한 교회들과 사역 단체들과 쉽게 연결이 되곤 한다. 이런 모든 다양한 관점들은 우리가 실제로 사역을 어떻게 할 것인가에 막대한 영향을 끼친다.

세 축의 균형

신학적 비전의 원리들을 형성함에 있어 지혜와 균형의 필요성을 표현하는 가장 단순한 방법은 세 축들을 생각하는 것이다.

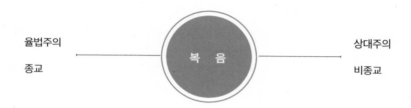

1. 복음 축

이 축의 한 쪽 끝은 율법주의이다. 이것은 우리가 어떻게 사는지에 따라 자신을 구원할 수 있다고 단언하는 가르침 또는 암시하는 마음 상태이다. 다른 끝에는 율법폐기론이 있는데, 대중적인 용어로 상대주의라고 한다. 이것은 우리가 어떻게 사는지는 중요하지 않다는 것이며, 하나님이 계시다면 모든 사람을 똑같이 사랑하리라는 주장이다. 그러나 복음은 율법주의도 아니고, 상대주의도 아니다. 우리는 오직 믿음과 은혜만으로 구원된다.

물론 믿음만으로 구원받는 것이 아니다. 진정한 은혜는 거룩과 정의가 특성인 변화된 삶으로 언제나 열매를 맺는다. 물론 이단적 가르침 때문에 복음을 놓치는 일도 생길 수 있다. 즉, 더 이상 그리스도의 신성을 믿지 않거나 칭의의 교리를 믿지 않는다면, 상대주의로 미끄러지고 만다.

또한 건전한 교리를 고수하면서도 죽은 정통(자기 의[self-righteousness]의 마음 상태), 균형을 잃은 정통(특정 교리를 과도하게 강조해서 복음 메시지를 흐리는 것), 또는 심지어 '오리무중 정통'(마치 신학교처럼 교리를 파고들지만 사람들의 마음을 꿰뚫지는 못하고, 죄의 확신과 은혜의 아름다움을 경험하지 못하는 것)의 모습들이 될 수도 있다. 우리의 복음 소통과 실천은 결코 율법주의나 방종함으로 흘러서는 안 된다. 그런 식으로 흘러가는 만큼, 삶을 변화시키는 능력을 상실하게 된다.[6]

과소 적응
도전뿐

도 시

과도 적응
수용뿐

2. 도시 축(문화 축으로 불러도 된다)

사람들에게 다가서기 위해서는 그들의 문화를 이해하고 적응해야 한다. 또한 반드시 문화를 도전하고 직면해야 한다는 점을 다룬다. 이것은 성경적 가르침 위에 기초하고 있다. 모든 문화들에는 하나님의 은혜와 자연계시가 담겨 있지만, 동시에 반역적인 우상 숭배도 함께 있다. 우리가 문화에 과도하게 적응한다면, 우리는 문화의 우상들을 받아들이게 된다.

반대로 문화에 과소하게 적응한다면 우리의 문화를 절대적인 것으로 우상시하게 된다. 우리가 문화에 과도하게 적응한다면, 우리는 사람들을 도전하지 못한다. 그들에게 변화하라고 요청하지 못하는 까닭이다. 우리가 문화에 과소하게 적용한다면, 그 누구도 우리의 이야기에 귀 기울이지 않을 것이며 아무도 바뀌지 않을 것이다. 이런 상황은 우리를 혼란스럽게 하고, 좌절하게 하고, 또는 신뢰성이 없게 만든다. 사역이 문화에 과도하거나 과소하게 적용하는 정도만큼 삶을 변화시키는 능력을 상실하게 된다.

3. 운동 축

어떤 교회들은 자기의 신학적 전통에 너무나 강한 일체감을 가진 나머지 복음주의적인 다른 교회들이나 기관들과 대의를 합하여 공동 목적을 위해 도시나 일터에 함께 다가서지 못한다. 그들은 또한 과거에서 온 사역 형태를 강하게 추종하는 경향이 있어서 매우 구조적이고 제도적으로 움직인다. 다른 어떤 교회들은 강하게 반제도적이다. 그들은 전통이나 교단과 전혀 일체감을 갖지 않으며, 기독교 전통 자체와 많은 관련이 없다고 본다. 때때로 그들은 아무런 제도적 특성이 없이, 전적으로 유동적이고 비공식적이다. 양 극단에 있는 교회들은 지도력 개발을 저해받게 되고, 몸과 공동체로서의 교회의 건강을 상실하게 된다는 것을 발견하게 될 것이다. 이런 실수를 범하는 정도만큼, 생명을 전달하는 교회의 능력이 상실된다.

사역이 이런 축들의 "중심으로부터" 더 많이 일어날수록, 더 큰 역동성과 효과성이 생기게 된다. 이 축과 스펙트럼의 어느 한 끝으로 치우친 사역은 사람들의 삶을 변화시키는 능력을 잃어버리게 된다.

《팀 켈러의 센터처치》의 원 저작과 마찬가지로, 나의 희망은 각각의 세 권의 책이 유용하고 도전적인 토론을 일으키는 것이다. 얇은 세 권으로 나오는 이 책들이 세 가지 축들의 각각을 다루고 있다.

《복음으로 세우는 센터처치》는 복음에 대한 성경적 관점을 회복할 필요성을 살펴본다. 우리의 교회들은 복음-신학적 깊이가 특징이어야 한다. 교리적 천박함, 실용주의, 무성찰, 또는 수단 중심적인 철학이어서는 안 된다. 또한, 우리는 부흥을 경험해야 한다. 그래서 지속적으로 은혜의 기조가 모든 것에 적용되어야 한다. 우리의 사역은 율법주의나 냉랭한 지성주의의 표가 있어선 안 된다.

《도시를 품는 센터처치》는 문화에 감수성이 있을 필요성을 강조한다. 우리의 문화적 순간들을 무시하거나 집단들 내부에 발생하는 문화적 차이에 대해 무감각하지 않는다. 우리가 도시를 사랑하는 방법들을 채용함으로써 어떻게 우리들의 도시를 위한 비전을 만들 수 있는지를 살핀다. 도시에 대해 적대적이거나 무관심한 접근법을 택하지 않는다. 또한 우리는 어떻게 문화에 참여할지를 고찰한다. 너무 승리주의적인 접근법을 피할 뿐만 아니라 고립하거나 숨어버리는 태도를 멀리한다.

《운동에 참여하는 센터처치》는 왜 교회의 각 사역이 외부 지향적이어야 하는지를 제시한다. 비신자들이 교회에 찾아오는 것을 전제로 한다. 신자들이 세상에서 하는 사역을 지원한다. 우리는 말씀 '그리고' 실천에 있어서 통합적인 사역을 할 필요가 있다. 가난한 사람들의 영적, 신체적 필요들을 채우도록 돕는다. 뿐만 아니라 문화 중심부에서 살며 일하는 사람들도 돕는다. 마지막으로 다른 신자들과 기꺼이 협력하려는 마음가짐의 필요성을 살펴본다. 자신의 영역을 고수하려는 자세를 갖지 않으며 도시 전체를 위한 비전을 촉진하기를 힘쓴다.

이 세 권의 책의 목표는 '리디머 모델'을 제시하는 것이 아니다. 이것은 '교회 사역 매뉴얼'이 아니다. 우리는 사역을 위한 특정한 신학적 비전을 제시한다. 이는 최근의 현대적 서구 국제화가 위세를 떨치고 있는 오늘의 시대에 많은 교회들이 사람들을 복음으로 이끄는 데 기여할 수 있을 것이다. 이것은 특히 세계의 대도시들에 적용되지만, 이러한 문화적 변동은 곳곳에서 감지할 수 있다. 그래서 우리는 이 책이 아주 다양한 사회 환경에 있는 교회 지도자들에게 매우 유용하기를 소망한다. 우리는 독자들에게 추천하는 비전은 현대인의 삶에 복음을 적용하며, 상황화를 하며, 도시를 이해하며, 문화 참여를 하며, 사명을 위한 제자도를 일으키며, 다양한 사역들을 통합하며, 지역 교회와 세계에서 운동성을 일으키는 것이다. 이러한 강조점들과 가치들의 집합은 - 센터처치 신학적 비전 - 모든 종류의 맥락에 있는 교회들에 모든 종류의 교회 모델과 방법론들을 힘차게 할 수 있다. 자신의 신학적 비전을 가시화하는 과정을 독자가 받아들인다면, 훨씬 나은 사역 모델과 방법론의 선택을 할 수 있을 것이다.

팀 켈러 ————————

《센터처치》
시리즈를
내놓으며

_____

《팀 켈러의 센터처치》는 오늘날 사역 현장에서, 특히 도시와 도시화된 지역에서 일하는 교회 리더들을 위한 교과서이다. 이 책은《팀 켈러의 센터처치》의 첫 두 파트들, 즉 '복음 신학' 및 '복음 부흥'의 챕터들의 내용들로 구성되었다. 각 챕터에 대하여 두 명의 작가가 소감문을 작성해 주었으며, 그에 대한 나의 소감문이 추가되었다. 아주 훌륭한 에세이를 쓴 두 명의 작가는 마이클 호튼과 데인 오틀런드이며 그들은 복음 신학과 복음 부흥에 대해 각각 썼다.

《팀 켈러의 센터처치》의 주제는 복음이 단지 구원에 필요한 몇 구절의 요약판이 아니라는 것이다. 모든 사역은 복음에 의해서 공급되고, 형성되고, 인도되어야 한다. 따라서 복음 신학과 복음 부흥의 내용이 다른 모든 것들의 근본이 된다. 교회 사역의 모든 영역에 적용하기 전에, 우리는 무엇이 복음인지에 대한 명확한 이해를 가져야 한다.

이 책에서 볼 수 있듯 나의 답변 에세이를 세 가지로 정리했다. 감사한 것, 유용한 것, 흥미로운 것이 그것이다. 두 에세이의 기고자들은 《팀 켈러의 센터처치》의 어떤 주제들에 찬성하거나 보완하는 논증들과 예시들을 써서 더 강화시켰다. 여기까지 감사한 부분이다. 이러한 긍정적인 입장에 대해 감사하다. 또한 기고자들이 비판하거나 반대하는 부분들이 있다. 이러한 비판의 부분들은 예외 없이 매우 유용했다. 나는 그들의 의견에 동의하면서 "당신이 옳습니다"라고 말하기도 했으며, 또 부분적으로 동의하지 않더라도 내가 기존과 다르게, 새로이 할 수 있는 것들을 배우기도 했다. 이 부분을 독자와 나눈다. 여기까지가 유용한 부분이다.

마지막으로, "그렇게 생각하지 않습니다. 그렇지만 당신의 제안은 흥미롭습니다" 하는 범주도 있었다. 다시 말해서, 기고자들의 비판에 동의하지 않지만, 그들이 제기한 쟁점들은 더 깊이 생각하도록 해주었다. 나는 더 깊이 생각해 보는 시간을 갖고 그 열매를 거두었다. 이것이 흥미로운 부분이다.

내가 말해야 할 것은 나중으로 미루겠다(본문에서 구체적인 답을 할 것이다). 그러나 여기에서 가장 중요한 것 두 가지를 요약해서 이야기하려 한다. 첫 번째는 《팀 켈러의 센터처치》가 너무 짧다는 것이다. 그 말이 우습게 들릴 것이다. 왜냐하면 이 책은 20만 개 이상의 단어와 수십 개의

박스 글, 수백 개의 주가 있기 때문이다. 어느 면에서 《팀 켈러의 센터처치》는 길어서 세 권으로 나누기까지 한다. 그렇지만 《팀 켈러의 센터처치》가 여러 영역을 다루었기 때문에, 내용에 대한 많은 비판들은 사실상 어디선가 실제적으로 포함되었어야 하는 것들이었다. 데인 오틀런드가 '복음 부흥'에서 아쉬워한 것들의 상당 부분은 《팀 켈러의 설교》에 있다. 다른 기고자들은 어떤 논점이 추가되거나 주장되어야 한다고 비판할 수도 있다. 그 내용들은 《팀 켈러의 정의란 무엇인가》,《팀 켈러의 일과 영성》에 주로 담겨 있다. 나는 오늘날 사람들을 훈련하는 사역에 있어서 이러한 자료들이 내가 생각한 것 이상으로 요긴하며 결코 간과될 수 없다는 점을 발견했다.

두 번째 말하고 싶은 것은 나는 우선적으로 실행가, 즉 현직 설교자이며 목회자이지 신학자는 아니라는 것이다. 이것이 의미하는 바는 나의 실제적인 사역이 내가 그것을 신학적으로 설명한 것보다 더 완전하다. 많은 기고자들이 이렇게 말한다. "켈러가 '이것'을 말하지만 그것을 '저것'과 연결시키지 않는다." 또 종종 그들은 이런 말도 친절하게 덧붙인다, "나는 그가 설교할 때 어떻게 하는 것을 알지만, 이 책에는 그것이 없다."

다른 많은 실행가들처럼, 나는 어떤 것을 실제로 숙련되게 할 수 있지만, 그것을 내가 어떻게 했는지 또는 다른 사람이 어떻게 그것을 할 수 있는지 설명하는 데에는 약하다. 어떤 기고가의 글들은 내가 부족했던 부분들이 어디인지 보여 주었다.

이 모든 것을 이야기하는 바는, 기고자의 글들이 여러분의 손에 담긴 이 책의 가치를 굉장히 높여 주었다는 것이다. 이 책에서 오고간 대화와 추가된 통찰들이 원래의 내용과 더불어 그리스도인들이 점점 더 복잡해지는 세상 속에서 사역을 감당하도록 구비함에 있어서 귀중한 훈련 도구가 되기를 소망한다.

왜 다시
센터처치인가

────────

《팀 켈러의 센터처치》가 새롭고 읽기 쉬운 포맷으로, 보다 다듬어지고 추가된 내용으로 새롭게 나온 것을 기쁘게 생각한다. 게다가 이번 버전은 여덟 명의 신학자 또는 목회자가 소감문을 쓰고 그에 대해 켈러가 답변하는 방식으로 쓰고 있으니, 잘 준비된 멋진 대담을 시청하는 즐거움도 선사한다. 필자는 센터처치를 번역한 이후, 《팀 켈러의 센터처치》를 5번 이상 줄치며 읽은 목사님들도 만났고, 3-4번 이상 팀을 만들어 스터디하는 목사님들도 만났다. 팀 켈러와 센터처치의 신학적 비전에 관심이 많아지는 것은 기쁜 일이다. 2001년 가을부터 3년간 리디머교회를 출석하면서 팀 켈러 목사의 설교와 전도와 목회와 교회 개척 운동에 깊은 동의를 느낀 역자에게는 참으로 감사한 부분이다.

왜 팀 켈러인가?

강의와 세미나에서 만난 많은 분들이 이 질문을 했다. 팀 켈러는 한국 교회가 이제 직면하다 못해 급강하해 들어갈 교회 현실의 지형도를 40년 전부터 복음을 붙잡고 고민한 학자형 목회자이다. 그는 이른바 기독교 제국 안에서 목회한 것이 아니라, 기독교에 대해 적대적이며 무관심하고 세속적인 뉴욕 시 한복판에서 복음만을 붙잡고 교회를 세웠다. 그가 직면했던 현실은 기독교적 문화나 가치가 널리 지지되는 바이블 벨트가 아니다. 기독교를 시대에 뒤쳐지고 한물 간 것으로 치부하는 물질주의, 종교적 다원주의, 진화주의, 포스트모더니즘의 상대주의가 지배하는 세상 한복판에 있었다. 그는 이 작업을 단순히 사람을 모으고 사역을 만드는 것에 그치지 않고, 복음을 재발견하고, 복음으로 사람들이 회심하여 그들이 도시의 일터와 빈부격차의 현실에서 복음을 붙들고 사는 제자들로 변화시키는 사역을 해 왔다. 아주 정통적인 복음으로 아주 반복음적인 상황 속에서 하나님께서 쓰시는 부흥의 통로가 되는 로드맵을 만들기에 이른 것이다. 한국 교회가 팀 켈러를 잘 수용하고 학습한다면 최소한 20-30년의 시간을 단축할 수 있으리라 필자는 믿는다.

어떻게 이 책을 읽을 것인가

《팀 켈러의 센터처치》는 세 가지 영역 - 복음, 도시, 운동으로 이루어져 있다. 목회 또는 사역을 농사에 비유하자면 복음은 씨앗, 도시는 땅, 운동은 열매를 가리킨다고 할 수 있다. 그렇다면, 켈러는 복음, 도시, 운동을 어떻게 이해하고 있는가?

복음은 진리의 말씀, 진리의 씨앗, 또는 뿌려지는 밀알이라고 할 수 있다. 우리는 어떤 씨를 심고 있는가? 켈러는 복음으로 세워지는 교회를 말하고 있다. 진리가 마음 밭에 심겨져서 반드시 싹이 나고 열매 맺는 교회를 이야기한다. 성경으로, 복음으로, 예수님께로 돌아가는 '교회', 복음의 내용이신 예수님을 성경 모든 이야기들 속에서 재발견하는 '설교', 삶의 모든 영역에서 예수님의 구원자되심과 주인되심을 인정하고 누릴 수 있도록 하는 '부흥', 그리스도의 복음의 크고 위대하심을 재발견하기 위한 켈러의 복음 선언이 장마다 울려 퍼진다.

도시는 복음이 뿌려지는 밭, 정원, 또는 들판이다. 땅이니까 맥락이고 상황이다. 그래서 상황화를 말한다. 다른 진리를 심는 것이 아니라, 진리가 심겨지는 땅이 다르면 농사의 디테일이 달라진다. 기온, 일조량, 강수량, 토질, 그리고 무엇보다도 기후에 따라 달라진다. 플로리다의 오렌지를 시애틀에서 동일하게 재배해서 같은 열매를 맺을 수는 없다. 그래서 사람들의 마음 밭을 연구하고, 사람들의 마음 밭에 영향을 미치는 도시와 문화를 주해하고 이해하고 들어간다. 게다가 영적 기후 변화가 일어나고 있으니 이에 대한 연구와 대처가 필요하다.

운동은 열매의 재생산을 말한다. 여기서 운동이란 운동력 또는 운동성을 말하는 것이다. 농사 지은 열매에 재생산의 능력이 있어서 100배, 60배, 30배 결실하고, 다시 그것을 그 다음 세대에 또 심어서 100배, 60배, 30배 결실하면 운동성이 있는 것이다. 만일 한 해만 농사를 잘 짓고 그 곡식으로 그 다음해 이후로는 농사가 안된다면 이는 결코 부흥이라고 할 수 없을 것이다. 그래서 운동이라고 할 때 성도들 한 명 한 명이 세상 속에서 선교사의 삶을 살아가는 선교적 교회를 의미한다. 그리고 통합적 사역이라는 파트는 통합적 제자도로 보는 것이 더 이해하기가 좋을 것이다. 세상 속에서 열매 맺는 역동성은 하나님, 이웃, 일터, 지역 사회와 복음으로 연결될 때 나타난다는 의미이다. 이것은 센터처치의 제자도가 단지 개교회 중심적인 제자도가 아니라, 문화 명령을 수행하는 일터에서 살아가는 일상적 삶의 제자도이며, 사회불의가 만연한 지역 사회에서 살아가는 공적 삶의 제자도임을 의미한다. 이런 통합적인 제자도를 뒷받침하는 것이 통합적인 교회 사역의 DNA다. 복음의 역동성은 한 교회가 잘되고 영향력을 크게 하려는 개교회 이기주의를 뛰어넘어 우리 지역에 하나님의 나라가 확장되고 지역 자체가 복음으로 부흥하는 하나님 나라를 우선하는 관점을 갖는다.

어떻게 한국 교회에 적용할 것인가

센터처치는 선교지 상황을 전제로 하고 있다. 팀 켈러가 사역한 뉴욕은 미국의 중남부 바이블 벨트가 아닌 후기 기독교 사회이며, 탈기독교 가치관이 지배한다. 기독교는 경쟁하는 다양한 종교들 중에서도 덜 주목

받는 위치에 있다. 성적 자유에 대한 주장, 다른 관점의 성적 정체성, 진화론과 과학주의, 유물론과 물질 만능주의, 인본주의와 탈기독교 경향. 팀 켈러가 센터처치의 신학적 비전을 발전시키고 복음중심적 목회를 만드는 모든 것의 토대는 그 도시가 기독교 도시가 아니라 선교지 도시라는 것이다. 뉴욕이 기독교 도시가 아니라 선교지인 것처럼, 한국도 기독교 국가가 아니라 선교지라는 전제에 동의하는가? 만일 그렇다면 사역자는 단순히(교회 안에서 안정되게 일하는) 교역자가 아니라(한국이라는 맨땅에서 땅부터 경작해야 하는) 선교사이다. 그렇다. 팀 켈러는 복음은 모든 사람을 위한 것, 땅은 선교지, 복음사역은 선교사역, 목사와 사역자는 선교사이다. 선교지 상황에서 복음운동은 좋은 교회나 건강한 교회가 최종 목표일 수 없다. 황무지에서 복음의 결실을 이루어 지역 전체를 그리스도께로 돌아오게 하는 부흥까지 이야기한다.

한국을 선교지라고 정의한다면, 교회 밖의 80퍼센트 이상의 사람들을 선교 현장의 사람들이라고 정의한다면, 기독교인 지도자들의 직무는 교회 업무가 아니라 선교 사업이다. 모든 것을 변화시키는 복음의 넓이와 길이와 높이와 크기의 재발견이 필수적이다. 복음과 관련하여, 구약과 신약 모든 부분에서 사람들을 그리스도께 인도하여 무릎 꿇고 회심하며 경배하고 순종하게 하는 그리스도 중심적 복음 설교는 당위가 되지 않겠는가? 도시와 관련하여, 이 땅에서 살아가면서 만나는 모든 사회문화적 이슈들에 대하여 설득력 있는 답을 제안할 수 있는 경청의 능력과 우상해제의 실력, 그리고 복음적 대안제시의 능력을 갖추는 것은 선교 사업을 담당하는 현직과 미래의 지도자들에게 필수 요건이 아니겠는가? 운동과 관련하여, 이 땅에서 하나의 교회나 단체가 당대만 잘되는 것이 목표가 아니라면, 결국은 한 개의 나무가 아니라 넓디넓은 숲과 강을 이룰 수 있는 복음 생태계의 회복이 목표가 되어야하지 않겠는가? 그리하여 한 조직의 부흥이 아니라 온 숲의 부흥, 단지 교회만의 부흥이 아니라 지역과 나라의 부흥이 열렬한 기도의 제목이 되지 않겠는가?

누가 이 일을 할 것인가

팀 켈러와 리디머 시티투시티 팀은 결코 이 일을 본인들이 뉴욕의 본부에서 전 세계를 위해서 하겠다고 말하지 않는다. 이들은 복음을 자신의 사역에도 적용하여, 이 땅의 고민과 숙제는 이 땅의 사역자들이 씨름하고 풀어가야 함을 겸손하게 인정한다. 그렇기 때문에《팀 켈러의 센터 처치》는 사역 매뉴얼이 아니라 신학적 비전이다. 이것은 사역 현장에 당장 투입해서 몇 년 해봄직한 도구들을 제시하지 않는다. 그러나 우리의 현장을 어떤 관점에서 보아야 하는지 보여 주는 신학적, 사역적인 눈(비전)을 제공한다. 그리하여 이 작업은 복음의 파종-경작-추수-파종-경작-추수-파종의 생태계 선순환(부흥)을 열망하는 기독교인 지도자들의 대화, 토론, 배움 속에서의 협업을 요청한다. 나의 뜻이 아니라 주님의 뜻이 우리 속에 관철되기 위하여, 나의 나라가 아니라 주님의 나라가 우리를 통해 확장되기 위하여, 이 일은 결국 이 땅에 있는 그리스도인들의 겸손하고 담대한 공동 작업으로 남겨진다.

복음은
모든 것을
새롭게 한다

01
모든 것이
복음은 아니다

"복음은 무엇인가?"

이 질문에 대한 답은 생각보다 훨씬 복잡하다. 성경이 가르치는 모든 것이 복음인 것은 아니기 때문이다(물론 모든 성경의 교리가 복음을 이해하는 데 있어 배경 지식이 된다는 점은 부인할 수 없다). 복음은 우리가 위험(죄)으로부터 어떻게 구출되었는지에 대한 메시지다. 이 단어에는 우리 삶을 바꾸는 영향력 있는 어떤 사건의 발생에 대한 소식이라는 의미가 담겨 있다. [1]

1. 복음은 좋은 충고가 아니라, '기쁜 소식'(Good News)이다.

복음은 일차적으로 삶의 어떤 방식이 아니다. 복음은 우리가 행하는 무엇이 아니라, 우리를 위해 행해진 무엇이며 우리가 반응해야 하는 어떤 것이다.

구약성경을 헬라어로 번역한 70인역에는 복음을 의미하는 유앙겔리조(*euangelizō*)라는 단어가 23번이나 등장한다. 시편 40편 9절에 보면 - "내가 많은 회중 가운데에서 의의 기쁜 소식(the glad news of deliverance, ESV)을 전하였나이다"라고 되어 있다. 여기서 이 단어는 백성을 위험에서 구출한 사건이 발생했음을 선포할 때 사용되었던 것이다. 신약성경에서도 유앙겔리온(*euangelion*), 유앙겔리조(*euangelizō*), 그리고 유앙겔리스테스(*euangelistēs*)라는 단어가 적어도 133번이나 등장한다. D. A. 카슨은 철저한 어휘 연구를 통해서 다음과 같은 결론을 내렸다.

> 복음은 기쁜 소식이기 때문에 … 반드시 선포되어야 한다. 그런데 선포는 소식을 가진 사람이 하는 것이다. 설교에 있어서 가장 중요한 전달적 요소에 관해 말할 때 우리는 복음의 중심 메시지가 단순히 토론의 대상이 되는 윤리 규범도 아니고, 감동받고 성찰하는 지혜의 어록도 아니며, 정리되고 도식화된 조직 신학도 아니라는 사실을 이해해야 한다. 물론 복음의 토대 위에서 윤리가 구축되고 지혜가 결집되고 신학이 조직화될 수 있지만, 이 세 가지 자체가 복음인 것은 아니다. 복음은 소식이되, 기쁜 소식이다. 그러므로 반드시 공개적으로 선포되어야 한다.[2]

2. 복음은 '우리가 구원받았다'는 것을 선포하는 기쁜 소식이다.

그렇다면 우리는 무엇으로부터 구원을 받은 것인가? 어떤 위험으로부터 구조를 받은 것인가? 신약성경에서 사용된 복음의 어휘를 살펴보면 역사의 마지막에 다가올 노하심(진노)로부터 구원받았음을 알 수 있다(살전 1:10). 이 진노는 비인격적인 힘이 아니라, 하나님의 진노이다. 하나님과 우리의 관계는 깨졌고, 우리는 그분과의 친밀함으로부터 멀어졌다.

바울은 복음에 대해 설명하면서 하나님의 진노야말로 인간의 가장 큰 문제임을 규명한다(롬 1:18-32). 하나님의 진노에는 여러 가지 양상이 있다. 창세기 3장 17-19절을 보면 하나님의 진노가 인간의 죄 때문에 모든 피조 세계에 임했다고 말한다. 우리는 죄로 인해 하나님으로부터 단절되었고 이로 인해 자신에 대해서도 심리적인 단절이나 냉소를 갖게 된다. 그리고 수치심과 두려움을 경험한다(창 3:10). 또한 하나님과 단절되었기 때문에, 우리는 사회적으로도 단절되었다(창세기 3장 7절은 아담과 하와가 반드시 옷을 입어야만 했음을 보여 준다. 16절에서는 남녀 사이에 단절이 생겼음을 보여 주며, 하나님과의 대화에서 상대방에게 책임을 전가하는 양상 또한 생겼음을 보여 준다).

하나님과 단절되었기 때문에 우리는 육체적으로 자연과도 단절되었다. 우리는 슬픔, 수고, 노화, 그리고 죽음을 경험한다(16-19절). 사실 땅 자체가 "저주 받았다"(17절, 롬 8:18-25). 첫 인간이 에덴동산을 떠난 이후로 이 세상은 고통, 질병, 가난, 차별, 자연재해, 전쟁, 노화, 죽음으로 가득 차 있다. 이 모든 것은 세상에 대한 하나님의 진노와 저주에서 파생된 것들이다. 이 세상은 망가졌고 우리에게는 구원이 필요하다. 우리가 겪는 문제의 뿌리는 눈에 보이는 '수평적인' 관계들에 있지 않다. 문제의 뿌리는 하나님과 우리의 '수직적인' 관계에 있다. 궁극적으로 인간의 모든 문제는 증상일 뿐이다. 하나님과의 관계가 끊어졌다는 것이 진짜 원인이다.

인생에서 일어나는 비참한 일의 진짜 이유는 우리가 하나님과 화해하지 않았기 때문이다. 로마서 5장 8절과 고린도후서 5장 20절 같은 구절들이 이를 잘 말해 준다. 그러므로 인류의 진정한 구원에 있어서 제일 중요하고 우선시되는 것은 하나님과 우리의 관계를 바르게 다시 세우는 것이다.

3. 복음은 하나님과 우리의 관계를 바로잡기 위해 '예수 그리스도가 무엇을 이루셨는가?'에 대한 소식이다.

그리스도인이 되는 것은 신분의 변화이다. 우리가 지금 사망에서 생명으로 옮겨가고 있는 것이 아니다. 요한일서 3장 14절은 "우리가 죽음에서 생명으로 옮겨갔다"라고 선언한다.[3]

당신은 그리스도 안에 있든지 없든지 둘 중에 하나다. 당신은 용서받았든지 아니든지 둘 중에 하나다. 당신은 영생을 갖고 있든지 아니든지 둘 중에 하나다. 마틴 로이드 존스 목사는 사람들의 영적 상태를 진단하기 위해서 다음과 같은 질문을 사용했다. "당신은 그리스도인이라고 말할 준비가 되어 있습니까?"

수십 년 동안 많은 사람들이 이에 대해 "아직은 충분하다고 느껴지지 않습니다"라며 주저하는 반응을 보였다고 그는 회상했다. 이에 대한 로이드 존스 목사의 반응은 다음과 같다.

> 나는 단번에 알 수 있었다. … 그들은 여전히 자신의 관점에서 생각하고 있다. 그들은 아직도 그리스도인이 되려면 자신이 더 나은 사람이 되어야 한다고 생각하고 있었다. 굉장히 겸손해 보이기는 하지만 그것은 악마의 거짓말이며, 믿음을 부인하는 것이다.… 당신은 결코 충분히 선한 사람이 되지 못할 것이다. 충분히 선한 사람은 이제까지 아무도 없었다. 기독교의 구원의 핵심은 주님만이 충분히 선하시며 나는 그분 안에 있음을 고백하는 것이다.[4]

로이드 존스 목사는 그리스도인이 되는 것은 하나님과 우리의 관계에 변화가 일어나는 것이라고 말한다. 예수님을 믿고 자신을 그분께 맡겨 드릴 때 우리는 하나님 앞에서 즉각적인 신분 변화를 겪게 된다. 다시 말해 우리는 '그분 안'에 있는 것이다.

존 오웬의 저작 *Death of Death in the Death of Christ*(그리스도의 죽음 안에서 죽음의 종식)를 소개한 J. I. 패커의 그 유명한 글을 읽은 후로 나는 복음을 가장 잘 요약한 "하나님이 죄인들을 구원하신다"라는 메시지를 좋아하게 되었다.

"하나님이 죄인들을 구원하신다."
여기서 '하나님은' - 삼위일체 하나님, 곧 성부, 성자, 성령이시다. 주권적인 지혜와 권능과 사랑 가운데 함께 사역하시는 세 위격은 선택된 백성들의 구원을 성취하신다. 성부는 선택하시고, 성자는 구속함으로써 성부의 의지를 성취하시고, 성령은 새롭게 함으로써 성부와 성자의 목적을 실현하신다.

'죄인들을' - 하나님 보시기에 죄인들이다. 죄 많고, 악하고, 무력하고, 무능하고, 하나님의 뜻을 행하거나 자신들의 영적인 운명을 변화시키기에는 손가락 하나 까딱할 힘도 없는 이들이다.

'구원하신다' - 모든 것을 하신다. 시작부터 마지막까지 죄 가운데 있는 죽음에서 영광 가운데 있는 생명으로 사람들을 옮기기 위해서 모든 것을 하신다. 계획하시고, 성취하시고, 구속하시고, 부르시고, 지키시고, 의롭게 하시고, 거룩하게 하시고, 영화롭게 하신다.[5]

복음과 복음의 결과가 혼동되어서는 안 된다

복음은 우리가 행하는 무엇이 아닌, 우리를 위해서 행해진 무엇이다. 그러나 복음은 완전히 새로운 삶의 길을 만들어 낸다. 은혜와 은혜의 결과인 선행은 은혜와는 구분되면서 동시에 연결된다. 복음, 복음의 결과, 복음의 시사점은 결코 혼동되거나 분리되어서는 안 되며 반드시 상호 연결되어야 한다.

마르틴 루터는 우리가 믿음으로만(by faith alone) 구원받지만, 우리가 삶과 분리된 믿음으로(by a faith that remains alone) 구원받는 것은 아니라고 말한다. 루터는 복음을 받아들이는 참된 믿음이 있다면 언제나 필연적으로 선행이 따르게 된다고 말한다. 그러나 구원은 결코 선행을 통해서나 선행 때문에 얻어지는 것은 아니다. 이처럼 믿음과 선행은 결코 혼동되어서는 안 되고, 서로 분리되어서도 안 된다(엡 2:8-10; 약 2:14, 17-18, 20, 22, 24, 26).

단언컨대 복음에 대한 신앙을 통해서 가난한 자들을 돌보게 되고 문화에 적극적으로 참여하게 된다. 루터가 참된 신앙이 선행을 낳는다고 말한 것은 이런 의미였을 것이다. 그러나 믿음과 선행이 결코 분리되거나 혼동되어서는 안 되는 것과 마찬가지로, 복음 자체와 복음의 결과들이 분리되거나 혼동되어서도 안 된다.

나는 이전에 다음과 같은 설교를 종종 들은 적 있다. "복음은 하나님이 '지금' 치료하시며 '앞으로' 세상의 모든 아픔을 치료하실 것이라는 믿음입니다. 그러므로 복음의 사역은 세상의 정의와 평화를 위해서 일하는 것입니다." 이런 생각이 위험한 것은 각론이 진실이 아니어서가 아니라, 원인과 결과를 혼동하고 있기 때문이다. 복음이 무엇인지와 복음이 무엇을 일으키는지를 혼동하고 있는 것이다. 바울은 물질세계의 회복을 말하면서 새 하늘과 새 땅이 우리에게 주어질 것이라고 말한다. 왜냐하면 십자가에서 예수님이 우리와 하나님의 관계를 회복하셔서 그분의 참된 자녀가 되게 하셨기 때문이다.

로마서 8장 1-25절은 특별히 우리가 "우리의 양자 됨"을 받을 때, 우리의 육체와 모든 물질계의 구속이 일어날 것을 가르치고 있다. 우리는 그분의 자녀로서, 미래의 유업을 약속받았다(엡 1:13-14, 18; 골 1:12; 3:24; 히 9:15; 벧전 1:4). 그 유업으로 인해 세상은 새롭게 된다. 그리스도의 사역이 과거에 이미 끝났으므로 미래는 우리 것이다.

우리는 복음이 결코 세상에 대한 단순히 세상을 고치는 하나님의 재활 프로그램 같은 인상을 주어서는 안 된다. 오히려 복음은 하나님을 대신하여 그리스도가 완성하신 일이다. 우리는 복음을 어떤 것(예를 들면 천국 프로그램)에 참여하는 것으로 그려서는 안 된다. 오히려 복음은 무엇(그리스도의 완성된 사역)을 받아들이는 것이다. 만일 우리가 그런 실수를 한다면, 복음은 또 다른 종류의 공로 구원(salvation by works)이 되고 만다. 복음은 믿음에 의한 구원이다. 이에 대해 J. I. 패커는 다음과 같이 말했다.

> 복음은 (고통과 불의의) 문제에 대한 해법을 우리에게 제시한다. 그러나 모든 인간의 깊은 문제를 먼저 해결한 다음에 그렇게 한다. 그것은 인간과 창조주의 관계라는 문제다. 고통과 불의의 문제들에 대한 해법이 창조주와의 관계 해결에 달려 있다는 것을 분명하게 하지 않는다면 복음 메시지를 왜곡하는 것이며, 하나님의 거짓 증인이 되는 것이다.[6]

이와 관련된 또 다른 질문은 복음이 정의 사역에 의해서 확산되는가이다. 성경은 설교에 의해서 복음이 전파됨을 반복적으로 말한다. 사랑의 실천은 설교에 이어 당연히 중요하지만, 그 자체로는 예수 그리스도에 대한 구원의 지식을 얻게 하지 못한다. 프랜시스 쉐퍼가 주장했듯이 그리스도인의 상호 관계는 복음 메시지가 참인지를 세상이 판단하는 기준으로 작동한다. 그래서 그리스도인의 공동체가 '최종 변증'이 되는 것이다.[7]

다시 한 번 믿음과 선행의 관계를 살펴보자. 하나님이 예수님을 세상에 보내셨다는 것을 사람들이 알도록 하려면, 반드시 사랑의 공동체가 필요하다(요 17:23; 13:35 참조). 우리가 재물을 통용하고 궁핍한 사람들에게 나누는 것은 불신자들에게 강력한 표지가 된다(증거와 나눔 사이의 관계에 대해서는 사도행전 4:31-37, 6장 참조). 이처럼 사랑의 실천 행위들이 복음 진리를 구현하는 것이며 복음 설교와 분리될 수 없는 것이기는 하지만, 복음과 일체인 것으로 보아서는 안 된다.

복음은 무엇보다도 우리를 위해 행하신 그리스도의 일하심에 대한 소식이다. 이는 왜 그리고 어떻게 복음이 은혜에 의한 구원인지를 잘 보여 준다. 복음이 소식인 것은 우리를 위해 성취된 구원에 관한 것이기 때문이다. 복음은 사랑의 삶을 창조하는 소식이다. 그러나 사랑의 삶이 그 자체로 복음인 것은 아니다.[8]

복음의 능력을 앗아가는 두 가지 적

초대 교부 터툴리안은 이렇게 말했다. "예수님께서 두 강도 사이에서 십자가에 못 박히신 것처럼, 복음은 두 오류 사이에서 십자가에 못 박힌다."[9] 터툴리안이 의미한 오류는 과연 무엇이 었을까? 나는 종종 그것을 '종교'(religion)와 '비종교'(irreligion)라는 이름으로 부른다. 신학적 용어로는 '율법주의'(legalism)와 '율법폐기주의'(antinomianism)이다. 다른 표현 방식으로는 '도덕주의'(moralism)와 '상대주의'(relativism) 또는 '실용주의'(pragmatism)이다.

이러한 오류들은 언제나 복음의 메시지를 오염시키며 복음의 능력을 앗아간다. 율법주의는 우리가 구원받으려면 거룩하고 선한 삶을 살아야 한다고 말한다. 율법폐기주의는 우리가 구원받았기 때문에 이제는 거룩하고 선한 삶을 살지 않아도 된다고 말한다.

이것은 복음이라는 창의 끝(tip of the spear)이 위치한 곳이다. 능력의 성령이 우리 삶을 변화시키도록 하려면 율법주의와 율법폐기주의, 그리고 복음 사이에 명확하고 분명한 구별을 짓는 것이 매우 중요하다. 만일 복음 메시지가 "구원받으려면 믿음을 갖고 바른 삶을 살아야 합니다", "하나님은 당신을 있는 모습 그대로 사랑하시며 용납하십니다"에 머문다면 우리의 복음 전도는 사람의 정체성을 바꾸거나 마음을 변화시키는 변혁적인 사역이 되지 못할 것이다.

이는 우리가 다음 장에서 다룰 내용이다. 만일 일반적인 교리나 윤리를 설교할 뿐이라면, 복음을 설교하고 있는 것이 아니다. 복음은 하나님께서 그리스도를 통해 구원을 이루시고 우리와 하나님의 관계를 바르게 만들며 궁극적으로는 세상 모든 죄의 결과들을 없앨 것임을 선포하는 기쁜 소식이다.

하나님이 누구이신지, 왜 구원이 필요한지, 우리를 구하기 위해 그분이 무엇을 하셨는지 등을 이해하려면 성경 전체에 대한 기본적 지식이 전제되어야 한다. 예를 들어 그레샴 메이첸은 하나님과 인간에 대한 성경적 교리 지식을 가리켜 '복음의 전제들'(presuppositions of the gospel)이라고 말한다.[10] 이것은 삼위일체, 그리스도의 성육신, 원죄 및 죄에 대한 이해가 모두 필요하다는 것을 의미한다. 우리가 예수님이 단지 선한 분이 아니라 삼위일체의 제2위격이라는 것을 이해하지 못한다면, 또는 '하나님의 진노'가 무엇을 의미하는지 이해하지 못한다면, 예수님이 십자가에서 무엇을 성취하셨는지 이해하는 것도 불가능해진다. 그뿐 아니라 신약성경은 끊임없이 그리스도의 사역을 구약성경의 용어(제사장직, 희생, 언약)로 설명하고 있다.

달리 말해서, 성경을 막연히 설교해서는 안 된다는 것이다. 듣는 사람들이 성경을 전체적으로 이해하지 못한다면, 그들은 복음을 깨닫지 못할 것이다. 전체적인 성경적 교리를 더 많이 이해할수록 우리는 복음 자체를 더 많이 이해하게 될 것이다. 그리고 복음을 더 많이 이해할수록 성경이 궁극적으로 말하고자 하는 바를 더 많이 알게 될 것이다.

성경 지식은 복음 이해에 필수적인 동시에 복음 자체와는 구별된다. 종종 복음 자체가 사람들 가운데 없을 때는 성경 지식이 있다는 것 때문에 방해를 받기도 해서 사람들이 성경 지식의 정체성에 대해서 혼동하기도 한다.

복음에는 여러 장(chapter)들이 있다

그러므로 복음은 기쁜 소식이다. 그것은 우리가 이루는 무엇이 아니라 우리를 위해 이루어진 무엇이다. 복음은 매우 단순한 그 무엇이다. 그러나 우리가 "무엇에 대한 반가운 소식이요?" 혹은 "왜 그것이 반가운 소식입니까?"라고 질문할 때는 복음이 부요함과 복합성을 갖고 무대 위에 등장하게 된다.

"복음이란 무엇인가?"라는 질문에 대해 우리는 두 가지 방법으로 답할 수 있다. 하나는 당신이 하나님과의 관계를 어떻게 바르게 할 수 있는지 성경적인 복음을 제시하는 것이다. 이것은 "내가 무엇을 해야 구원받을 수 있나요?"라는 질문이 의미하는 것을 이해하는 것이다. 두 번째는 예수님의 구원을 통해 역사 속에서 하나님이 무엇을 완전히 성취하실 것인지 성경적인 복음을 제시하는 것이다. 이것은 "이 세상을 향한 어떤 소망이 있는가?"라는 질문을 이해하는 것이다.

첫 번째 질문을 개인주의적 방식으로 이해한다면, 우리는 어떻게 죄인인 인간이 거룩한 하나님과 화해할 수 있으며, 결과적으로 삶이 달라질 수 있는지를 설명한다. 그 답은 다음과 같은 기본적인 명제들과 개요로 이루어진다. 하나님은 어떤 분인가, 죄는 무엇인가, 그리스도는 어떤 분이며, 그분은 무엇을 행하셨으며, 믿음은 무엇인가?

우리가 두 번째 방식으로 질문을 이해한다면, 하나님이 역사 속에서 성취하실 모든 것에 대해 묻는 것이다. 우리는 세상이 어떻게 시작되었고 어떻게 잘못되었으며, 회복되기 위해서는 무슨 일이 일어나야 하는지를 설명한다. 즉 복음이 '세상'에 대한 메시지가 되는 것이다. 답은 다음과 같은 개요로 이루어진다. 창조, 타락, 구속, 그리고 회복, 이러한 주제로 구성된 이야기 구조가 된다.

앞으로 살펴보겠지만, 성경적 복음을 제시하는 방법은 한 가지가 아니다. 그렇지만 복음 제시에 있어서 할 수 있는 한 사려 깊게 하도록 노력할 것을 권한다. 두 번째 질문(복음이 세상에 어떤 희망을 주는가?)에는 침묵하고 첫 번째 질문(구원을 받으려면 나는 무엇을 해야 하는가?)에만 답하는 것에는 위험이 따른다.

만약 첫 번째만 있다면, 죄와 속박에서 자유를 얻고 싶은 개인의 영적 필요를 공급하는 것이 종교의 존재 이유라고 보는 서양식 사고에 빠지게 된다. 그것은 하나님이 창조하신 세계의 선함이나 하나님이 물질세계에 대해 갖고 계신 관심에 대하여 침묵하는 것이다. 그래서 사람들에게 마치 기독교는 세상으로부터 도피하는 방법인 것처럼 보이게 만든다.

그렇지만 복음을 두 번째 답변인, 이 세상을 갱신하는 이야기로만 이해하는 것에는 더 큰 위험성이 있다. 세상을 구원하시는 하나님의 계획에 대해 말하지만, 실질적으로 어떻게 하나님과 바른 관계를 맺으며 그것에 참여할 수 있는지에 대해서는 말하지 않기 때문이다. 사실 첫 번째 메시지가 빠진 두 번째 메시지는 복음이 아니다. J. I. 패커는 이것에 대해 이렇게 말했다.

근년에 성경신학과 현대적 성경 주해에 큰 발전이 있었다. 그래서 하나님이 이스라엘을 통해 세상을 축복하시는 성경의 큰 틀과 하나님의 계획이 그리스도 안에서, 그리스도를 통하여, 어떻게 절정에 이르는지에 관한 성경 전체의 이야기가 많은 주목을 받게 되었다. 그러나 나는 신약성경 각 권이 각기 다른 이야기를 담고 있음에도 불구하고 어딘가 반드시 루터가 던진 주요 질문, 즉 "약하고 비뚤어지고 악한 죄인이 어떻게 은혜로우신 하나님을 만날 수 있는가?"에 대한 이야기를 담고 있다는 사실을 부정할 수 없다. 뿐만 아니라 참된 기독교 신앙은 오직 이 발견을 통해서만 진정으로 시작된다는 사실 또한 외면할 수 없다. 현대사회의 발전은 우리의 시야를 거대 담론으로 채움으로써 루터가 개인적인 관점에서 던진 질문을 다루지 못하도록 우리를 산만하게 한다. 이는 복음의 이해를 돕는 것만큼이나 방해하고 있다.[11]

우주적 구속에 대한 성경의 큰 이야기는 개인이 하나님과 바른 관계를 갖도록 함에 있어서 여전히 중요한 배경 역할을 한다. "복음이 무엇인가"에 대한 두 가지 답이 서로 씨줄과 날실이 되어 한 폭의 그림을 만드는 것이 한 가지 방법이다. 이것은 복음 진리들이 단순히 명제의 집합으로가 아니라 여러 장으로 구성된 이야기 속에 표현되게 하는 것이다. 이야기식 접근 방식은 질문들을 제시하며, 명제식 접근 방식은 이에 대한 답변을 제시한다.

우리는 복음을 어떻게 이런 방식 안에서 사람들에게 제시할 것인가? 다음에 이야기할 것은 복음을 이야기의 각 장들로서 사람들에게 제시하는 '대화의 여정'이다. 성경에서 복음이라는 용어는 예수 그리스도께서 우리를 구원하시기 위해 무엇을 하셨는가에 대한 선포이다. 성경적 용법에 비추어 보면, 창세기 1장(하나님과 창조), 2장(타락과 죄), 그리고 4장(믿음)은 엄밀하게 말해서 복음이 아니다. 이것들은 서론이며 결론이다.

사이먼 개더콜(Simon Gathercole)이 주장하듯, 바울과 복음서 기자들은 복음에는 세 가지 기본 요소가 있다고 보았다. 곧 하나님의 아들이며 메시아인 예수님의 신분, 죄와 칭의를 위한 예수님의 죽음, 하나님 통치의 확립과 새 창조[12]이다. 복음은 성육신, 대속, 회복을 주제로 한 창세기

3장에 압축되어 있다. 하나님에 관한 1장과 죄에 관한 2장은 예수님의 인성과 사역의 의미를 이해하는 데 절대적으로 필요한 배경 정보를 담고 있다. 4장은 예수님의 구원에 우리가 어떻게 반응해야 하는지를 이야기한다. 네 장이 모두 각기 다른 주제를 이야기하고 있기는 하지만 이 모두를 통틀어서 '복음'이라 말하는 것은 타당하며 자연스럽다.

창세기	복음 이야기	복음 진리
1장	우리는 어디에서 왔는가?	하나님으로부터: 유일하고 관계적인 분
2장	무엇이 잘못되었는가?	죄 때문에: 종속과 저주
3장	어떻게 문제를 해결하는가?	그리스도: 성육신, 대속, 회복
4장	나는 어떻게 바르게 되는가?	믿음을 통해서: 은혜와 신뢰

우리는 어디에서 왔는가?

답: 하나님으로부터 왔다. 한 하나님이 계신다. 그분은 능력과 선함과 거룩함에 있어서 무한하시다. 동시에 그분은 인격적인 분이며 사랑이 넘치는 분이다. 하나님은 성경을 통해 우리에게 말씀하신다. 세상은 우연히 생긴 것이 아니라 유일하신 하나님의 창조물이다(창 1장). 하나님은 모든 것을 창조하셨다.

그러면 왜 창조하셨는가? 하나님은 왜 세상과 인간을 창조하셨는가? 그 답은 하나님에 대한 그리스도인들의 이해를 더욱 심오하고 특별하게 한다. 하나님은 한 분이지만 하나님의 존재 안에는 세 위격이 계시다(성부, 성자, 성령). 세 위격들은 모두 동일하게 하나님이며 서로서로 영원 전부터 사랑하시고 경배하시고 섬기시고 기뻐하신다. 만일 하나님이 단일 위격이었다면 그분이 다른 존재를 창조하기 전까지는 사랑을 알지 못했을 것이다. 그럴 경우 사랑이나 공동체 같은 개념은 그분의 본질적인 성품이 아니라 나중에 생겨난 것이 될 것이다. 그러나 하나님은 삼위로 계시며 사랑, 우정, 공동체는 하나님께 본질적인 것이다. 이는 모든 실재의 중심이다. 삼위 하나님은 인간을 창조하셨는데(요일 1:1-4), 사랑과 봉사의 기쁨을 얻을 목적으로 창조하신 것은 아니다. 왜냐하면 하나님은 이미 그 모든 것을 갖고 계셨기 때문이다. 오히려 하나님은 당신의 사랑과 봉사에 동참시키려고 우리를 지으셨다. 요한복음 17장 20-24절에서 알 수 있듯, 삼위 하나님의 위격들은 서로 사랑하고 섬기는 '타자 지향적'인 분이다.[13]

그래서 하나님이 우리를 창조하셔서 동일한 방식으로 살아가게 하신 것이다. 하나님은 자신 안에 있는 기쁨과 사랑에 동참시키기 위해 세상을 창조하셨고, 당신의 형상을 닮은 사람들로 채우셨다. 즉, 사람은 자신이 아니라 하나님을 예배하고 알고 섬기도록 부름을 받았다.[14]

어디에서 잘못되었는가?

답: 죄가 문제다. 하나님은 우리가 그분을 경배하고 섬기며 서로 사랑하며 살도록 창조하셨다. 이렇게 살 때 우리는 완전한 행복을 누릴 수 있으며 완벽한 세상을 즐길 수 있었다. 그러나 인류는 하나님으로부터 돌

아서서 그분의 권위에 반역했다. 우리는 하나님과 이웃을 위해 사는 대신 자기중심적인 삶을 산다. 하나님과의 관계가 깨어졌기 때문에 다른 모든 관계들 곧 다른 사람들과의 관계, 자기 자신과의 관계, 피조 세계와의 관계도 깨어졌다. 그 결과는 영적, 심리적, 사회적, 물리적 와해와 붕괴이다. "모든 것들이 와해되고 무너졌다. 그것을 지탱할 중심부도 없어졌다. 세상은 점차 무정부 상태가 되고 있다."[15] 세상은 지금 죄의 권세 아래 놓여 있다.

죄는 두 가지 무시무시한 열매를 거둔다. 첫 번째 열매는 영적 속박이다(롬 6:15-18). 우리는 하나님을 믿기도 하고 믿지 않기도 하지만, 어떤 쪽에 있든, 결코 하나님께 우리의 가장 위대한 소망이나 선행이나 사랑을 드리지 않는다. 우리는 다른 것들 곧 돈이나 승진, 가정, 인기, 연애, 섹스, 권력, 안위, 사회 정의, 정치적 야망 등을 위해 살아가며 이를 통해 자신이 삶의 지배자가 되려고 노력한다. 그러나 그 결과는 항상 조절의 부재, 즉 예속으로 나타난다. 사람들은 누구나 무엇인가를 위해서 살아야만 한다. 하나님을 위해서 살지 않는다면, 우리 삶의 목적이 되는 그 무엇에 지배당하며 예속된다.

우리는 무언가를 성취하기 위해서 늦게까지 일하고, 위협을 느낄 때 비정상적인 불안에 휩싸이며, 자신의 뜻이 방해받을 때 깊은 분노를 발하고, 상실을 겪을 때 절망의 나락에 빠진다. 그렇다. 소설가 데이비드 포스터 월러스(그는 무신론자였다-역주)는 2005년 케니언대학 졸업식 축사에서 다음과 같은 연설을 남겼다(그가 자살하기 얼마 전이었다).

사람들은 모두 무언가를 예배한다. 우리가 하는 유일한 선택이란 무엇을 예배할 것이냐이다. 어떤 종류의 신이나 영적 대상을 예배하기로 선택할 수밖에 없는 이유는 … 아마도 당신이 무엇을 예배하든 그것에게 산 채로 삼켜질 것이기 때문이다.

만일 당신이 돈이나 물질을 예배한다면, 그리고 그것에서 인생의 참 의미를 찾고 있다면, 당신은 결코 충분히 가지지 못할 것이다. 아무리 가져도 부족하다고 느낄 것이다. 자신의 몸이나 외모, 성적 환상을 예배한다면 당신은 늘 자신이 못생겼다고 느낄 것이다. 그리고 나이가 들고 세월의 흔적이 몸에 나타나기 시작하면, 아직 무덤에 묻히기 전인데도 수만 번이나 죽음을 경험하게 될 것이다. 당신이 권력을 예배한다면 결국 약함과 두려움을 느끼게 될 것이다. 그리고 그 두려움을 무마시키기 위해서 더 많은 권력을 다른 사람들 위에 부리고 싶어질 것이다. 당신이 지성을 예배한다면 똑똑한 사람처럼 보이려고 애쓰겠지만 결국은 스스로가 멍청하다고 느낄 것이다. 그리고 언젠간 자신이 가짜라는 것을 들킬지도 모른다는 두려움 속에서 살아갈 것이다. 그러나 이러한 종류들의 예배에서 가장 불길한 것은 … 이것들이 무의식적으로 일어난다는 것이다. 이것들은 인간의 근본적 상태이다.[16]

죄의 두 번째 열매는 정죄이다(롬 6:23). 우리는 단지 죄로 인해 고통당할 뿐 아니라, 죄 때문에 죄책감도 느낀다. 종종 우리는 말한다. "글쎄, 그렇게 신앙심이 있지는 않지만, 나는 착한 사람이에요. 착하게 산다는 것이 가장 중요한 것 아닌가요?" 정말 그런가?

여기 어떤 여성이 있다고 하자. 그녀는 한 명의 아들을 둔 가난한 과부다. 그녀는 아들에게 "언제나 진실을 말하고, 열심히 일하며, 가난한 사람을 도우라"고 가르쳤다. 그녀는 돈을 적게 벌지만, 근근이 저축해서 아들을 대학에 보낸다. 그런 아들이 졸업을 하고나서 다시는 엄마에게 말을 걸지 않는다고 상상해 보라. 때때로 크리스마스 카드는 보내지만, 엄마를 찾아오지는 않는다. 엄마가 전화해도 받지 않고 편지를 보내도 답장도 없다. 그는 엄마와 말하지 않는다. 그러나 그는 엄마의 가르침 대로 살고 있다. 정직하게, 근면하게, 남을 도우면서 말이다. 우리는 과연 이런 상황을 받아들일 수 있을까?

물론 아니다! 모든 은혜를 주신 분을 무시하면서도 좋은 사람으로 산다는 것은 책망받을 일이 아닌가! 마찬가지로 하나님이 우리를 창조하셨고, 우리의 모든 것이 그분께 힘입은 것이라면, 우리가 그분을 위해 살지 않으면서 착한 삶을 사는 것으로는 충분하지 않다. 아무리 선하게 살더라도 하나님 은혜에 빚진 자일 수밖에 없다.

어떻게 문제를 해결하는가?

답: 그리스도가 답이다. 첫 번째로 예수 그리스도는 '성육신을 통해' 이 문제를 해결하신다. C. S. 루이스의 말처럼 만일 하나님이 계시다면 1층에 있는 사람이 2층에 있는 사람에게 다가가듯 그분께 다가갈 수는 없을 것이다. 우리는 마치 햄릿이 셰익스피어에게 다가가듯 하나님께 다가간다. 극의 주인공은 오직 작가가 작품 속에 자신에 관한 정보를 알리

기로 선택하는 만큼만 알 수 있다.[17]

그러나 우리는 기독교적 관점에서 하나님이 우리에게 단순한 정보 이상의 것을 주셨다는 사실을 믿는다. 도로시 세이어스(Dorothy Sayers)의 추리소설과 미스터리 문학을 좋아하는 많은 팬들은 세이어스가 옥스퍼드대학을 다닌 최초의 여성 중에 한 명임에 주목한다.

그녀의 소설에 등장하는 주인공, 피터 윔지 경은 귀족 탐정이며 미혼 남성이다. 소설의 한 지점에 이르면 새로운 인물이 등장하는데 바로 해리엇 베인이다. 그녀는 옥스퍼드대학을 졸업한 최초의 여성 가운데 한 명이며 미스터리 소설 작가로 묘사된다. 결국 그녀와 피터 윔지 경은 사랑에 빠지고 결혼한다. 이야기 속의 그녀는 누구일까?

많은 사람들은 세이어스가 자신이 창조한 세상 속에 자신을 외로운 주인공으로 써 넣어 그녀가 사랑과 구원을 경험하게 했다고 믿는다. 놀라운 이야기다! 그러나 이는 성육신의 실재만큼 감동적이거나 놀랍지는 않다(요 1:14). 말하자면 하나님은 당신이 창조하신 세상에 들어와 상실 가운데 있는 우리의 상태를 보시고 당신의 백성을 긍휼히 여기셨다. 그래서 자신을 인간사의 주요 등장인물로 써 넣으셨다(요 3:16). 삼위일체의 두 번째 위격, 하나님의 아들이 인간이 되어 세상 속으로 오셨다. 바로 예수 그리스도시다.

두 번째로 예수님은 '대속을 통하여' 사태를 해결하신다. 정의로운 하나님은 우리에게 주어진 유죄 판결과 저주 때문에 단순히 우리 죄를 못 본 척할 수 없으시다. 죄송하게 생각하는 것으로는 충분하지 않다. 사람들은 법정의 판사가 죄인이 단지 뉘우친다는 이유로 무죄 방면하는 것을 결코 바라지 않는다. 하물며 하늘에 계신 재판장에게 어떻게 그런 일을 기대할 수 있겠는가?

우리에게 잘못한 사람을 용서할 때도 대가를 지불하지 않는 용서란 존재하지 않는다. 누군가 우리에게 해를 끼쳤거나 돈이나 행복, 명예 등을 빼앗았다고 한다면, 우리는 그들이 변상하도록 하든지 아니면 무조건 용서하든지 선택할 수 있을 것이다. 용서한다는 것은 배상을 받지 않으며 그 비용을 자신이 감당하는 것을 의미한다. 예수 그리스도는 완벽한 삶을 사신 유일한 분이기에(히 4:15) 삶의 마지막 날에 축복과 영광을 받을 자격이 있었다. 반면 우리는 모두 죄를 지으며 살았기에 삶의 마지막에 거절과 비난을 받아도 마땅한(롬 3:9-10) 존재들이다. 때가 완전히 찼을 때, 예수님은 십자가에서 우리를 대신해 거절과 정죄를 당하셨다(벧전 3:18). 그래서 예수님을 믿을 때, 그분이 받기에 합당한 축복과 영광을 우리가 받게 된다(고후 5:21).

다른 사람을 구하려고 자기 생명을 던지는 마음보다 더 감동적인 것은 없다. 찰스 디킨슨의 《두 도시 이야기》에는 두 남자(찰스 다네이, 시드니 카튼)가 한 여인(루시 마네트)을 사랑하는 모습이 그려진다. 루시는 찰스와 결혼하기로 마음먹는다. 후일에 프랑스 혁명 중에 찰스는 감옥에 투옥되고 단두대 처형을 받게 된다. 시드니는 감옥에 있는 찰스를 찾아가서 약을 먹이고 그를 바깥으로 내보낸다. 찰스와 함께 처형을 기다리던 한 어린 여자 재봉사는 시드니가 찰스의 자리를 대신하려는 것을 깨닫고 놀라워한다. 그리고는 죽음 앞에서 힘을 낼 수 있도록 자신의 손을 잡아 달라고 부탁한다. 그녀는 그의 대속적인 희생에 깊이 감동된 것이다. 그녀 자신을 위한 것이 아님에도 말이다! 예수님이 우리를 위해서 바로 이런 일을 하셨음을 깨닫게 되면 모든 것이 바뀐다. 하나님을 대하고, 서로를 대하고, 세상을 대하는 모든 태도가 바뀌게 된다.

세 번째로, 예수님은 '궁극적으로 세상의 어그러진 모든 것을 회복시키시고' 만사를 올바르게 만드신다. 예수님은 이 땅에 처음 오셨을 때 우리의 죄를 위해 고통당하는 약한 모습으로 오셨다. 그러나 그분이 재림하실 때는 세상을 심판하시며 모든 악과 고통, 파괴, 죽음을 종료시킬 것이다(롬 8:19-21; 벧후 3:13). 이것이 의미하는 것은 그리스도의 구원 목적이 단순히 우리 영혼을 구원하여 이 물질 세상의 저주와 고통을 피하게 하는 것만이 아니라는 것이다.

오히려 최종적인 목적은 물질 세상을 갱신하고 회복하며 우리의 영혼뿐만 아니라 우리의 몸까지 모두 구속하는 것이다. 비노스 라마찬드라(Vinoth Ramachandra)는 세계 종교 가운데 이 관점이 얼마나 독특한가를 기록하고 있다.

> 그러므로 우리의 구원은 이 세상으로부터의 도피가 아니라 세상의 변혁에 있다. 그대는 세상의 그 어떤 종교 체계나 인본적인 철학에서도 희망을 발견하지 못한다. 성경적 관점은 독특하다. 누군가 다른 종교에도 구원이 있다고 말하는 사람들에게 나는 이렇게 묻곤 한다. "당신은 어떤 구원을 말하고 있는 것입니까?" 어떤 신앙 체계도 예수님의 십자가와 부활의 진리처럼 이 세상의 영원한 희망의 약속을 견지하는 것은 없다.[18]

나는 어떻게 바르게 되는가?

답: 믿음이 답이다. 예수님은 우리의 죄를 위해 죽으셨고 죽음에서 다시 부활하셨다. 예수님에 대한 믿음으로 말미암아 우리는 용서받았다. 우리는 언젠가 그리스도처럼 죽음에서 일어나 하나님과 영원히 함께 살 것을 확신할 수 있다. 그렇다면 믿는다는 것, 신앙을 가진다는 것은 무엇을 의미하는가?

첫째, 그것은 '믿음으로 구원'을 얻는 것이 무엇인지 이해하는 것을 의미한다. 그리스도를 믿는다는 것은 당신이 더 많은 노력을 해서 죄를 용서받고, 새로운 인생을 시작하며 이전보다 더 나은 삶을 살 수 있다는 것을 의미하지 않는다.

이것이 당신의 마음가짐이라면 여전히 자신에 대한 믿음으로 사는 것이다. 자기 자신이 구원자인 것이다. 자신의 힘과 정신적 노력과 능력에 의존해 하나님과의 관계를 바르게 하려고 하는 것이다. 하지만 이 방식으로는 결코 그렇게 되지 않는다. 완벽한 삶을 사는 사람은 아무도 없기 때문이다. 당신의 최선의 행동들조차도 종종 이기심과 불순한 동기들로 얼룩져 있다.

복음은 이것이다. "그리스도 예수 안에 있는 자에게는 결코 정죄함이 없나니"(롬 8:1). 우리가 그리스도를 믿는 것은 더 힘써서 노력한다는 것이 아니다. 믿음은 신뢰의 대상을 나 자신으로부터 하나님께로 옮기는 일이다. 그래서 "아버지, 내가 과거에 행한 것 또는 앞으로 행할 것 때문이 아니라, 그리스도가 나를 대신하여 행하신 것을 근거로 나를 받아 주십시오"라고 기도하는 것을 말한다. 이렇게 할 때, 우리는 하나님 가족의 일원이 되며 영원한 아버지의 사랑을 받을 권리를 부여받게 된다(요 1:12-13).

두 번째로 기억해야 할 것은, 우리를 구원하는 것은 믿음의 수준에 달려 있는 것이 아니라, 예수님께서 우리를 위해 행하신 일에 달려 있다는 사실이다. '믿음으로 구원을 받는다'라는 말은 종종 우리의 회개와 믿음의 깊이 때문에 하나님이 우리를 사랑하신다는 오해를 불러일으킨다. 그러나 그런 생각은 예수님이 아니라 자신을 구원자로 미묘하게 내세우는 것이다. 우리를 구원하는 것은 믿음의 크기가 아니라 믿음의 대상이다.

두 사람이 비행기를 타고 있다고 상상해 보자. 한 사람은 비행기나 승무원에 대한 믿음이 전혀 없으며 두려움과 의심만이 마음에 가득하다. 다른 사람은 비행기와 조종사를 굳건하게 신뢰한다. 두 사람이 모두 비행기에 오르고, 목적지까지 날아가고, 비행기에서 안전하게 내린다. 한 사람은 다른 사람에 비해 항공기를 백배나 신뢰했다. 그렇지만 두 사람 모두 동일하게 안전했다. 그 두 사람이 목적지에 아무 탈 없이 안전하게 도착한 것은 믿음의 크기에 상관없이 믿음의 대상이 되는 비행기와 조종사에 달려 있다. 구원의 믿음은 심리적 확신의 문제가 아니다. 오히려 예수님 안에서 그분을 신뢰하겠다는 의지의 행동이다. 우리가 전적으로 하나님께 맡길 때 그분은 우리에게 자신을 전부 주신다(막 8:34; 계 3:20).

복음과 모든 사역들의 바른 관계

교회 리더십과 사역자들은 복음을 단지 기독 신앙인이 되기 위한 최소한의 교리적 내용쯤으로 여길 위험이 있다. 그 결과 많은 설교자와 지도자들은 더 심오한 교리, 더 깊은 영성, 더 깊은 공동체나 의례, 더 심오한 제자도나, 더 깊은 심리적 치유, 또는 사회 정의나 문화 사역에 열정을 쏟기가 쉽다. 이는 교회가 성장하고 역사가 깊어지면서 자연스레 사역이 전문화되기 때문이기도 하다. 사람들 역시 자연스럽게 다양한 주제나 사역에 더 깊게 파고들기 원한다. 하지만 이런 경향 속에서는 전체 그림을 놓칠 수가 있다. 비록 우리가 집중하게 되는 어떤 영역이나 사역이 있을 수는 있지만, 복음은 우리가 하는 모든 것들을 하나로 묶는다. 모든 형태의 사역은 복음에 의해 동기부여가 되고, 복음에 기초해야 하며, 또한 복음의 결과여야 한다.

이런 예가 적절할 것 같다. 당신이 오케스트라에 있다고 상상해 보라. 당신이 연주를 시작하는데, 악기들이 조율되지 않아서 소리가 엉망으로 난다. 그런 문제는 악기들끼리 서로 조율해서는 해결이 안 된다. 각각의 연주자가 옆에 있는 사람과 음을 맞추는 것으로도 해결이 안 된다. 각자가 조금씩 다르게 조율할 것이기 때문이다. 멤버들은 한 음원을 기준으로 악기를 조율해야 한다.

종종 우리는 삶에서 일어나는 모든 소리들에 자신을 맞추어 조율하려고 한다. 그리고 종종 이것이 '균형을 맞추는 것'이라는 말을 듣는다. 그러나 우리가 반드시 던져야 할 질문은 "도대체 무엇을 기준으로 균형을 맞추는가?" 하는 것이다. 복음은 우리의 특정한 문제나 상황에 우리를 조율하는 것이 아니다. 복음은 먼저 우리 자신을 하나님께 맞추는 것이다.[19]

만일 사역의 어떤 요소가 복음의 결과로서 인식되지 않는다면, 가끔은 그것이 복음인 것처럼 오해될 수 있다. 그리고 종국에는 교회 설교와 가르침에서 그것이 복음을 대체할 수도 있다. 상담, 제자 훈련, 사회 정의, 문화 사역, 교리 학습, 심지어 전도조차도 복음을 대체하는 것이 될 수 있다. 그럴 경우 복음은 모든 것이 뻗어 나와야 하는 중심, 원천, 또는 핵심 동력으로 이해되지 않는다. 복음은 더 이상 설교나 교회의 사상, 사역에서 중심이 되지 못한다. 다른 좋은 것들이 복음을 대체해 버리는 것이다. 이렇게 되면 회심하는 사람들이 수적으로 감소하는 현상이 발생한다. 왜냐하면 사람들 마음에 숨어 있는 것들을 드러내는 신랄한 책망이 복음과 함께 전달되지 않기 때문이다(고전 14:24-25). 사람들의 의지를 거슬러서라도 살아 계신 하나님의 실존을 느끼게 해야 하는데, 그런 신랄함이 없으면 복음을 잘 전달할 수가 없다.

복음은 무한히 풍성한 것이기 때문에 교회의 한 가지 '핵심'(센터)이 되기에 충분하다. 베드로전서 1장 12절과 그 문맥을 보면 천사들이 복음의 영광을 살펴보고 궁구하기를 결코 멈추지 않는다는 표현이 나온다. 복음은 성경 전체에 걸쳐 있는 수 없이 많은 이야기들이나 주제, 원리들로부터 설교될 수 있다. 그러나 복음을 설교하는 것이 교회의 다른 활동들과 혼동되거나 분리될 때는 설교가 단순한 권면이 되거나 정보 전달이 되고 만다. 전자는 교회의 프로그램이나 성경적 윤리 표준을 전달하는 것에 그치는 경우이고, 후자는 교회의 가치와 신념을 학습시키는 것에 지나지 않는 경우이다. 복음과 다른 사역들 사이의 적절한 관계가 단절되면, 두 가지 모두 미흡해지고 만다.

복음은 다른 무엇이기 전에 '전달적 선포'이다.[20] 복음은 사랑의 삶을 창조하는 소식이다. 그러나 사랑의 삶 자체가 복음인 것은 아니다. 우리가 믿고 행하고 말하는 모든 것이 복음인 것은 아니다. 복음은 무엇보다도 기쁜 소식으로 이해되어야 한다. 그 소식은 우리가 무엇을 성취해야 한다는 것에 대한 것이 아니라, 무엇이 성취되었는가에 대한 것이다.

복음은 다른 무엇보다도 우리를 위해 성취하신 그리스도의 사역에 대한 소식이다. 우리를 위해 성취하신 구원이다. 그래서 은혜의 복음이다. 그렇지만 우리가 다음 장에서 살펴보듯, 복음이 소식이라는 것은 그것이 단순한 메시지라는 의미가 아니다. 복음을 이해할 때 모든 병에 특효인 만병통치약 쯤으로 생각해서는 안 된다. 그런 것은 없다.

토론과 성찰을 위한 질문들

1. 이 장에서는 복음이 아닌 것들에 대해서 살펴보았다. 그것들은 어떤 점에서 복음과 다른가?
- 성경이 가르치는 모든 것들
- 삶의 방식, 우리가 성취하는 어떤 것들
- 하나님 나라의 사역에 참여하는 것, 세상을 개조하는 하나님의 프로그램 등 모든 것이 다 복음인 것이 아니라면, 과연 무엇이 복음인가?

2. 팀 켈러는 이렇게 말한다. "복음은 우리가 행하는 무엇이 아니라, 우리를 위해서 행해진 무엇이다. 그러나 복음은 완전히 새로운 삶의 길을 만들어 낸다. 은혜와 은혜의 결과인 선행은 은혜와는 구분되면서 동시에 연결된다." 어떻게 하면 개인이나 교회가 '복음'과 '복음의 결과'를 구분할 수 있는가?

3. "복음에는 여러 장(chapter)들이 있다"라는 부분은 복음을 사람들에게 제시할 때 이야기 구조로 나눌 필요성을 제기한다. 복음을 불신자 또는 신자에게 이야기할 때 어떤 대화의 길을 발견했는지를 이야기해 보라.

4. 복음의 결과는 빼놓고 복음만 선포할 때 어떤 일이 생기는가? 복음의 선포 없이 복음의 결과만 추구할 때 생기는 문제는 무엇인가?

02
복음은 결코
단순하지 않다

◇◇◇

모든 것이 다 복음은 아니다. 복음은 언제 어디서나 누구에게나 읊을 수 있는 간단한 공식이 아니다. 복음에는 더 이상 단순화 할 수 없는 (irreducible) 복잡성이 있다. 물론 그렇다고 복음이 단순하고 간단하게 제시될 수 없다고 말하는 것은 아니다. 바울도 여러 경우에 그렇게 했다(롬 10:9). 복음은 분명하고 현재적인 말씀이다. 그러나 간단한 말씀은 아니다.[1]

앞 장에서는 현대에 유용한 복음 개요의 예시를 살펴보았다. 이번 장에서는 보수적인 복음주의자들 사이에서 복음을 단순화하고 언제 어디서나 만병통치약 처럼 복음을 똑같이 제시하려는 경향과 그것을 정통성의 시금석으로 삼는 태도에 저항해 보고자 한다.

성경은 복음을 단일 표준 형태로 제시하지 않는다

바울은 갈라디아서 1장 8절에서 "우리가 너희에게 전한 복음 외에 다른 복음을 전하면 저주를 받을지어다"라고 기록했다. 고린도전서 15장 11절에서는 자신이 전한 복음이 베드로와 요한 및 다른 사도들이 전했던 것과 동일하다는 것을 선언한다. "그러므로 나나 그들이나 이같이 전파하매 너희도 이같이 믿었느니라." 복음의 내용에 대한 교회의 일치가 전제되지 않았다면, '거짓 복음'을 책망하거나 베드로의 설교를 '복음'이라고 인정하는 것은 불가능했을 것이다. 그러나 여러 성경 기자들이 복음을 다양한 모습들로 표현하고 있는 것도 분명하다.

예를 들어 공관복음의 저자들이 복음에 대해 말할 때, 그들은 항상 '나라'(kingdom)의 개념을 사용한다. 그러나 이 개념은 요한복음에는 사실상 보이지 않는다. 요한복음은 대신 '영생'(eternal life)에 대하여 강조한다. 이런 차이는 모순을 만드는 것이 아니다. 마태복음 25장 31-46절과 마가복음 10장 17-31절을 요한복음 3장 3-6절, 17절과 비교해 보면 하나님 나라에 들어가는 것과 영생을 얻는 것은 사실상 동일한 일이다. 마태복음 18장 3절, 마가복음 10장 15절, 요한복음 3장 3-6절을 읽어 보면 회심, 거듭남, 어린아이처럼 하나님 나라를 영접하는 것이 기본적으로 동일한 것임을 알 수 있다.[2]

그렇지만 '영생'과 '나라'는 단순히 동의어가 아니다. 공관복음에서 '나라'의 개념을 매우 자주 사용하는데, 그것은 공관복음이 미래 지향적이기 때문이다.[3] 이 용어들은 구원의 여러 가지 다른 측면을 제시한다. 많은 이들이 지적했듯이, 요한은 하나님 나라 안에서 존재의 개별적이고 내적인 측면을 강조한다. 요한은 그 나라가 지상의 사회 · 정치적 질서는 아니라고 본다(요 18:36 참조).

다른 한편으로 공관복음 기자들이 '나라'에 대해 말할 때는 보다 외적이고 공동체적인 성격을 강조한다.[4] 하나님 나라는 공동체적 모습을 분명히 가지고 있다. 그리고 우리가 어떻게 살아야 하는지에 대한 분명한 시사점을 준다. 하나님 나라는 만물들의 새로운 질서이다. 재물이 더 이상 우상이 아니며(막 10:17-31), 배고프고 헐벗고 집 없는 사람들이 돌봄을 받는다(마 25:31-46). 요한복음과 공관복음을 보면 복음의 보완적인 성격, 곧 구원의 개인적 차원 및 공동체적 차원들을 볼 수 있다.

다시 말해 그들은 복음을 다른 방법으로 제시한다. 바울에 이르면 또 다른 강조점들이 등장하게 된다. 바울도 '나라'와 '생명'이라는 단어를 사용하기는 했지만, 그의 강조점은 '칭의'(justification)라는 개념에 있다. 그렇다면 그것은 다른 복음인가? 그렇지 않다. 바울은 '법정'이라는 성경 주제를 부각했다. 예수님은 죄에 대한 법적 형벌인 율법의 저주를 받으셨고 우리는 그리스도의 순종으로 축복을 누리게 되었다(갈 3:13-14).

사이먼 개더콜(Simon Gathercole)은 공관복음, 요한, 바울 사이에 실제로 아무런 모순이 없음을 보여 주었다.[5] 예수님 안에서 하나님은 우리를 위하여, 우리를 대신해서, 채무를 해결하셨다(막 10:45; 요 12:20-36; 딤전 2:6). 그리고 악의 권세를 이기셨다(골 2:15; 요일 3:8). 죄의 저주와 하나님의 심판도 담당하셨다(마 27:45; 갈 3:13; 요일 2:2; 4:10). 우리를 위해, 우리의 성취나 공로에 의해서가 아니라 오직 은혜에 의해 구원을 확보하셨다(엡 2:8-9; 딤후 1:9). 그리고 우리를 위한 모본이 되셨다(딤전 1:16; 히 12:2; 벧전 2:21). 모든 성경 기자들의 신학적 핵심은 대속을 통한 구속이다.

조직신학적 방법과 구속사적 방법

지난 수십 년 동안, 인류학자들과 언어학자들은 사회 속에서 언어를 통해 이루어지는 '의미 형성'(meaning making)을 두 가지 접근법으로 연구했다. 하나는 공시적(synchronic) 접근법으로, 주어진 한 시점의 모든 언어 구조를 이해하려는 것이다. 다른 하나는 통시적(diachronic)인 것으로, 인간 경험의 결과로서 언어와 의미가 어떻게 변천하는지를 이해하는 것이다.

신학자들도 성경을 공시적 및 통시적 방식으로 읽을 것을 강조한다. 공시적 접근법은 종종 조직신학적 방법(systematic-theological method, STM)이라고 불리는데, 성경을 주제별로 정리하여 이해하는 것이다. 성경을 생각의 범주대로 분류해서 하나님, 죄, 성령님, 교회, 결혼, 가정, 기도 등으로 접근한다. 이 접근 방법은 특정 주제를 연구하기 위해 그 주제와 관련한 모든 성경 구절들을 살펴보는 것으로, 일관성 있는 명제들과 원리들을 끌어낸다.

이 방법은 특히 하나님, 인간, 죄, 은혜, 세상 등의 주제에 대한 성경의 일관성에 특히 유의한다. 앞 장에서 지적했듯이 "내가 무엇을 해야 구원을 받을 수 있습니까?"와 같은 복음에 대한 질문에 답할 때 특별히 유용하다. 우리는 성경을 이와 같은 방식으로 읽을 수 있다고 믿는다.

왜냐하면 성경의 단일 저자이신 하나님이 계시고, 이성적 피조물로 창조된 우리는 진리의 아름다움에 반응할 수 있기 때문이다. 이 관점에서 복음은 하나님, 죄, 그리스도, 그리고 믿음으로 드러나게 된다. 구원의 수단, 즉 그리스도의 대속 사역과 이를 믿음으로 받아들여야 할 우리의 책임이 부각된다.[6]

성경을 통시적으로 읽는다는 것은 성경의 이야기 구조를 따라서 읽는 것으로, 종종 구속사적 방법(redemptive-historical method, RHM)이라고 불린다. 이 방법은 성경을 역사적 순서에 따라 대하며, 역사의 단계나 이야기의 흐름에 따라 성경의 메시지를 이해한다. 통시적 방법에 따르면 성경은 하나님이 세상을 창조하시고, 인간이 타락하고, 하나님이 자기를 위하여 새로운 백성을 창조함으로 역사에 다시 들어오시고, 마침내 깨지고 손상된 세상으로부터 그리스도를 통하여 새로운 피조물을 만드시는 것에 대한 이야기다.

이 방법은 하나님의 구속 관점에서 성경의 기본적인 이야기 전개를 파악하며, 또한 성경적 주제들을 찾아내(예를 들어 언약, 왕권, 성전) 그것들이 역사의 각 단계를 거쳐 예수 그리스도 안에서 어떻게 정점을 이루는지 주목한다.

이 접근법은 특별히 시대 배경이나 성경 저자들 사이의 차이점에 민감하다. 그리고 "세상에는 어떤 소망이 있는가?"와 같은 질문에 답하는 데 특히 유용하다. 우리는 이러한 방식으로 성경을 읽을 수 있다. 하나님은 인간을 사용하셔서 그분의 뜻을 기록하게 하셨으며, 인간은 소망을 가지고 살아가는 피조물로서 복음 이야기의 아름다움에 반응할 수 있다.

이 관점에서 복음은 창조, 타락, 약속과 계시, 이스라엘, 그리스도의 구속, 그리고 회복으로 나타난다. 이는 구원의 목적, 즉 피조물의 부흥을 잘 드러낸다.

궁극적으로 이 두 접근법은 서로 모순될 이유가 없다.[7] 사실 두 접근법을 모두 사용하는 것이 더 타당하다. 성경은 분명 하나님의 책이면서 동시에 하나님의 뜻에 의한 '인간의 책'이기 때문이다. 나는 더 나아가 두 접근법을 다 사용하지 않을 때 나타날 수 있는 위험성을 언급하고 싶다. 조직신학적 방법은 구속사적 방법과 병행되지 않는다면, 이성주의적, 율법주의적, 그리고 개인주의적 기독교를 만들 수 있다. 마찬가지로 구속사적 방법은 조직신학적 방법과 병행되지 않는다면 이야기와 공동체는 사랑하지만 은혜와 율법 사이, 진리와 이단 사이의 분명한 차이점을 외면하는 기독교를 만들 수 있다.

이야기 흐름과 성경의 주제들을 모두 활용할 수 있는 접근법은 신구약 성경을 관통하고 연결하는 주제들(intercanonical themes)을 중심으로 읽는 것이다. "성경적 복음"(The Bible Gospel)이라는 에세이에서 D. A. 카슨은 성경의 이야기 흐름에 연결되지 않는 환원주의적 버전의 복음들을 경계하고 있다.[8] 카슨은 성경 전체를 연결하는 신구약의 주제들이 적어도 20개 정도는 된다고 주장했다.[9]

복음은 구약과 신약을 관통하는 많은 흐름들을 연결하여 통일성과 의미를 부여한다. 우리는 이 주제들 중에서 어떤 것을 택해서 복음을 처음부터 끝까지 설명할 수 있다. 그러나 전체 그림을 보여 주는 단일 주제는 없다. 다음 표는 몇 가지 주제들을 부각하고 있다. 우리는 이제 복음이 각각의 주제들을 통해서 어떻게 표현될 수 있는지 살펴볼 것이다.

유배와 귀향(The Exile and our Homecoming)

성경에 따르면, 집은 우리 생명이 영적·육체적·사회적으로 충만하게 자라는 장소다. 육체의 생명과 건강이 유지되는 곳이며 우리의 가장 친밀한 사랑의 관계들이 양육되는 곳이다. 집은 또한 쉼과 평강의 장소이다.

집 - 유배	여호와 - 언약	하나님 나라
창조의 목적은 …		
쉼과 평강의 장소	하나님과의 신실한 언약적 사랑의 관계	하나님 나라와 왕권
죄의 정의와 결과는 …		
자기중심성, 평강의 파괴	배약, 하나님의 저주와 진노	우상 숭배, 예속의 결과
이스라엘은 …		
이집트와 바벨론으로 유배	신실하도록 부름 받았으나 배약함	참된 사사 / 왕을 기다림
예수님은 …		
버림 받았지만 다시 사신 주님, 죽음의 권세를 깨뜨리신 주님	고난받는 종이지만 새 언약의 주님, 죄의 저주를 취하심	참된 왕으로 돌아오심, 우리를 세상, 육신, 마귀로부터 자유롭게 하심
회복은 …		
하나님의 동산 도시(garden-city)	어린양의 혼인 잔치	하나님의 통치 아래 있는 참된 자유

하지만 인류의 이야기는 유배와 귀향을 향한 열망의 이야기이다. 죽음과 질병은 하나님이 만드신 멋진 창조물들을 훼손시키고 오염시켰다. 사회는 이기심, 자기자랑, 교만으로 가득한 바벨탑으로 변했다. 착취와 폭력은 인간 공동체를 손상하며 파괴시켰다. 지금 존재하는 세상은 우리의 진정한 집이 아니다. 본래 우리는 죽음과 이별, 부패, 질병, 노화 같은 것이 없는 세상에서 살도록 만들어졌다. 그래서 우리는 이 세상에서 나그네이며 이방인들이다. 왜 그런가?

인류가 하나님께 등지고 자기 자신을 위해 살고 있기 때문이다. 본래 인류의 첫 부모인 아담과 하와는 하나님의 동산을 나왔으며, 하나님의 임재 앞에서 쫓겨났다. 하나님의 임재가 있는 곳에 우리의 진정한 집이 있다. 그러나 우리는 하나님으로부터, 자신으로부터, 그리고 피조 세계로부터 소외되어 있다.

이 주제로 성경을 살펴볼 때마다 단골로 등장하는 질문은 이것이다. "우리는 어떻게 집으로 돌아갈 수 있을까? 어떻게 하면 피조 세계가 치유되고 회복될 수 있을까? 어떻게 죽음과 부패가 극복될까?" 성경은 이 질문들에 대해, 예수께서 자신의 진정한 집을 떠나서 성육신하고(빌 2:6-7), 땅에서는 부모의 본래 집으로부터 멀리 떨어진 곳에서 출생하고, 머리를 둘 곳이나 집도 없이 떠돌아다니고(마 8:20), 마침내 도시의 성문 바깥에서 십자가에 달리신 것이 그분이 추방을 당하고 거절을 당하신 표지라고 답한다(히 13:11-12).

그분은 인간들이 받아 마땅한 추방(소외된 상태)을 우리를 대신하여 경험하셨다. 그리스도의 내쫓기심으로 우리가 집에 돌아갈 수 있게 되었다. 이 이야기가 누가복음 9장 31절에 요약되어 있다(여기 쓰인 헬라어 단어는 출애굽(탈출, exodus)을 의미하는데 '떠남'(departure)이라고 번역되었다).

예수님의 죽으심과 부활은 궁극적인 출애굽(떠남)이며, 유배로부터의 해방이다. 예수님이 무덤에서 일어나셨을 때, 그분은 죽음의 권세를 깨뜨리시고, 우리의 진정한 집이 될 새 하늘과 새 땅을 맛보게 하셨다. 그분은 '만물'을(골 1:16-20) 화목케 하실 것이며, 세상을 새롭게 하셔서 하나님의 동산 도시(garden-city)가 되게 하실 것이다(계 21:1-8; 22:1-2).[10]

이 '집'과 집을 그리워하는 우리의 감각은 다양한 증상으로 나타나는 향수병에서 발견된다. 수많은 가짜 귀소본능과 우상 숭배들로부터 우리를 분명하게 이끌어 주는 것이 바로 이러한 집에 대한 감각이다.

집 - 유배와 관련된 주제들	
안식(rest)과 안식일	죄는 안식을 앗아간다. 어떻게 우리는 하나님의 안식에 들어갈 수 있는가?
정의와 평강(shalom)	이 세상 구조는 파괴되어 있다. 어떻게 우리는 평강을 회복할 수 있는가?
삼위일체와 공동체	우리는 하나님과 당신의 백성 사이에서 개인적이며 상호의존적인 공동체로 살도록 지음 받았다. 우리가 삼위일체 하나님을 반영하기 때문이다. 어떻게 우리는 이러한 공동체의 일부가 될 수 있는가?

언약과 성취(The Covenant and its Fulfillment)

'야훼'라는 이름은 하나님이 언약에 신실한 분임을 드러낸다. 언약 관계에서 언약의 주님은 우리의 하나님이 되신다. 우리는 그분의 백성이 된다. 언약은 절대적인 연합이며, 주님은 실제로 말씀하신 것을 언제나 지키신다. 그분은 말씀과 약속을 절대적으로 신실하게 지키신다. 대신 그만큼 우리 역시 신실하기를 요구하신다. 행함을 통해 말한 바를 지키기 원하신다. 여기서 문제는 우리가 계속해서 약속을 깨뜨린다는 것이다.

'유배-귀향' 이라는 주제가 우리에게 세상을 치유할 누군가가 필요하다는 사실을 말해 주는 것처럼, '야훼-언약'이라는 주제는 우리가 법을 어긴 죄로부터 구원받아야 한다는 사실을 보여 준다. 이 주제는 이런 질문을 던진다. "어떻게 하나님은 그분의 법과 말씀에 신실하고 참되면서 동시에 우리에게 신실하고 헌신적일 수 있는가? 하나님이 어떻게 거룩함을 유지하시면서도 그의 백성을 사랑하실 수 있는가? 하나님의 거룩하심과 사랑은 언약 속에서 어떻게 연결되는가?"

이사야는 해결책을 말하면서 언약의 주님과 고난당하는 언약의 종 둘 다를 강조한다. 예수님은 언약의 저주를 담당하심으로써 언약의 축복이 우리의 것이 되게 하셨다(갈 3:7-14). 그분은 창세기 3장 15절의 약속을 성취하신다. 그분은 상처를 입었지만 사탄의 일을 파괴하였다. 예수님은 또한 아브라함 언약을 성취하신다. 그분은 참으로 모든 나라에 복을 주시는 복의 근원이다. 완벽한 희생 제물로서 사신 삶은 모세의 법을 성취한다(히 8-10장).

따라서 "하나님의 언약 축복은 조건적인가 아니면 무조건적인가?"라는 중요한 질문에 대한 답은 "예"이다. 예수님은 순종적이고 신실한 언약의 종으로서 우리를 대신해 고난을 받으시고 그 고난을 통하여 언약의 요구 조건들을 완벽히 성취하셨다. 그래서 그분은 신실한 언약의 주님으로서 우리를 무조건적으로 사랑할 수 있게 되셨다.

십자가에서 하나님의 법과 사랑이 성취되고 만족되었다. 하나님의 도시에는 더 이상 저주가 없다(계 22:3). 하나님이신 유월절 어린양이 그 백성의 죄를 대신 지셨기 때문이다. 우리는 그분의 백성과 신부가 될 것이며 그는 우리의 하나님이 될 것이다(계 21:2-3). 역사는 어린양의 결혼잔치에서 완성된다(계 19:6-9). 우리가 본래 지음 받은 궁극적인 사랑의 관계가 성취되는 것이다.

야훼-언약과 관련된 주제들	
의로움과 벌거벗음	우리는 수치와 죄책감을 경험한다. 어떻게 우리의 죄를 덮을 수 있는가?
결혼과 정절	우리는 참된 사랑과 독점적인 관계를 갈망한다. 어떻게 우리는 그것을 얻을 수 있는가?
임재와 성소	우리는 하나님의 임재 안에서 자라나도록 창조되었다. 어떻게 우리는 그 안에서 설 수 있는가?

왕국과 도래(The Kingdom and its Coming)

'유배-귀향'이라는 주제가 세상의 치유자에 대한 우리의 필요를 가리키고, '야훼-언약'이라는 주제가 율법을 범한 죄로부터 구원받아야 할 우리의 필요를 제시하는 것처럼, 왕국에 대한 주제는 예속으로부터 해방되어야 할 우리의 필요를 일깨운다.

로마서 1장 25절이 말하듯, 우리는 예배하는 대상을 섬긴다. 인간은 반드시 무언가를 예배해야 하는 존재이기에 이 세상의 여러 가지 힘과 권력들에 예속된다. 진정한 지도자 - 재판장 - 왕에 대한 탐색의 과정이 하나님 나라 백성의 역사에서 대부분을 차지했다(신 17:14-20; 삼하 7장 참조). 어떤 지도자도 자기 백성이 우상 숭배에 빠지거나 예속 또는 추방되는 것을 완전히 막지는 못한다. 여기에서 중요한 질문을 제기할 수 있는데 "우상 숭배로부터 우리를 해방할 만큼 강력한 왕은 도대체 누구인가?" 하는 것이다.

복음이 제시하는 답은 "하나님이 오셔야만 한다"이다. 마가복음 1장 1-3절은 예수님께서 자신의 나라를 취하기 위해 오시는 신적인 왕임을 선언한다.[11] 그리스도의 왕적 통치권은 그리스도인들 사이에 나타나는 것이다(눅 17:20-21). 그것은 거짓 주인들과 얽매는 우상들로부터 사람들을 해방시킨다.

제자들 사이에서 왕국은 권력이나 돈, 인기, 성공과 같은 것들이 하나님 나라의 질서에 따라 재배치되는 새로운 인간질서의 세계였다. 이런 것들이 더 이상 중요하지 않다는 것이 아니다. 그리스도의 새 창조에 의하여 새로운 가치를 부여받게 된다는 것이다. 다시 말해 섬김, 나눔, 겸손 등의 가치들이다(눅 6:17-49).

예수님의 왕권은 인간의 왕권과는 다르다. 예수님의 왕권은 강압적인 권세가 아니라 고통받는 섬김을 통해서 영향력이 커지는 권세다. 우리가 새 나라에 들어가는 것은 힘을 통해서가 아니라 회개와 거듭남(요 3장)을 통해서이며 어린아이와 같은 마음을 가질 때 가능하다(마 18:3-4).

자유롭게 하시는 그리스도의 통치는 이 세상에 온전히 임하지 않았다. 모든 그리스도의 제자들은 마태복음 6장 10절 말씀처럼 그분의 통치가 임하기를 기도하고 있다. 그리고 마지막 날에 그분의 통치가 온전히 이루어지는 것을 볼 것이다(마 25:34). 그날은 하나님의 도성이 마침내 내려올 때를 말한다. 하나님의 도시는 하나님의 보좌를 포함한다. 하나님의 보좌는 왕국의 보좌이며(계 22:3), 그로부터 만물이 새롭게 된다(계 21:3-6). 이것은 시편 96-98편에 묘사된 절정의 대관식 장면이다. 하나님께서 돌아와 통치하실 때, 강들은 손뼉을 칠 것이며 산들도 기뻐 노래하며 해방자가 오셨음을 찬양할 것이다(시 98:8; 롬 8:21-22). 하늘나라의 자유와 기쁨이 땅에 임할 것이다.

물론 각 주제들은 성경 이야기의 특정한 측면들을 강조하고 있지만 거기에는 모순이 없으며, 복음이 소통되는 다양한 방법들 사이에도 오직 조화가 있을 뿐이다. 성경의 이야기 라인은 우리에게 적어도 네 가지를 알게 한다.

1. 하나님이 우리에게 원하시는 것은 무엇인가?(창조)
2. 우리에게 일어난 일은 무엇이며 세상은 어떤 문제가 있는가?(타락)
3. 하나님이 예수 그리스도 안에서 무엇을 하셔서 상황을 바로잡으

섰는가?(구속)

4. 결국 역사의 결과는 어떻게 될 것인가?(회복)

네 가지 이야기는 다양한 주제를 사용해 여러 가지 방식으로 표현될 수 있다. 죄와 구원은 모두 다차원적이기 때문이다. 이것은 복음이 단순하게 제시될 수 없다는 이야기는 아니며 또한 "모든 것이 다 복음인 것은 아니다"라는 말과 모순되는 것도 아니다.

복음을 제시하는 모든 방법들은 여전히 복음이 소식이라는 것을 강조해야 한다. 하나님이 무엇을 행하셨고, 하실 것인지를 전달하는 소식이다. 그런데 복음을 구체적으로 제시할 때마다 (심지어 아주 짧게라도) 우리는 복음을 몇몇 주제들의 맥락 가운데 놓을 수 있다. 우리가 그렇게 할 때, 성경적 이야기를 향하여 한걸음 더 나아갈 것이다.

왕국과 관련된 주제	
형상과 모양	하나님을 최고로 사랑하는 것이야말로 다른 무엇을 사랑하기 위한 유일한 길이다. 당신 자신을 되찾고 진정으로 자유를 누리라.
우상 숭배와 자유	하나님을 최고로 섬기는 것은 자유의 길로 가는 유일한 길이다.
지혜와 말씀	하나님의 말씀에 순종하는 것이 지혜로 가는 첩경이다.

복음은 맥락 속에 위치해야 한다

복음은 결코 단순하지 않다. 우선 성경에 등장하는 많은 주제들 자체가 무궁무진하게 깊고 풍부하다. 또한 인간은 완벽하게 창조된 동시에 타락한 본성을 지녔기에 복잡성과 다양성을 지니고 있다. 복음은 모든 문화와 개인의 특정한 소망이나 두려움, 우상들을 다룰 수 있는 초자연적인 역량을 갖고 있다. 그래서 우리는 복음의 상황화(contextualization)를 할 필요가 있다.

고린도전서 1장 22-25절을 보면 바울이 헬라인들에게 말할 때 먼저 그들의 문화적 우상인 사유와 철학을 십자가의 '어리석음'에 빗대어 말했음을 알 수 있다. 그 다음에 바울은 참된 지혜인 그리스도의 구원을 제시했다. 그가 유대인들에게 말할 때는 먼저 그들의 문화적 우상인 힘과 성취를 십자가의 '약함'과 대조시켜 언급했다. 그 다음에 바울은 복음을 참된 힘으로서 제시하였다. 이 복음의 형태들 중 하나는 심판 날에 자신의 공로를 통해 의롭게 인정받으리라 생각했던 유대인에게 맞추어져 있고 다른 하나는 이방인들에게 맞추어져 있다.

이 두 가지 접근법은 바울의 사도행전 설교에서 잘 찾아볼 수 있다. 어떤 설교는 유대인에게, 어떤 설교는 이방인에게 전해졌다. 누가는 바울의 복음 설교를 세 번 요약해서 기록하고 있다.

1. 사도행전 13장에서 바울은 유대인과 하나님을 경외하는 이방인에게 전했다.
2. 사도행전 14장에서 바울은 교육을 받지 않은 이방인들에게 전

했다.

3. 사도행전 17장은 바울이 이방인 철학자들과 교육받은 계층에게 전한 설교의 요약이다.

우리는 바울이 설교를 듣는 청중의 이해력과 믿음에 따라 복음을 표현하고 논증하는 방법도 달리했다는 점을 주목해야 한다. 상이한 문화를 가진 청자들은 똑같은 메시지에 대해서도 어떤 어감과 형태로 전달받느냐에 따라 상이하게 반응한다.

복음의 상황화는 고도의 주의가 요구되는 거대한 주제이다. 그래서 이 책의 세 번째 부분에서 자세히 다루려 한다. 지금까지는 복음이 똑같은 형태로 제시된 적이 없었던 이유에 대해 단지 신구약 성경을 흐르는 다양하고 풍부한 주제들과 인간의 풍부한 다양성을 근거로 언급했다. 바울은 복음을 다양한 방식(다양한 순서, 논증, 강조 등등)으로 여러 문화권의 사람들에게 전했다. 그리고 우리도 그렇게 해야 한다. 복음은 크나큰 것이어서 모든 상황에서 가장 적합한 형태로 소통될 수 있다. 복음은 단 하나(singular)의 메시지이지만, 결코 단순한(simple) 메시지가 아니다.

토론과 성찰을 위한 질문들

1. '정통의 증거로서 어디서나, 어떤 상황에서나 다 적용되는 단일한 복음 제시 모델'을 만들거나 도입해야 한다는 부담감을 느낀 적이 있는가? 이런 모델의 매력은 무엇인가? 단점은 무엇인가?

2. 이 장에 언급된 성경 전체의 주제들 중에서 어떤 것이 가장 마음에 와 닿는가? 신구약 성경의 주제들 중에 무엇이 당신이 사역하는 환경에서 불신자들에게 가장 잘 와 닿는가? 또한 당신이 속한 교회 사람들에게는 어떤가? 복음을 소통하는 어떤 새로운 길들을 찾을 수 있겠는가?

3. 사도행전 13, 14, 17장을 읽으라. 바울의 복음 제시에 어떤 차이점들이 있는지 기록해 보라. 회중의 '역량과 신념'은 당신이 보기에 어떤가? 당신이 복음을 제시하고 확증하는 방식에 있어서 어떤 모습이 필요한가?

03
복음은 모든 것에
영향을 미친다

앞서 우리는 복음이 모든 것이 아님을 살펴보았다. 이것이 의미하는 바는 복음이 소식의 선포라는 것과 그 결과물이나 적용과는 구별되어야 한다는 것이다. 또한 우리는 복음이 단순하지 않다는 것을 보았다. 이 의미는 복음이 결코 표준적인 단일 형태로 포장될 수 없다는 것이다. 이 두 가지 내용에 근거하여 세 번째 주장을 제시하자면 그것은 복음이 사실상 모든 것에 영향을 끼친다는 것이다.

"예수 그리스도의 복음"(고전 15:1-19)이라는 논문에서 D. A. 카슨은 고린도전서의 윤리적 명령들을 조사하고 나서 다음과 같은 결론을 내린다.

고린도전서는 복음이 어떻게 태도나 정신 기강, 인간관계, 그리고 문화적 상호작용들에 광범위한 변혁을 일으키는지를 반복적으로 보여 주고 있다. … 바울이 고린도 사람들을 향해 삶의 모든 영역에서 복음이 작동해야 함을 반복해서 강조한 것처럼 오늘날의 우리도 동일하게 그래야 한다.… 복음이 다음의 영역들에서 어떻게 삶을 바꿀 수 있는지 생각하는 것은 그리 힘든 일이 아니다. 복음이 어떻게 사업 관행이나 그리스도인들의 상업상의 우선순위들을 바꿀 수 있는지, 젊은이들이 흔히 빠지게 되는 모호하면서도 강렬한 자기애와 관련된 우선순위들을 바꿀 수 있는지, 쾌락을 추구하지만 행복은 발견할 수 없는 독신 남녀들의 외로운 고독과 쾌락에의 탐닉을 변화시킬 수 있는지, 주변부에서 어렵게 살아가는 사람들의 지친 절망을 어떻게 변혁할 수 있는지 등을 생각해야 한다. 이 작업은 복음으로부터 사회적 원칙을 추출한다고 되는 것이 아니다. 또한 선지자적 목소리를 내려는 헛된 노력으로 끊임없이 부수적인 것들에 관심을 둔다고 되는 것도 아니다. 오직 우리의 복되신 구주의 영광스러운 복음을 교회들 속에서 전파하고 가르치고 살아냄으로써 되는 것이다.[1]

복음이 우리가 이해하고 믿어야 할 진리의 집합이기는 하지만 진정으로 복음이 믿어지고 이해될 때는 그것이 단지 신념의 집합에 머물지 않는다. 레슬리 뉴비긴이 말했듯이 "기독교의 이야기는 단지 옆에 두고 바라만 보는 렌즈가 아니라, 실제로 우리 눈에 쓰고 들여다보는 렌즈가 된다."[2]

바울은 로마서 1-11장에서 칭의의 교리를 풍성하게 제시한 후에 12장 1절에서 이렇게 말한다. "그러므로 형제들아 내가 하나님의 모든 자비하심으로 너희를 권하노니 너희 몸을 하나님이 기뻐하시는 거룩한 산 제물로 드리라."

성경은 복음이 삶의 모든 길을 창조하며, 말 그대로 우리의 모든 것에 영향을 끼친다고 가르친다. 복음은 우리 안에 새로운 삶을 창조하는(골 1:5-6; 벧전 1:23-25) 능력이다(롬 1:16-17).

복음의 부요함

신약학자 사이먼 개더콜(Simon Gathercole)은 바울서신과 복음서들에서 공통적으로 가르치는 복음의 개요를 다음과 같이 제시한다.

1. 하나님의 아들은 자신을 비워 예수 그리스도로 세상에 오셨으며 친히 종이 되셨다.
2. 그분은 십자가에서 대속의 희생 제물로 죽으셨다.
3. 그분은 새로워질 만물의 첫 열매로서 무덤에서 일어나셨다.[3]

우리는 세 진리를 각각 구체적으로 살펴봄으로써 무궁무진한 복음의 영향력을 볼 수 있다.

성육신과 '위에서 아래로 임하는'(Upside-Down) 복음의 속성

왕이신 예수님이 종이 되셨기 때문에, 우리는 그분 나라의 통치에서 가치의 역전을 보게 된다(눅 6:20-26). 예수님의 나라에서 가난한 사람, 슬픈 사람, 압제받은 사람은 부자와 유명한 사람들, 자만한 사람들보다 위에 있다. 성경의 말씀대로 먼저 된 사람들은 나중 될 것이다(마 19:30). 왜 이런 일이 생기는가?

이러한 역전 현상은 그리스도의 구원 방식을 모방한 것이다(빌 2:1-11). 예수님은 부유하셨지만 가난하게 되셨다. 그분은 왕이셨으나 섬기셨다. 가장 위대한 분이셨으나 모든 사람의 종이 되셨다. 그분은 권력을 거머쥠으로써가 아니라 자신을 희생하며 섬김으로써 죄에 대해 승리하셨다. 그분은 모든 것을 잃어버림으로써 모든 것을 얻으셨다.

이것은 권력, 명성, 부, 지위에 가치를 두는 세상의 사고방식과 완전히 반대되는 것이다. 그러므로 복음은 완전히 대안적인 방식으로 살아가는 사람들과 더불어 새로운 종류의 섬김 공동체를 창조한다. 인종과 계급으로 사람들을 차별하고, 타인을 희생시켜 자신의 부와 권력을 축적하며, 인기와 명성을 갈망하는 것, 이 모두는 세상의 방식들이다. 이러한 것들은 복음의 정신적 기조와 정반대에 있는 것이다.

속죄와 '안에서 바깥으로 임하는'(Inside-Out) 복음의 속성

바리새파 사람들은 내적 측면인 거듭난 마음보다 언약의 외적 측면을 강조하는 경향이 강했다(눅 11:39-41). 안식일 준수, 할례, 모세의 법 등을 지키는 기준들에 관심을 많이 두었다. 그렇지만 하나님 나라는 "먹고

마시는 것에 관련된 것이 아니라, 성령님 안에 있는 의와 평강과 희락에 대한 것이다"(롬 14:17). 이유는 무엇인가?

예수님께서는 십자가 위에서 우리를 대신하심으로 구원을 완성하셨다. 이것은 우리가 값없이 선물로 받은 것이다. 전통적인 신앙의 관점에서는 선행을 쌓고 도덕 준칙을 잘 지켜야 하나님이 마음에 오셔서 복을 주시고 구원하신다고 말한다. 다시 말해 내가 순종한다면 하나님이 나를 사랑하고 받아 주신다고 가르친다.

그러나 복음은 이와 반대이다. 하나님이 나를 받아 주시고 은혜로 값없이 사랑하셨음을 깨닫게 된다면, 비로소 내면의 기쁨과 감사로 그분께 순종하는 삶을 시작할 수 있다. 종교는 바깥에서 우리 내면을 강요하는 것이다. 그에 반해 복음은 우리 안에서 바깥으로 솟아나온다.

우리는 뭔가를 해서가 아니라 오직 은혜로만 의롭게 된다. 우리는 오직 그리스도가 하신 일 때문에 하나님 보시기에 아름답고 의로운 사람이 된다. 일단 우리가 이 사실을 내면 깊이 이해하게 되면 하나님과의 관계, 자기 자신과의 관계, 다른 사람들과의 관계에 있어서 혁명적인 변화가 일어나게 된다.

부활과 '미래를 현재에 경험하는'(Forward-Back) 복음의 속성

예수님은 부활하셨다. 그러나 우리는 아니다. 예수님의 부활로 하나님 나라가 출범했다. 그러나 그 나라는 아직 완전히 임하지 않았다. 메시아 왕의 도래는 두 단계로 일어난다. 그분은 세상에 처음 오셨을 때 인간을 죄의 형벌에서 구원하고 성령님의 임재를 가져다 주셨다. 성령은 미래 세대를 위한 보증이다(고후 1:21-22; 엡 1:13-14). 마지막 때에 그분은 처음 왔을 때 시작한 것을 완성하기 위해서 다시 오신다. 그리고 우리를 죄와 악의 지배와 현존으로부터 건지신다. 그분은 만물을 새롭게 하시고 물질세계의 모든 망가진 것들을 깨끗하게 하실 것이다.

그리스도인들은 지금 다가올 미래를 생각하며 살고 있다. 사람들에게 복음을 전하며 심판에 대비하라고 말한다. 또한 가난한 자들을 도우며 정의를 위해 일한다. 이것이 하나님의 뜻이고, 궁극적으로는 그분이 이 모든 억압을 없앨 것을 알기 때문이다. 또한 우리는 그리스도인들에게 신앙과 일을 통합하라고 가르친다. 그래서 문화의 창조자가 되어서 인류의 번영이라는 공공선을 위해 일하라고 가르친다. 하나님 나라의 '이미 그러나 아직' 측면은 우리로 하여금 문화 정복에 대한 유토피아적, 승리주의적 비전을 가질 수 없게 하고 동시에 사회에 대해 비관적이거나 은둔할 수 없게 한다.

성경적인 복음의 의미를 진정으로 이해하는 교회는 "그리스도의 말씀이 너희 속에 풍성히 거하여"(골 3:16), 다양한 형태와 이미지를 지닌 독특한 조합처럼 보일 것이다. 안에서 바깥으로 향하는 대속의 측면을 가진 교회는 개인의 회심, 은혜에 대한 각성의 경험, 복음 전도, 선교, 교회 개척 등을 크게 강조할 것이다. 그러면 겉으로는 복음적 은사주의 교회처럼 보일 것이다.

위가 아래로 내려오는 하나님 나라/성육신의 측면을 가진 교회는 진실한 공동체, 셀 그룹이나 가정 교회, 헌신적인 구제와 자원 공유, 영적 훈련, 계층 간 화해, 가난한 자들과의 공존 등을 크게 강조하게 될 것이다. 이것은 마치 재침례파의 평화주의 교회와 비슷한 모습일 것이다.

미래를 현재에 경험하는 하나님 나라/회복의 측면을 가진 교회는 도시와 이웃의 복지, 사회 참여, 문화 변혁, 그리고 기독교 세계관으로 사람들을 훈련해 세속 직업을 갖고 살아가게 하는 것 등에 큰 관심을 갖게 될 것이다. 이는 마치 주류 교회들의 모습 또는 아브라함 카이퍼를 따르는 개혁교회의 모습들과 비슷하게 될 것이다.

사역과 강조점에 있어서 이 모두를 통합하고 있는 교회나 교단, 단체는 거의 없는 실정이다. 그렇지만 안에서 바깥으로, 위가 아래로, 미래를 현재에 경험하는 복음의 측면들을 이해할 때, 이러한 성경적 복음의 통합적 이해는 각 측면을 모두 응원하고 발전시킬 것이다. 《팀 켈러의 센터처치》를 통해 우리가 말하고자 하는 것이 바로 이것이다.

복음은 모든 것을 변화시킨다

복음은 그리스도인의 삶의 초급 과정이 아니라 시작부터 완성까지 관통하는 것이다. 복음은 비신자에게 필요한 것이고 신자들은 복음 이상의 성경 원칙을 따라 살아가야 한다고 보는 것은 부정확한 견해이다. 복음을 믿음으로써 구원을 얻고, 살아가는 동안 복음을 점점 더 깊이 믿음으로써 우리의 마음과 감정과 인생의 모든 국면이 변화된다는 것이 더 정확한 견해이다(롬 12:1-2; 빌 1:6; 3:13-14).

앞서 복음을 앗아가는 두 가지 종류의 오류를 소개했다. 하나는 '도덕주의 - 신앙주의 - 율법주의'로서 은혜 없는 진리를 강조한다. 이런 부류는 우리가 구원받기 위해서는 진리에 순종해야 한다고 주장한다. 다른 하나는 '상대주의 - 비종교주의 - 자유주의'로서 진리 없는 은혜를 강조한다. 만일 하나님이 계시다면 그분은 우리 모두를 받아 주실 것이기 때문에 무엇이 진리인지를 결정하면 된다는 것이다.

그러나 우리는 예수님이 은혜와 진리가 모두 충만하신 분이었음을 잊지 않아야 한다(요 1:14). 은혜 없는 진리는 진정한 진리가 아니며, 진리 없는 은혜 또한 진정한 은혜가 아니다. 어떤 인생 철학이나 신앙이든지 둘 중에 하나를 강조하지 않거나 붙들지 않으면 율법주의나 방종에 빠지고 만다. 어느 쪽이든지 복음의 기쁨과 능력과 역사는 도둑맞게 된다.

에드워드 피셔(Edward Fisher)의 저서 《현대 신학의 정수》(*The Marrow of Modern Divinity*)는 복음의 이 두 가지 적을 기억하는 것이 얼마나 중요한지를 제대로 가르쳐 주고 있다. 피셔는 율법주의가 어떻게 두 가지 성격을 띨 수 있는지 설명한다. 하나는 신학적인 면에서 믿음과 공로가 뒤섞여 칭의가 무엇인지를 불분명하게 만드는 것이다. 다른 하나는 도덕주의 정신과 태도의 문제다. 그는 또한 반대편의 오류인 율법폐기론에 대해서도 경고한다. '~해야 한다'라고 말하기를 두려워하는 율법폐기론은 하나님의 법에 순종해야 한다는 주장을 하지 않는다.[4]

복음의 능력은 두 가지 움직임으로 다가온다. 첫째, "나는 내가 감히 생각했던 것보다 훨씬 더한 죄인이고 허물 많은 존재입니다"라고 고백하는 것이다. 둘째, "나는 내가 감히 바랐던 것보다 더 많은 사랑을 받고 용납되었습니다"라고 말하는 것이다.

첫째는 율법폐기론을 제거한다. 둘째는 율법주의를 해체한다. 우리가 지향해야 하는 것은 이 두 가지를 동시에 깨뜨리는 것이다. 우리는 어느 한 편과 싸울 때 굉장히 쉽게 다른 한 편으로 미끄러지기 쉽다. 만일 당신이 이 오류들 중 어느 하나가 다른 것보다 훨씬 더 위험하다고 생각한다면, 아마도 당신이 덜 두려워하는 오류에 발을 담그고 있을 것이다.

율법주의 또는 율법폐기론이 아니라 그리스도의 복음을 온전하게 붙잡게 되면 타락으로 인해 망가졌던 삶의 모든 영역에 변화와 더불어 온전함이 증가된다. 우리 삶의 가장 치명적인 문제인 하나님과의 단절을 해결하면 다른 영역의 문제들도 자연스럽게 해결된다. 복음은 인간의 가장 큰 결핍을 다루며 삶의 모든 영역에서 변화와 변혁을 일으킨다. 복음이 우리를 변화시키는 몇 가지 방식들을 살펴보도록 하자.

낙망과 우울

어떤 사람이 우울함에 빠져 있을 때 도덕주의자는 이렇게 말한다. "원칙대로 살지 않았군요. 회개하세요." 반면 상대주의자는 "자신을 용납하고 사랑하기만 하면 됩니다"라고 말한다.

복음이 없다면 도덕주의자는 행동을 고치려 하고 상대주의자는 감정을 고양하려 한다. 둘 다 마음의 문제 대신 피상적인 증상만을 다루는 것이다. 특별한 신체적 문제로 우울함이 발생한 것이 아니라면 복음은 우리에게 자신을 살피도록 이끌며 이런 고백을 가능하게 한다. "나의 삶에 하나님보다 더 소중한 뭔가(가짜 구원자, 공로에 근거한 의로움의 한 종류)가 생긴 것 같아." 복음은 단지 피상적인 것들에 대해 의지를 불태우게 하는 것이 아니라 우리가 회개할 수 있도록 이끈다.

사랑과 인간관계

도덕주의는 종종 인간관계를 책임 공방으로 변질시킨다. 이는 도덕주의자가 심한 비난을 받고 상처를 받거나, 다른 사람은 비난하면서 자기는 좋은 사람의 이미지를 지키려고 할 경우다. 반면 상대주의는 사람들로부터 사랑받는 것을 구원의 수단으로 격상시킨다. 사람들에게 사랑을 받음으로써 자신이 가치 있는 사람이라는 확신을 가지는 것이다. 이것은 종종 동반의존(codependency) 문제를 초래한다. 다른 사람을 구원함으로써 자기를 구원하는 방식인 것이다. 다른 한편으로 상대주의는 많은 경우 서로의 이익을 위해 적당히 타협하고 협력하는 수준으로 사랑을 축소한다. 자기에게 손해가 가지 않는 한에서만 관계를 맺는 것이다.

복음이 없다면 우리는 다른 사람들을 이기적으로 이용하고 동시에 이기적 계산하에 자신을 내어 줄 것이다. 그러나 복음은 그 어떤 이해관계에도 이끌리지 않는다. 복음이 있는 사람은 자아를 잊고 희생하고 헌신하지만, 자신의 가치를 스스로나 남들에게 확인받고 싶은 필요에 의해서 그렇게 하지는 않는다. 어려운 상황에 직면하거나 손해를 보게 되더라도 여전히 사람을 사랑하고 그와 함께한다.

성(性)

도덕주의자는 흔히 성을 불결하게 본다. 범죄로 이어질 수 있는 위험한 충동을 해소하는 최소한의 방법으로 이해한다. 상대주의자이자 실용주의자는 성을 단순히 생물학적, 물리적 욕구로 본다. 그러나 복음은 성이 그리스도의 자기희생을 반영한다고 여긴다. 그리스도는 자신을 조건

없이 완전히 우리에게 주셨다.

우리는 삶의 다른 부분은 빼놓은 채 성적 친밀감만을 추구하지 않는다. 만일 우리가 성적으로 자신을 줄 때는 법적으로, 사회적으로, 전인적으로 자신을 주는 것이다. 성은 완전히 헌신한 영구적 결혼의 관계에서만 허용할 수 있는 것이다.

가정

도덕주의자는 자녀를 부모의 기대에 부합하는 노예로 만들 수도 있다. 반면 상대주의나 실용주의는 자신에게 도움이 되지 않는 가족에 대한 헌신이나 언약에 대한 책임은 필요 없다고 생각한다. 복음은 우리에게 하나님이 어떻게 우리의 궁극적인 아버지가 되시는지를 제시함으로써 부모의 인정을 일종의 심리적 구원으로 격상하지 않도록 한다. 이것을 이해한다면 부모에 대해서 너무 의존적이거나 너무 적대적이 되는 문제를 모두 피할 수 있다.

자기 관리

도덕주의자는 욕망을 제어하지 않으면 벌을 받게 될 것이라고 말한다. 이는 '의지 기반 접근법'이다. 상대주의자는 자신을 표출해야 하며, 우리에게 무엇이 좋은지 찾아가야 한다고 말한다. 이는 '감정 기반 접근법'이다.

복음은 우리가 값없이 받은 확고한 하나님의 은혜로 말미암아 욕망에 대해서 "아니오"라고 말할 수 있게 된다고 말한다(딛 2:12). 우리가 복음에 귀를 기울인다면 이런 일이 가능해진다.[5] 또한 복음은 우리에게 새로운 욕구와 열정을 주고, 전인적 변화를 가능하게 한다. 이는 진리가 우리 마음에 들어올 때 시작된다.

인종과 문화

도덕주의자/보수주의자들의 편견은 다른 문화를 판단하면서 진리의 잣대를 오용하는 것이다. 도덕주의자들은 자신을 의롭게 여기는 충동 속에서 다른 사람들보다 자신이 우월하다고 느끼며, 자신들의 문화를 최고의 것으로 우상시한다. 상대주의자/자유주의자들의 관점은 모든 문화를 상대화하는 것이다(진리는 존재하지 않으며 서로 잘 어울려 지낼 수 있다).

이에 반해 복음은 한편으론 우리의 것을 포함해서 모든 문화에 대하여 어느 정도는 비판한다. 객관적이며 실체적인 진리가 존재하기 때문이다. 다른 한편으론, 우리가 도덕적으로 누구보다 더 우월한 것은 아니라는 점을 깨닫는다. 우리는 오직 은혜로만 구원받기 때문이다.

이 경우 복음은 위대한 해결사이다. 죄와 은혜는 우리가 자랑할 것이 아무것도 없음을 깨닫게 한다. "모든 사람이 죄를 범하였으매"(롬 3:23), "의인은 없나니 하나도 없으며"(롬 3:10; 시 143:2), 그래서 "누구든지 그(예수님)를 믿는 자는 멸망하지 않고 영생을 얻는다"(요 3:16; 막 16:16; 요 3:36; 5:24; 7:38; 11:26). 그리스도 안에는 "유대인, 헬라인, 종, 자유인, 남자, 여자가 없다"(갈 3:28).

기독교는 모든 사람을 환영한다는 점에서 보편적이다. 그러나 예수님만이 주님이라는 고백을 한다는 점에서 특별하다. 문화나 민족 또는 어떤 정체성이든 간에 그것이 주님이 될 수는 없다. 복음을 의지하는 그리스도인들은 도덕적인 확신과 포용적인 자비를 모두 나타내게 된다.

전도

도덕주의자는 개종을 믿는다. 왜냐하면 '우리는 옳고, 그들은 틀리기' 때문이다. 이런 접근법은 언제나 공격적이다. 상대주의자와 실용주의자의 접근법은 전도의 정당성 자체를 부인한다. 그러나 복음은 우리 안에 특정한 자세들을 형성한다. 우리는 죄책감에서가 아니라 관대함과 사랑에서 복음을 나누려는 강한 동기를 부여받는다. 우리는 사람들에게 모욕당하거나 상처 받을 두려움으로부터 자유를 얻었다. 왜냐하면 우리는 이미 은혜로 하나님의 사랑을 받았기 때문이다.

우리의 우월한 통찰력이나 성품이 아니라 오직 은혜로만 구원받을 것을 알기 때문에 타인을 겸손하게 대한다. 또한 모든 사람에 대해서 희망을 갖는다. 불편한 사람들에 대해서도 마찬가지이다. 우리는 다른 사람들을 예의 바르고 사려 깊게 대한다. 그들을 억압하거나 강요할 필요가 없다. 타인의 마음을 여는 것은 우리의 웅변술, 집요함, 또는 그들의 열린 태도가 아닌 오직 하나님의 은혜이기 때문이다(출 4:10-12). 그리스도인들이 이러한 특질들을 갖춘다면, 다문화 사회에서 훌륭한 이웃이 될 뿐만 아니라 매력적인 전도자가 될 수 있다.

인간의 권위

도덕주의자는 인간의 권위(가정, 가문, 정부, 문화 관습 등)에 과도하게 순응하는 경향이 있다. 반듯한 사람으로서의 자아상을 중시하기 때문이다. 상대주의/실용주의자들은 인간의 권위에 지나치게 순응하거나(문화를 판단할 상위 권위를 가지지 않기 때문이다) 무시하는 경향이 있다(그들이 권위로부터 벗어날 수 없을 때만 순응하는 것이다). 그 결과 권위주의에 빠지거나 합당한 권위를 무시하게 된다.

복음은 이에 대해 인간의 권위를 거스를 수 있는 기준을 제시하기도 하고, 동시에 마음으로부터 공적 권위를 순종할 수 있는 동기를 제공하기도 한다. 예수님을 주님이라고 고백하는 것은 동시에 시저(Caesar)가 주님이 아니라고 고백하는 것이었다. 성경의 '반(反) 황제' 성향에 대한 최근의 연구들이 있기는 하지만, 그럼에도 성경은 정부 권력, 곧 '황제'에 대해 반대하지 않으며, 권위의 적절한 질서에 대해 말하고 있다. 예수님이 시저의 관을 강탈하는 것이 아니라, 우리가 시저에게 정도 이상의 권한을 줄 때 시저가 그리스도의 관을 강탈하고 백성을 우상 숭배로 이끄는 것이다.

죄책감과 자아상

누군가 "난 나를 용서할 수 없어요"라고 말할 때, 그것은 어떤 기준이나 조건이나 사람이 하나님의 은혜보다 자기 정체성을 규정하는 데 더 중요하다는 것을 나타내는 것이다. 하나님은 용서하시는 유일한 신이다. 어떤 신들도 용서하지 않는다. 자신을 용서할 수 없다면, 그것은 당신이 참 신이라 믿는 신을 만족시키지 못했기 때문이다. 당신의 진정한 의로움으로 작동하는 것이 바로 당신의 신이다. 도덕주의자의 가짜 신은 대개 그들 상상 속의 신이다. 그 신들은 거룩하고 요구가 많지만 은혜롭지는 않다. 상대주의자/실용주의자의 거짓 신은 보통 어떤 성취나 관계이다.

이러한 예는 영화 〈미션〉에서 살펴볼 수 있다. 로버트 드 니로가 연기한 로드리고 멘도자는 예전에 노예 무역을 하는 상인이었는데, 회심한 후 참회의 증거로 자신의 갑옷과 무기를 이끌고 절벽을 오른다. 마지막 장면에서 그는 갑옷과 무기를 잡고서 식민주의자들과 싸우다가 그들의 손에 죽는다. 그가 무기를 잡았다는 것은 진정으로 회심하지 않았다는 것을 의미한다. 그의 참회는 처음부터 용서의 메시지를 이해하지 못한 채 이루어졌던 것이다.

복음은 우리의 양심에 안식과 확신을 가져온다. 왜냐하면 예수님이 우리 죄를 위한 대속물로서 피를 흘리셨기 때문이다(막 10:45). 구원을 얻기 위해 율법을 지킨다고 해서 하나님과 우리가 화해할 수 있는 것이 아니다. 또한 율법을 지키지 못한 자신을 꾸짖는다고 해서 구원을 얻는 것도 아니다. 구원은 하나님의 선물이다(롬 6:23).

만약 복음이 없다면 우리의 자아상은 스스로 세운 기준이든 누군가가 우리에게 부과한 기준이든 그 기준에 얼마나 부합하여 살고 있느냐에 따라 달라질 것이다. 그 기준들에 잘 맞춰 산다면 자신감은 갖겠지만 겸손하지는 않을 것이다. 반면 그 기준들에 따라 살지 못한다면, 겸손하겠지만 확신은 없을 것이다. 우리는 오직 복음 안에서만 놀랍도록 담대하면서도 동시에 전적으로 세심하고 겸손할 수 있다. 이는 우리가 의인이면서 또한 동시에 죄인인 까닭이다. 완벽한 의인인 동시에 죄인이다!

기쁨과 유머

도덕주의는 기쁨과 유머를 파괴한다. 율법주의 시스템에서는 자신을 너무 심각하게 생각하기 때문이다(이미지, 외모, 평판 등). 이에 비해, 상대주의나 실용주의는 인생을 살아가면서 비관주의로 흐르는 경향이 있다. 희망이 결핍된 세상에서 어쩔 수 없이 생겨나는 냉소(신성한 정의와 심판은 존재하지 않기 때문에 결국 악이 승리한다) 때문이다.

구원이 오직 은혜에 의한 것이라면, 이 구원은 영원토록 놀라운 기쁨의 근원이 된다. 인생은 어떤 것도 지루하거나 똑같지 않다. 우리가 그리스도인이라는 것 자체가 기적이다. 복음은 우리를 담대하지만 겸손하게 이끌며, 우리에게 훨씬 깊은 유머 감각과 기쁨을 가져다 준다. 우리는 자신에 대하여 심각하게 생각할 필요가 없다. 우리는 세상에 대한 희망을 갖고 있다.

다른 계층에 대한 태도

도덕주의자는 가난한 사람들을 볼 때, 그들의 궁핍이 개인적인 책임감의 부족에서 비롯된 것으로 이해하는 경향이 있다. 다시 말해 가난한 사람들을 실패자로서 멸시한다. 반대로 상대주의자들은 개인적 책임의 역할을 과소하게 생각하는 경향이 있다. 그리고 가난한 사람들을 구원이 필요한 존재로 보고 그들을 구원할 전문가가 필요하다고 생각한다. 가난한 사람들은 자신이 실패자라고 느끼거나, 자신들의 문제가 다른 사람들 탓이라고 분노하며 비난한다.

그러나 복음은 우리를 겸손하게 하며, 도덕적 우월감으로부터 자유롭게 한다. 왜냐하면 우리는 모두 영적으로 파산했지만 그리스도의 거저 주시는 은혜로 구원받았기 때문이다. 그 결과 우리는 은혜로워지게 되며, 자신이 마땅히 받아야 할 것에 대해 걱정을 덜하게 된다. 우리는 자신이 그리스도의 은혜를 받을 자격이 없음을 안다. 또한 가난한 그리스도인들을 그리스도 안에 있는 우리의 형제요, 자매로서 존중할 뿐만 아니라 서로가 배워야 할 존재로 받아들인다. 복음만이 가난한 이들에 대한 겸손한 존중과 그들과의 연대를 가능하게 한다(시 140:12; 146:9; 잠 14:31; 21:13; 22:22-23; 29:7을 보라).

야고보서 1장 9-10절 말씀처럼 가난한 그리스도인들은 "자기의 높음을 자랑해야" 한다. 그러나 부요한 그리스도인들은 "자기의 낮아짐을 자랑할지니 이는 그가 풀의 꽃처럼 지나감이라"고 했다. 여기서 야고보는 독자들의 대해 복음의 논리를 적용하고 있다. 그리스도 안에서는 누구나 죽어 마땅한 죄인인 동시에 하나님의 자녀로 입양되어 완전히 용납되고 사랑받는 존재이다. 그러나 야고보는 부유한 신자는 하나님 앞에서 자신이 죄인인 것을 생각함으로써 영적인 유익을 누려야 한다고 말한다. 그들은 이미 세상에서 많은 칭찬을 얻기 때문이다. 반면 가난한 신자는 새롭게 얻은 높은 영적 지위를 생각하고 영적 유익을 누려야 한다. 그들이 이 세상에서 무시를 당하기 때문이다.

비슷한 맥락에서 바울은 빌레몬에게 그의 노예였던 오네시모를 "그리스도 안에서 종 이상으로 사랑받는 형제로" 대할 것을 요청하였다(몬 1:16). 그리고는 빌레몬에게 오네시모 "영접하기를 내게 하듯"(17절) 하라고 권면한다. 바울은 복음을 이해하는 그리스도인들이라면 권력을 사용하는 방식이 근본적으로 달라야 함을 가르침으로 노예 제도 자체를 깊이 흔들고 있다. 주인과 노예가 각각 자신이 은혜로 구원받은 죄인들임을 깨닫고 사랑받는 형제자매임을 알게 될 때, 노예 제도는 외적인 껍질로는 남아 있지만 실상은 철폐된 것이다. 복음은 노예 제도 안에 있는 내용들을 비운다.[6]

우리 삶의 문제는 대부분 복음에 대한 바른 정립이 없기 때문에 생겨난다. 교회 안의 병리적 증상들과 개인의 삶에서 보이는 죄악의 양상들은 궁극적으로 복음의 깊은 의미들을 생각하지 못하기 때문에 생기는 것이다. 또한 복음을 철저하게 믿지 못하기 때문에 생기는 것들이다.

긍정적으로 이야기하자면, 복음은 우리의 마음과 생각을 변화시킨다. 복음은 반드시 삶의 모든 영역에 대한 우리의 접근법에 변혁을 가져온다. 복음이 교회에서 충분히 밝혀지고 적용될 때 교회는 교회다운 고유성을 나타내게 될 것이다. 그리고 사람들은 지성적 확신과 정서적 공감의 강렬한 균형을 보면서 그런 교회에 끌리게 된다.

D. A. 카슨은 다음과 같이 말하고 있다.

> 복음은 수용되고 믿어야 할 진리로서 뿐만 아니라, 변화를 가져오는 하나님의 능력으로서 꾸준히 제시되고 있다(고전 2장; 살전 2:4; 롬 1:16-17 참조). 오늘날 가장 긴급하게 요청되는 것은 복음이 성경적으로 풍부하게 이해될 때, 그 복음이 과연 지역 교회에서 우리가 하는 모든 것들과 모든 윤리들, 모든 우선순위들을 어떤 모습으로 바꾸어 놓을 것인가에 대한 진지한 이해이다.[7]

어떻게 이런 일이 일어나는가? 복음의 중심성을 믿는 교회는 실제로 어떤 모습일까? 어떻게 개별 교회나 교단들이 복음이 중심이 되는 믿음의 공동체로 변화될 수 있는가? 먼저는 삶을 바꾸는 복음의 재발견이 있어야 한다. 곧 교회의 삶과 개개인의 마음에 부흥이 일어나야 한다는 것이다. 우리는 이것을 '복음 부흥'이라고 부른다.

토론과 성찰을 위한 질문들

1. 팀 켈러는 "만일 당신이 이 오류들 중에 어느 하나가 다른 것보다 훨씬 더 위험하다고 생각한다면, 아마도 당신은 덜 두려워하는 오류에 발을 담그고 있는 것이다"라고 썼다. 당신은 어떤 오류를 덜 두려워하는가? 그 이유는 무엇인가?

2. 팀 켈러는 "우리 삶에서 일어나는 여러 단절들의 가장 중요한 원인은 하나님과의 단절"이라고 이야기했다. 복음은 어떻게 당신 안에서 일어난 가장 큰 단절, 즉 하나님과의 단절을 고쳤는가? 어떻게 복음은 하나님과의 단절에서 비롯된 많은 증상들을 해결했는가? 그 경험은 당신이 다른 소외된 사람들에게 사역하는 데 어떤 도움을 주었는가?

3. 팀 켈러는 "복음은 우리의 가장 큰 필요를 다루며 삶의 모든 영역에서 변화와 변혁을 일으킨다"라고 썼다. 복음은 하나님으로부터의 단절에서 파생되는 다른 단절 문제들을 치료한다. 당신의 표현으로 어떻게 복음이 적어도 다음 중 세 가지 영역에 변화를 가져왔는지 말해 보라.

• 낙망과 우울
• 사랑과 관계
• 성
• 가정
• 자기 관리

- 인종과 문화
- 전도의 동기
- 인간과 권위
- 죄책감과 자아상
- 기쁨과 유머
- 다른 계층에 대한 태도

4. 이 장에서 다루어진 복음의 세 가지 측면 -성육신·속죄·부활- 을 살펴보라.

- 성육신(위에서 아래로)
- 속죄(안에서 바깥으로)
- 부활(앞에서 뒤로)

1장에서 "복음에는 여러 장이 있다"의 유사한 개념과 비교해 보라. 성경의 이야기 흐름 속에서 더 분명하고 명확하게 복음을 이해할 수 있는가?

'복음 신학'에 대한
논평

마이클 호튼

나는 지난 몇 년 동안 여러 차례 가족과 친구들과 함께 리디머장로교회 주일 아침 예배에 갔다. 그렇게 한 까닭은 인생에 대해 하나님의 은혜로운 복음에 대해 주님의 위엄 있는 메시지를 들을 것이라는 확신이 있었기 때문이다. 그러므로 나는 팀 켈러와 《팀 켈러의 센터처치》에 대한 대화에 초청받은 것을 매우 기쁘게 생각한다. 복음을 분명하게 선포한다는 점이 팀 켈러의 사역에서 내가 가장 감사하게 여기는 부분이다.

"복음은 모든 것이 아니다" 그러나 "복음은 거의 모든 것에 영향을 미친다"라고 켈러는 말한다(36쪽). 이것은 우리의 일상어구가 되어야 한다.

이 책의 핵심적 주장의 하나다.

모든 것이 복음은 아니다

팀 켈러는 복음의 놀라운 단순성에서 출발한다. 그는 J.I. 패커의 간결한 요약을 인용한다. "하나님이 죄인을 구원하신다." 패커가 말하듯, 각각의 단어는 몇 권의 책으로 풀어낼 수 있다. 누군가의 말처럼, 복음은 누구나 들어와서 발을 적실 수 있을 정도로 가깝기도 하지만, 누구도 헤엄쳐서 아래에 닿을 수 없을 정도로 깊이 있는 것이다. 켈러는 복음의 정의를 내림으로써 시작한다. 복음은 예수 그리스도 안에서 하나님이 구원하시는 사역에 대한 구체적인 선포이다. 이는 구출 작전의 소식이며 선포이다. 특히, "역사의 끝에 '다가올 진노'로부터 구원받는것"을 의미한다 (살전 1:10). 타락 이후, 우리의 역사는 죄와 사망의 저주 아래 있다. 우리는 삶의 수평선에서 그 증거를 확인한다: 인간 사이의 관계들 그 예이다. 그런데 이런 망가짐의 뿌리는 하나님과의 '수직선'에 생긴 균열이다 (40, 42쪽).

복음주의자들은, 그 이름이 보여 주듯, 복음을 분명히 정의하려고 노력해 왔다. 특히 최근에 많은 가장 정확한 요약을 하려는 많은 시도들이 있었다. 많은 사람들은 사영리와 같은 단순한 공식을 배우고 성장했다. 그러나 훨씬 넓고 깊은 렌즈가 필요하다는 생각들이 커졌다. 복음은 개인들에게 주신 하나님의 은혜의 소식일 뿐만 아니라, 우주적 구속에 대한 전반적인 소식이다. 그러므로 복음은 단순히 그리스도가 우리 죄를 대속해서 죽으신 것과 우리를 의롭게 하며 거듭나게 하기 위해 부활하신 것만을 의미하지 않는다. 본질적으로 복음은 그리스도의 성육신과 삶, 그리고 그분의 승천, 오순절 성령의 임재, 그리고 궁극적인 재림을 포함한다. 그리스도께서 구원하시는 행동들에 대한 이러한 포괄적인 견해들은 성경의 메시지에서도 일관된다. 뿐만 아니라 교회 역사를 통틀어 가장 뛰어난 설교들도 이에 부합한다. 어떤 이들은 복음에 대한 보다 포괄적인 견해를 과도하게 강조하면서 그리스도의 법정적 사역에 대한 분명한 성경적 견해를 경시한다. 그리스도 안에 있는 구원에 대한 성경의 증언에 있어서 다양한 대안적 '중심'들을 선호하는 것이다. 켈러는 우리가 복음의 심장에 있는 그리스도의 대신적 대속을 간과하지 않으면서 이모든 관점들을 모두 포함할 것을 지혜롭게 호소한다.

켈러가 복음과 그 결과들을 구분하는데 기울이는 주의가 특히 유용하다고 생각된다. 그의 표현대로, 이 두 가지는 "결코 혼동되어서도 또는 분리되어서도 안된다". '구속하다, 화해하다, 속량하다'와 같은 단어들에 대해서는, 최근에 아오리스트 시제로부터 벗어나려는 경향들이 있었다. 현재 시제로 옮겨간다는 것은 행동의 주체가 하나님으로부터 우리에게 옮겨온다는 것을 의미한다. 하나님께서 그리스도 안에서 세상을 자신과 화해시키시며, 죄인을 구속하시고 사망과 저주와 죄의 폭정에서 속량하시는 대신에, 우리가 그가 세상에서 (심지어 앞으로도!) 지속적으로 성육신하고 구원하는 사역에 참여하도록 초청받았다고 주장하는 것이다. 복음을 선포함으로써 화해의 대사가 되는 것 외에, 우리가 화해의 대리인으로 '사는' 것이라는 말을 듣고 있다.

켈러가 그의 경험을 이야기할 때 나 또한 공감이 된다: "종종 이렇게 설교하는 사람들을 들었습니다: "복음은 하나님께서 세상의 모든 상처를 치유하시고 앞으로도 '계속' 치유하실 것이라는 믿음입니다. 그러므로 복음 사역이란 세상에서 정의와 평화를 위해 일하는 것입니다."(44쪽)" 이것은 원인과 결과를 혼동하는 것이다. 켈러가 상기시키듯, "이런 견해는 복음이 '무엇인지'와 복음이 '무엇을 하는지'를 혼동하는 것이다(43쪽). 그렇다면, 복음은 하나님이 과거에 우리를 위해 무엇을 성취하셨는지에 대한 것일 뿐만 아니라 우리에게 주신 미래의 약속이기도 하다. "그리스도께서 '과거에' 성취하신 사역 때문에 '미래'가 우리의 것이다"(44쪽). 성경적인 복음을 주장하는 핵심은 삼위일체 하나님께서 이러한 구원 행동의 주체임을 살피는 것이다. 복음은 무엇을 행하거나 무엇에 참여하는 것이 아니다. 복음은 "그리스도의 완성된 사역을 '받아들이는' 것이다"(45쪽). 복음은 "사랑의 삶을 창조하는 소식이다. 그러나 사랑의 삶이 복음 자체는 아니다."(46쪽). D.A. 카슨의 '유안겔리온' 연구를 논거로 들면서, 켈러는 우리에게 복음은 선포되어야 할 것이지, 우리가 어떤 행동을 하거나 완성하라는 것이 아님을 주장한다(39쪽).

그레샴 메이첸은 복음과 복음의 '전제들'을 구분했는 바, 이를 잘 활용하여 우리에게 설명한다. 복음 그 자체는 그리스도의 구속 사역에 중심을 두고 있지만, 삼위일체, 성육신, 그리고 원죄를 떠나서는 온전히 이해될 수 없는 것이다(여기에는 켈러가 나중에 설명하듯 복음의 성육신도 포함한다). "달리 말해서, 우리는 성경을 전반적으로 설교하는 것에서 멈출 수 없다. 우리는 반드시 복음을 설교해야 한다. 메시지에 귀기울이는 사람들이 성경을 전반적으로 이해하지 못한다면, 그들은 복음을 깨닫지 못할 것이다"(48쪽). "성경의 용법에 비추어, 우리는 복음의 1장(하나님과 창조), 2장(타락과 죄), 4장(믿음)은, 엄밀히 말해서, 그 각각으로는 '복음'이 아니라는 것을 볼 수 있어야 한다. 이것들은 복음의 서론이며 결론인 것이다"(51쪽).

이러한 모든 요점들은 복음의 '넓은' 관점과 '좁은' 관점을 구별하는 것의 유용성을 보게한다. 켈러는 좁은 관점을 확인하려고 한다. 즉, 복음은 하나님께서 그리스도 안에서 행하시는 구원 행동에 대한 구체적인 선언이다. 동시에 켈러는 그리스도 안에서 "예"와 "아멘"이 되시는(고후 1:20) 하나님의 구원의 모든 약속들을 복음에 포함시키는 넓은 정의를 놓치지 않는다.

복음에 관련된 장들에서, 켈러의 주관심사는, 그 제목들이 보여 주듯, 복음의 분명한 중심을 상실하곤 하는 우리 시대의 트렌드를 다시 돌리는 것이다. 물론 복음이 교리와 예배와 삶의 모든 국면에 갖는 연관성은 견지한다. 복음주의자들은 모든 것을 "복음"으로 만드는 건강하지 못한 경향이 있었다. 긍정적으로 본다면, 이것은 교회가 신학과 선교에 갖는 초점을 주님의 지상명령(마 28:19-20)에 일치시킬 수 있을 것이다. 그러나 이런 경향은 "복음"이 아닌 많은 것들을 상대적으로 중요하지 않게 보는 특성이 있다. 또한 복음과 다른 것들을 혼동하게 하기도 한다. 그것들은 좋은 것이고 심지어 성경적인 것들이기도 하다. 그렇지만 복음은 '아닌' 것들이다.

사람들의 의견이 일치하지 않는 주제에 대해서 사람들이 "이것은 복음의 이슈가 아닙니다"라고 말할 때마다 첫 번째 문제들을 발견한다 - 복음이 아닌 차이점들에 대해 무시할 때이다. 복음주의자들은 복음의 구성 요소가 아닌 진리들을 그들의 핵심 "복음" 이슈들에 포함시키는 우를 범해왔다. 그리고 성경적인 복음의 구성요소들은 배제했다. 그리스도의 위임 명령은 복음을 전하며, 세례를 주며, 듣는 사람들을 가르쳐 그의 명령을 모두 준행하게 하는 것이다 - 교리와 삶에 있어서(마 28:20). 그리스도는 만유의 주인이심을 기억해야 한다. 그는 단지 복음의 이슈로 생각하는 것들에 대해서만 주인이신 것이 아니다. 성경이 무엇을 가르치든, 교리이든 실천이든, 교회는 그것을 가르치고 따라야 한다.

'모든 것'이 복음이라고 생각하는 실수를 하기도 한다. 모든 것이 복음에 대한 것이라면, 복음 자체를 망각하기가 쉬워진다. 복음의 고유성을 잊는다. "믿음은 들음에서 나며 들음은 그리스도의 말씀으로 말미암느니라"(롬 10:17). 앞에서도 언급했듯, 복음은 우리가 듣는 무엇이지, 행하는 무엇이 아니다. 우리는 복음에 "합당한" 방식으로 살아야 한다. 복음은 우리의 삶을 '변화시킨다'. 이 변화는 삶의 향기가 되어 성령님께서 복음을 통해 부르시는 이들에게 흘러가야 한다(고후 2:15). 그러나 복음 그자체는 하나님에 대한 이야기이며, 하나님께서 그리스도 안에서 구속하시고, 화목케 하시고, 회복하시는 사역이다. 복음은 우리가 성령님의 능력 가운데 하나님의 율법에 순종할 수 있는 자유를 수여한다. 용서 받고, 의롭게 되고, 아들로 입양된 죄인으로서 하나님의 아들의 형상대로 변화되어가는 것이다. 우리의 이정표는, 그리스도의 제자들로서, 단지 "복음" 그 자체보다는 훨씬 큰 것이다.

켈러는 여기에서 균형을 강조하며 양쪽의 극단에 휘둘리는 것을 경계한다. 복음은 모든 것에 '영향을 끼친다'(3장의 내용). 켈러가 말하는 내용이 어느 날 딸과 함께 아름다운 석양을 볼 때 기억이 났다. 구름에 붉고 자주빛의 아름다운 빛이 녹아들고 있었다. 딸이 말했다. "예수님이 만드셨어요" '그렇다'. 혼잣말로 되뇌였다. '아버지와 성령님이 또한 함께 하셨다'. 내 딸은 그의 구원자께서 또한 창조와 섭리의 중재자이심을 배워가고 있었다. 진정한 복음주의자가 된다는 것은 이런 식으로 복음 안에 푹 잠기는 것이다. 우리의 이정표를 향해 나아갈 뿐만 아니라 이정표 자체를 새롭게 만드는 것이다.

다른 예를 들어 보자. 목회자로서, 복음은 우리가 사역을 어떻게 생각하고 어떻게 다른 사람들을 섬기는지에 영향을 끼쳐야 한다. 우리가 섬기는 사람들을 소비자로서나 부담으로서가 아니라 하나님의 형상으로서 그리고 구원 받은 하나님의 가정 안에 있는 동료 형제자매들로 여겨야 한다. 어쩌면 우리는 교회 사역을 기초부터 다시 생각해야 할 수도 있다. 샘을 깨끗하게 하며, 산만한 것들을 정리함으로써 더 집중해서 그리스도와 그의 선물을 나눌 수 있게 해야 한다. 이는 "너희와 너희 자녀와 모든 먼 데 사람 곧 우리 주 하나님이 얼마든지 부르는 사람들에게 하신 것"이다(행 2:39).

개인적이며 우주적인 측면을 통합하라

복음과 그 결과를 (분리하지 않으면서) 구분한 다음에, 켈러는 구원의 개인적 의미와 우주적 의미를 통합하려고 한다. "어떻게 하나님과 바른 관계를 이룰까?" 하는 것은 성경적 질문이다. 이것을 무시하면서 복음의 충성된 설교는 있을 수 없다. 그러나 우리는 또한 더 넓은 질문도 물어야 한다: "이 세상에는 어떤 소망이 있는 것인가?" 여기에, 켈러는 우리의 초점을 "창조, 타락, 구속, 회복"의(49쪽) 이야기와 교리들(신학적 진리들)의 관계로 이끈다. 마르틴 루터가 던진 질문 "어떻게 내가 은혜의 하나님을 만날 수 있을까?"는 복음에 다음과 같은 질문을 던지는 사람들에 의해 주변부로 밀려났다. 그들은 J.I 패커의 표현을 따르면 이런 주장을 한다: "하나님의 계획은 이스라엘을 복 주는 것이며 이스라엘을 통하여 세상을 복 주는 것이며 그리스도 안에서 그리스도를 통하여 절정에 이릅니다"(50쪽). 나는 켈러가 짚는 것을 매우 귀중하게 생각한다. 그는 사이먼 개더콜을 인용하는데, 그 주장은 신약성경에 복음은 세 가지 초점을 가지고 있다는 것이다. "하나님의 아들이자 메시아로서 예수님의 신분, 죄와 칭의를 위한 예수님의 죽음, 그리고 하나님의 통치 체제의 수립과 새 창조"(51쪽). 복음이 포괄하는 내용에 대한 유용한 요약인 것이다.

그렇지만 여기에는 내가 켈러와 동의하지 않는 첫 번째 영역이 나온다. 나는 "내러티브(이야기식) 접근법이 질문을 던지고, 명제식 접근법이 대답을 제공한다"는(51쪽) 그의 말에 그다지 설득되지 않았다. 성경에서 교리적 명제들은 내러티브에서 생겨난다. 켈러가 이야기는 것처럼 내러티브와 명제를 구분해서 질문들과 대답들로 환원할 필요는 없다고 나는 생각한다. 켈러가 극복하려고 하는 것은 복음의 '개인적' 의미와 '우주적' 의미 사이에서 엉터리 선택을 하게 하는 환원주의인 것이다. 강조점 정도에 지나지 않는 것들이며, 나이게 훨씬 더 중요하게 생각되는 것은 '내러티브'와 '명제들' 사이의 범주에 대한 것이다. "어떻게 내가 은혜의 하나님의 만날 수 있을까" 하는 질문은 내러티브 이야기로 답할 수도 있고 일련의 명제들로 답할 수도 있다. N.T. 라이트 등의 작가들은 자신들의 대안적 관점을 간단한 명제적 문장들로 요약한다.

그러면 복음은 무엇에 대한 대답인가? 죄에 대한 대답이다. 죄의 심판과 부패에 대한 것이다. 켈러는 노예 상태로 나타난다고 지적한다. "누구나 무엇인가를 위해 살아야 한다. 그 무엇이 하나님이 아닌 어떤 것이라면, 그것을 위해 살도록 이끌린다. 성취하기 위해 과로에 빠지거나, 위협받을 때 무리할 정도로 공포에 젖거나, 방해를 겪을 때 깊이 분노하거나, 상실될 때 위로받지 못할 정도로 절망한다"(54쪽). 그리고 켈러는 죄된 상태가 정죄로 이어짐을 지적한다. "우리 모두는 반드시 갚아야 하는 채무를 지고 있다"(55쪽). 이러한 종속, 부패, 채무 상태는 오직 그리스도의 성육신, 대속, 그리고 회복에 의해서만 극복될 수 있다(56쪽). 켈러는 우리에게 믿음이 복음은 아님을 상기시킨다: 믿음은 우리가 하나님과 바른 관계에 진입하는 길이다. 우리가 어떻게 의롭게 되는지에 대한 것이다. 다시 한번, 우리는 믿음을 우리의 '작은 공로'로 여기는 경향이 있다. 그것을 통해 하나님의 은총을 얻는다고 보는 것이다. 그러나 켈러는 "믿음의 수준이 우리를 구원하는 것이 아니라", 믿음의 대상이 우리를 구원한다고 상기시킨다(61쪽). 엄격하게 말해서, 우리는 '그리스도에 의해서' 구원을 받았다. '믿음에 의해서'가 아니라, 그리스도를 믿는 '믿음을 통해서' 구원받은 것이다.

복음은 단순한 것이다

시간이 흘러가면서 교회들은 더 깊은 수준의 것을 원하는 경향이 있다고 켈러는 말한다. 교리적으로, 영적으로, 공동체적으로, 때로는 치유적으로 더 깊은 것을 원한다(62쪽). 그런데 그 위험성은 복음의 중심에서 떠밀려 멀어지는 미묘한 (때로는 명약관화한) 것이다. "모든 형태의 사역은 복음에 의해 힘을 얻는다. 복음에 기초하고 복음의 결과를 얻는다"(62쪽). Part1의 '복음이 본질이다'에서 가장 통찰력 있는 부분 중에 하나는 이것이다: "복음은 무한히 풍성한 것이므로, 교회의 유일한 '핵심'이 될 수 있는 것이다"(63쪽). 그러나 "만일 사역의 어떤 요소가 복음의 '결과'로 인식될 수 없다면, 그것은 종종 '복음으로' 혼동을 받는다. 궁극적으로 교회의 설교와 강의에서 복음을 대체하게 될 것이다"(63쪽).

동시에 켈러는 복음이 아주 구체적인 선언이면서 풍성하고 복합적인 것임을 기억하게 한다. 바울이 고린도 교인들에게 "십자가에 못박히신 그리스도" 외에는 전하지 않았다는 것을 강조했을 때, 그것은 바울이 "십자가에 못박히신 그리스도"를 슬로건처럼 반복해서 외쳤다는 것을 의미하지는 않는다. 오히려 그는 모든 길이 그리스도 안에서 하나님이 구출하시는 복된 소식으로 흘러가고 흘러나옴을 제시하였던 것이다. 그는 그 어떤 것도 - 좋은 것이라 할지라도 - 이것을 막지 못하게 한 것이다. 이와 유사하게, 켈러는 2장에서 이렇게 말한다. 비록 복음이 "단순하고 때로는 아주 간략하게 '표현될' 수 있기는 하지만"(66쪽), 복음은 다양한 관점에서 살필 수 있는 것이어서 한 가지 슬로건으로 축소할 수 없는 것이다.

복음주의 신학자들이 종종 "하나님 나라"의 복음과 "개인 구원"의 복음을 대립각으로 보거나 복음서와 바울서신을 대립시켜 보는 경향이 있는 것을 생각할 때, 켈러의 주장은 지혜와 타당성이 있는 것을 알 수 있다. 이 지점에서 켈러는 정경의 다양한 목소리들이 동일한 복음적 실재를 가리키는지를 유용하게 짚어 낸다. "모든 복음 기자의 신학 핵심에는 대속을 통한 구속이 있다"(68-69쪽).

켈러는 또한 조직신학적 접근법 (systematic-theological method, 이하 STM)과 구속사적 접근법 (redemptive-historical method, 이하 RHM)의 화해를 시도한다. 이 지점에는 내가 보기에 켈러는 명제적- 이야기적 대조보다는 훨씬 견고한 작업을 하고 있다. "두 가지 접근법이 서로 모순이 되어야 한다는 어떤 절대적인 이유도 없다…. 나는 두 접근법을 모두 사용하지 않는 것이야말로 위험성이 있다고 경고한다 STM이 RHM 없이 실행된다면 이성적이고, 율법주의적이고, 개인주의적인 기독교를 만들어 낼 것이다. 유사하게, RHM이 STM 없이 실행된다면 이야기와 공동체를 사랑하지만 은혜와 복음 사이의 선명한 대조로부터 멀어진 기독교를 만들 것이다. 진리와 이단의 대조도 멀어질 것이다. 성경의 이야기 흐름과 테마(주제)들을 모두 의지하는 방법은 신구약 '정경을 관통하는'(intercanonical) 테마들을 따라 성경을 읽는 것이다.

나에게 있어 복음과 성경의 테마들을 연결하는 이 부분이야말로 켈러의 복음 신학 세 챕터 중에서 가장 빛나는 부분이었다. 이는 내가 설교를 준비할 때 다시 점검해야 하는 부분이다. 켈러는 자신이 말한 것을 어떻게 실행하는지를 유용하게 보여 준다. 복음서와 성경 나머지 부분을 어떻게 통합하는지를 제시한다. "복음은 성경의 처음부터 끝까지 어떤 테마를 통해서도 설명될 수 있다. 그러나 어떤 한 가지 테마가 전체 그림을 보여 줄 수 있는 것은 아니다(71쪽). 특히, '유배와 귀향'의 예는 그가 무엇을 말하는지를 잘 설명하는 탁월한 예이다(72-74쪽). '유배와 귀향'은 성경 전체에 등장하는 모티브이다. '언약과 성취'는 또 다른 탁월한 주제이다. 통합적인 접근법이 설교단에서 어떻게 펼쳐질 수 있는지를 보여 준다(75-76쪽). "복음을 제시하는 모든 방법들은 여전히 복음이 소식이라는 것을 강조해야 한다. 하나님이 무엇을 행하셨고, 앞으로 행하실 것인지에 대한 소식이다"(79쪽).

동시에 그 어떤 단일 주제도 성경의 모든 그림을 제시하지 않는다는 포인트가 중요하다. 우리 각각이 속한 곳들에서, 구속사적 설교는 주제 설교나 교리 설교만큼이나 뻔한 것이 될 수 있다. 이를테면 이런 식이다: "이것이 하나님께서 우리에게 요구하신 것입니다. 성경의 아무개는 실패했습니다. 그러나 그리스도가 하나님의 요구를 이루셨으며 그러므로 그는 진정한 구원자입니다."

성경의 주제들은 우리가 가장 사랑하는 교리들만큼이나 재활용되기도 한다. 본문이 다름에도 불구하고 동일한 설교를 늘 전하는 유혹은 언제나 존재한다. '유배와 귀향'이나 '언약과 성취'에 대한 주제로 돌아가면 그런 일이 발생할 수 있다. 우리는 자연스럽게 가장 다가오는 어떤 주제들을 향해 마음이 쏠린다. 켈러는 우리가 이러한 환원주의에 저항하도록 지혜롭게 촉구한다. 설교는 복음의 다양한 측면을 탐구해야만 한다. 또한 다양한 권면, 명령, 교리, 이야기, 흐름, 조직적 연결체계 등을 탐구해야 한다. 소재는 결코 마르지 않으니 염려할 필요는 없다!

다음으로 켈러는 복음의 맥락화에 초점을 제시하고 있다. 이것은 나와 의견이 다른 또다른 영역이다. 켈러는 서로 다른 맥락에 있는 다른 청중들은 하나님의 말씀을 다르게 듣는다고 주장한다. 헬라인에게, 복음은 "어리석음"이었고, 유대인에게는 "걸림돌"이었다(고전 1:23). 바울은 사도행전 13장과(유대인 회중에게) 17장에서(아테네 철학자들에게) 매우 다른 방식으로 설교했다. 그는 각기 다른 두 부류의 회중에게 복음을 전했다. 그러나 매우 다른 접근법을 취했다. 켈러는 "맥락화"가 '수용'의 이유가 되기도 하지만 또한 '대면'의 지점이 되기도 한다고 주장한다.

개인적으로는 오늘날 맥락화에 대한 많은 이야기들이 부풀려졌다는 것이다. 나의 부정적인 관점은 부분적으로 내가 겪은 맥락화의 형태들에 기인한다. 하나님의 말씀을 아는 것보다 자신의 맥락을 아는 것이 훨씬 중요하다. 물론 나는 그 반대의 위험성도 알고 있다. 전달되지 않는 설교를 전하는 것이 바로 그것이다. 사람들을 x에서 y로 옮기려면 이 둘의 좌표를 분명히 알아야 한다. 하나님의 말씀은 시간과 장소를 초월하는가? 예이면서도 아니다. "예" - 하나님의 말씀은 위로부터 우리에게 왔고, 하나님으로부터 왔고, 역사의 맥락에 있는 모든 사람들에게 주어진 것이다. 우리가 복음을 믿는 것처럼, 아브라함은 복음을 믿었다. 그러나 그 답은 또한 "아니오"이다. 아브라함은 그리스도의 인성과 사역을 우리가 아는 만큼 알지는 못하였다. 궁극적으로 하나님께로부터 온 것이지만, 이 말씀은 평범한 사람들을 통하여 우리에게 전달되었다. 수 세기에 걸쳐서 선지자와 사도로 특별한 사역을 감당한 평범한 사람들의 지문이 성경 전체에 묻어 있다. 성경에는 저자들만의 독특한 문체와 문화적 특질들과 개인적 강조점들이 나타나 있다.

그렇다면 정경이 완성된지 오래된 지금 이것은 우리에게 무엇을 의미하는가? 먼저 우리가 어디에 있는지를 알아야 한다. 특별히 우리가 말하는 것이 이웃에게 어떻게 들리는지를 알아야 한다. 우리는 전혀 의도하지 않은 메시지를 말하고 있을 수도 있다. 단순히 전제를 바꾸고 언어와 사회적 맥락을 바꾸면 그렇게 될 수 있다. 하지만 동시에, 나는 성경이 제시하는 문제들과 이슈들에 있어서 '그다지' 바뀌는 것은 없다고 믿는다. 또한 우리가 특정한 맥락의 고유성에 너무나 초점을 맞춘다면(세대적, 정치적, 사회경제적, 인종적 등), 문화 비평 이론가의 덫에 빠지는 위험성이 생긴다. 이는 종종 목회자 개인의 사회적 특성을 반영하는 교회의 모습으로 귀결되기도 한다.

우리의 궁극적인 위치는 "그리스도 안에" 있음을 기억해야 한다. 문화로부터 부여받은 시장의 인구통계적 위치가 아닌 것이다. "그리스도 안에서" 고대 북아프리카 사제의 글들은 로스앤젤레스의 최신 랩 노래, 소설, 영화보다 훨씬 더 현대적이며 다가오는 것이 된다. 설교자로서 우리 직무의 일부는 사람들이 (그들의 문화와 시대 속에) 자신의 결정적인 정체성이라고 '생각하는' 것으로부터 그리스도의 몸 안에 있는 정체성으로 옮기게 하는 것이다. 달리 말해서, 하나님의 이야기는 어떤 사람들이 말하는 것보다 훨씬 부요하고, 거대하고, 포괄적인 것이다.

팀 켈러의 사역은 분명히 맥락보다는 내용을 강조한다. 사실 그에게 이것은 가상의 대립이다. 결국, 우리는 '복음'으로 '사람'들에게 다가가려고 노력한다. 켈러가 "맥락"을 말할 때, 나는 언제나 귀 기울인다. 그가 몇 년 전에 캘리포니아에 있는 웨스트민스터신학교 왔을 때를 생각해 보았다. 그는 미래의 목회자들에게 교인들이 가장 많이 읽는 신문과 잡지를 구독하라고 격려했다. 물론 거기에는 교집합이 존재한다. 뉴욕에 사는 사람들이 다 '뉴요커' 잡지를 읽는 것은 아니고, 인디애나에 사는 사람들이 '파머스 어틀랜틱'을 읽는 것도 아니다. 그렇지만 우리들 대부분은 같은 잡지를 읽는다. 그러나 언제나 지역의 맥락에 섬세하게 반응할 필요는 항상 있다. 우리는 늘 뿌리깊은 우상 숭배자들이어서 우상들을 다른 모양으로 표현하는 경향이 있다. 복음은 우리를 모든 우상으로부터 해방할 만큼 부요하고 풍성한 것이다. 복음의 제시를 다채롭게 하는 것은 "성경 내용 자체의 풍성함 뿐만 아니라 인간의 다양성"도 있는 것이다. "복음은 '단 하나의' 메시지이다. 그러나 결코 '단순한' 메시지는 아니다"(81쪽).

이 지점에서 나는 어거스틴의 회심을 상기한다. 다른 많은 사람들에게 그랬듯이, 어거스틴의 회심에 있어서 바울의 로마서가 핵심 역할을 했다. 그러나 그것은 우리가 전형적으로 생각하는 본문이 아니었다. 그 본문은 로마서 13장 12-14절이다.

밤이 깊고 낮이 가까웠으니 그러므로 우리가 어둠의 일을 벗고 빛의 갑옷을 입자. 낮에와 같이 단정히 행하고 방탕하거나 술 취하지 말며 음란하거나 호색하지 말며 다투거나 시기하지 말고 오직 주 예수 그리스도로 옷 입고 정욕을 위하여 육신의 일을 도모하지 말라.

죄의 폭정으로부터 - 구체적으로는, 부도덕으로부터 - 해방되었음을 알리는 선언이 어거스틴을 주목케 한 복음의 부분이었다. 물론, 어거스틴은 복음의 다른 측면들을 강조하는 옹호자였다. 그는 펠라기우스의 공로주의에 반대했다. 그렇지만 그의 삶의 회심 지점까지는 바울이 묘사한 부도덕한 삶에 자신을 맡겼었다. "주 예수 그리스도로 옷 입"으라는 메시지는 그가 들었던 가장 해방적인 메시지였던 것이다. 그 말은 그에게 개인적으로 맥락화되었던 것이다. 다른 사람들에게는 새로운 삶으로 가는 관문이 다이아몬드의 다른 단면일 수 있다. "그러므로 이제 그리스도 예수 안에 있는 자에게는 결코 정죄함이 없나니"(롬 8:1) 또는 "그 바라는 것은 피조물도 썩어짐의 종 노릇 한 데서 해방되어 하나님의 자녀들의 영광의 자유에 이르는 것이니라"(롬 8:21). 나의 요점은 이것이다: 큰 구원을 선언하려면 큰 복음이 필요하다.

율법은 어디에 있는가?

먼저, 나는 복음의 중심적 역할을 경시하는 데에는 아무런 관심이 없음을 밝히려고 한다. 앞서 말했듯이, 복음이 모든 것에 영향을 미친다는 것에는 켈러와 완전히 동의한다. 그렇지만 어떤 것이 빠진 것은 아닌지 궁금한 부분들이 있다. 하나님의 말씀의 다른 부분들 - 즉, 하나님의 법에 대해서 켈러는 무엇이라고 말하는가?

예수님은 지상 명령을 통해서 교회가 단지 복음을 전하기만 하도록 분부하신 것이 아니라, 모든 새신자들이 세례를 받고 주님의 명령을 지키도록 명하셨다(마 28:19-20). 성경의 모든 것이 다 복음은 아니지만, 성경 전체의 맥락 속에서만 복음을 이해할 수 있다는 켈러의 말은 유용하다. 삼위일체, 창조, 타락, 그리고 다른 중요한 교리들은 복음의 중요한 기초들이며 전제들인 것이다. 이런 것들을 정리해야 하는데, 왜 설교 가운데 이런 것들이 어떻게 펼쳐지는지에 대한 예들이 부족하다고 느껴 마음이 쓰였다.

예를 들어, 켈러는 D.A. 카슨의 말을 인용한다. "사업을 하는 그리스도인들의 업계 관행이나 우선순위를 복음이 어떤 모습으로 변혁한다는 것을 생각하는 것은 어려운 일이 아니다"(84쪽). 복음은 완전히 다른 가정들, 확신들, 그리고 좌표들의 집합을 제공한다. 그리고 복음의 렌즈를 통해서 내가 다른 사람들을 대하는 태도에 변화를 가져온다는 것을 상상할 수 있다. 그렇지만 그리스도인들이 사업 속에서 어떤 변혁된 관행과 우선순위를 가져야 하는지를 구체적으로 살펴본다면, 이것은 상당히 성경적인 권면이며 명령으로 보인다. 또한 상당 부분을 일반은총에 기대야만 하는 지점들이 있다. 예를 들어, 성경에서 직접적으로 제시되지는 않지만 사람들 사이에 지혜롭고 타당한 최선의 방법들이 있다.

켈러는 복음이 어떻게 모든 것을 변화시키는지를 여러 가지 예를 통해 다룬다. 우리가 성, 계급, 자아상, 우울 등을 어떻게 다루는지에 대한 것이다. 이에 대해 그가 말한 모든 것들은 딱이다. 나 역시 켈러의 다음의 말들에 동의한다. "복음은 성이 그리스도의 자기희생을 반영함을 보여 준다. 그는 자신을 조건 없이 완전히 주셨다. 그러므로 우리의 삶의 다른 부분은 따로 붙잡고 있으면서, 성적인 친밀감만을 추구해서는 안된다"(92-93쪽). "삶의 문제는 대부분 복음에 대한 바른 정립이 없기 때문에 생기는 것이다"(100쪽). 큰 그림에서, 나는 완전히 동의한다. "그렇지만" 나는 여전히 궁금하다. "그럼 '복음의 전제들'에 대해서는 어떤가? 율법에 대해서는 어떤가?" 복음은 사실 성에 대한 태도를 변화시킨다. 그러나, 창조에 대한 견고한 이해가 없이는 - 타락 전에 있었던 자연적 상태에 대한 긍점이 없이는 - 이 이슈에 대한 복음의 타당성의 부분적으로 손상될 것이다. 이것은 오늘날의 문화 가운데서는 더욱 그렇다. 타고난 것보다는 개인적 선택이 인간의 정체성을 이룬다고 가정하는 현대 문화이다. 우리의 중요한 많은 문제들이 삶과 복음이 정렬되지 않아서 생기는 것이지만, 사람들에게 마치 복음을 더 잘 이해하기만 하면 삶의 모든 거친 문제들이 간단하게 해결될 것 같은 인상을 주는 것에 대해 경계심이 있다. 나의 요점은 켈러가 다른 곳에 강조한 바 있지만, 단순히 인간 존재의 복합적 특성과 죄인된 조건을 이 지점에서 마음에 경계하고 있어야 한다는 것이다.

결국, 우리가 복음이 어떤 결과를 가져와야 하는지를 구체적으로 특정하기보다는 복음 자체가 그 역사를 일으키도록 하는 것이 더 낫다고 생각한다. 분명하게 표현하자면 이렇게 말할 수 있다: 외로움으로 씨름하는 어떤 사람은 복음으로 그의 문제가 해결될 것이라는 기대를 가지고 산다면 더 큰 절망을 할 수도 있다. 어떤 사람들은 그저 단지 외로운 것이다. 어떤 이유에서든 그는 배우자를 찾지 못한 것이다. 어쩌면 과거에 애인을 만들거나 친구를 찾는 것이 그저 어려웠던 것이다. 복음은 분명히 폭풍 가운데 닻이 된다. 그러나 그들의 경험에도 불구하고 작동하는 닿이다. 어떤 사람들은 의학적으로 우울증 진단을 받지는 않지만, 자연적인 성향(태생적 성향)이 우울함으로 기운다.

죄인으로서 죄를 당하고 살면서 타락한 세상에서 사람들의 삶의 경험은 복합적이다. 켈러는《팀 켈러의 센터처치》의 다른 부분에서 이것을 명확하게 다룬다. 또한 그의 설교에서 잘 나타나고 있다. 우리 모두는 각기 다른 것들과 씨름을 한다. 우리 모두는 비슷한 것들과 다른 모습으로 씨름한다. 사람이 들을 수 있는 가장 중요한 소식에 어떻게 반응해야 하는가? 켈러가 언급하는 복음의 요점들에 어떤 사람들은 - 최소한 시간이 지나면서 - 압도될 것이다. 또 다른 사람들은 똑같은 메시지를 믿으면서도 그러지 않을 것이다. 우리를 둘러싼 죄와 싸우면서 우리가 무덤으로 향하듯이, 많은 신자들이 외롭고, 우울하고, 자존감이 결핍된 채로 죽음을 접할 것이다. 그들이 그리스도와 그 복음을 믿음에도 불구하고.

나의 요점은 우리가 좋은 '율법의 행위'를 또한 필요로 한다는 것이다. 인종차별, 사회경제적 교만, 기타 다른 종류의 자기만족적 행위들에 대해서 율법의 기준이 필요하다. "복음의 능력은 두 악장으로 나타난다." 켈러는 이렇게 말한다. "첫 번째로, '나는 내가 감히 믿을 수 있는 것보다 훨씬 죄인이며 허물 많은 존재다', 더불어 '나는 내가 감히 희망할 수 있는 것보다 훨씬 용납되고 사랑받고 있다'. 전자가 율법폐기론을 제거하고, 후자는 율법주의를 해체한다"(90쪽). 그러나 첫 번째 악장을 다루는 것은 복음이 아니라 '율법'이라고 말해야 하지 않겠는가? 켈러가 우상 숭배야말로 모든 죄들의 공약수라고 하는 것은 지극히 타당하다. 그렇지만 첫 번째로 이루어져야 하는 것이 인간 영혼을 꿰뚫고 조사하는 율법의

"첫 번째 용법"이 아니겠는가? 죄를 드러내고 그리스도에 대한 필요성을 알게 하는 것이다.

율법은 우리의 우상 숭배를 밝혀낸다. 복음은 그 저주와 폭력으로부터 해방을 선언한다. 복음은 율법이 그 직무를 할 것을 필요로 한다. 만일 복음이 우리를 구원한다면, 어떻게 율법의 '세 번째 용법'이 우리를 지도하는가? 율법이 우리의 경건에 지침이 되고, 그리스도인의 삶을 살아가게 하는 역할을 한다. 율법의 이 용법이 어떻게 율법주의로 돌아가지 않으면서 '설교'를 할 수 있게 하는가? 이런 질문들은 목회자들이 늘상 묻는 것들이다. 나는 팀 켈러가 이 부분에 있어서 율법과 복음의 관계에 대해 그가 의미하는 것이 무엇인지를 분명히 설명함으로써 유용한 제안을 줄 수 있으리라 믿는다.

—

팀 켈러는 목회자 - 신학자의 모델이다. 그는 성경신학자들과 조직신학자들 사이에 수많은 강조점들이 일어나고 사라진 것을 오랫동안 살펴보았다. 또한 그는 뛰어난 통합가이며, 이는 그의 복음 분석을 통하여 이루어진다. 교회의 존재, 성장, 그리고 선교의 중심으로서 복음으로 반복해서 소환되는 것은 기쁜 일이다. 여기 복음의 중심에서 시작하자. 그러면 여기저기 다른 부분에서의 상이점들도 커 보이지 않게 된다. 다른 곳이 아닌 복음의 중심에서 시작하라. 그러면 일치점들조차 작게 보일 것이다.

마이클 호튼에 대한
답변

팀 켈러

마이클 호튼의 에세이는 "복음 신학"에 나오는 주제의 핵심들에 대해 친절한 지지와 인정으로 가득하다. 이것에 대해 나는 감사한 마음이다. 특별히 마이클 호튼이 오늘날 정통 개혁주의 신학의 탁월한 목소리임을 생각할 때 더욱 그렇다.

조직신학에 대한 그의 기념비적인 시리즈들이 그의 중요성을 증명한다. 또한 그의 동의가 아주 놀랍지만은 않다. 왜냐하면 그와 나는 동일한 (아주 넓지는 않은) 신학적 세계에 살고 있기 때문이다. 율법과 복음을 분명히 구분하지만 동시에 하나님의 율법이 그리스도인의 삶에서 중심부에서 살아 있어야 한다고 믿는 세계이다.

이것이 그가 복음과 복음의 전제들을(삼위일체 신학, 원죄) 구분하며, 복음과 복음의 결과들을(정의를 이루는 것, 이웃을 사랑하는 것) 구분하는 것에 대해 기쁘게 동의하는 이유일 것이다. 이것은 우리로 하여금 오싹한 교조주의를 피할 수 있도록 도와준다. 구원을 받으려면 조직신학 전부를 믿어야 한다고 주장하는 것을 피할 수 있게 한다. 그런 주장엔 이 세상에서의 선행이 복음의 일부라고 말하는 것이 은근히 포함되어 있다.

유용한 부분

호튼은 내가 복음의 "내러티브(이야기식)" 접근법을(창조-타락-구속-회복) 명제적 접근법보다(하나님-죄-십자가-믿음) 너무 배타적으로 강조한다고 비판한다. 나는 이야기 접근법이 명제적 접근법이 답할 수 있는 문제들을 주로 제기한다고 주장한다.

그는 이 두 가지 접근법이 엄격한 '범주'나 형태라기보다는 '강조점'에 해당한다고 말한다. 예를 들어, "어떻게 은혜의 하나님을 발견할 수 있을까?" 하는 질문은 내러티브(이야기식) 접근법을 통해 답할 수 있으며, 성경의 흐름은 일련의 요점들로 제시할 수 있다는 것이다(111쪽). 내 생각에 그의 비판은 정곡을 찌르고 있다. 그는 나에게 성경신학과 조직신학의 궁극적 양립을 볼 수 있는 기회를 주고 있다. 그러나 내가 명제적 및 이야기 접근법들 사이에 너무 많은 선을 긋고 있다고 그는 생각한다. 내 생각에는 그가 옳다.

내가 발걸음을 놓친 부분들을 인정하고 볼 때, 신구약을 관통하는 주제들로부터 복음을 설교하는 것에 대해 내가 쓴 부분들을 호튼이 높이 칭찬한 것은 매우 유익하다.

예를 들면, 유배, 언약, 왕국과 같은 주제들이다. 호튼은 거기에서 내가 복음 설교에 있어서 주제적 - 교리적인 접근법과 구속사적 접근법을 완전히 통합하고 있다고 말한다. 이것에 대해 내가 생각할 때, 나는 무엇보다도 신학 교수라기보다는 현장의 설교자이다. 즉 나는 어떻게 행하라고 설명하기보다는 어떻게 행해야 하는지를 보여 주는 것에 더 능한 편이다.

이것은 우리 설교자들이 설교에 대해 신학적 성찰을 책으로 써 서는 안된다는 의미가 아니다. 내 생각에 사역을 잘 하기 위해서 우리는 목소리와 관점이 일치하는 것이 필요하다. 이 책을 비롯해서 이 시리즈에 리뷰 페이퍼를 써 준 이들 중에 많은 이는 현장 설교자가 아니다. 또는 안수 받은 사역자가 아니다. 그러나 우리는 그들 모두를 필요로 한다.

호튼과 '불일치'하는 또다른 영역이 있는데, 나는 '도움'의 범주에 넣으려고 한다. 맥락화를 《팀 켈러의 센터처치》의 다른 부분에서 주로 다루기는 하였지만, '복음 신학' 파트에서도 일부를 다루었다. 그래서 호튼은 "개인적으로, 내 생각은 오늘날 맥락화에 대한 많은 이야기들이 부풀려졌다는 것이다"라고 말하였다(116쪽). 그는 바울이 그의 메시지를 다양한 회중에게 맞추었다는 주장은 부정하지 않았다.

또한 "아무에게도 전달되지 않는 설교를 전하는 것"의 심대한 위험성에 대해서도 부정하지 않았다(이것은 유용한 표현이다). 여기에서 핵심어는 나의 강조점에 대한 그의 반대가 그의 "개인적" 경험에서 나온다는 점이다. 호튼처럼 다른 사람들이 맥락화에 대한 나의 설명과 변호에 동의하기는 하지만, 그들의 개인적 경험에서 볼 때, 우려하는 설교자들의 이야기를 들었다. 젊은 설교자들이 "하나님의 말씀을 아는 것보다 자신의 맥락을 아는"(116쪽) 것을 훨씬 중요하게 여길 때 생기는 위험성을 경고하는 것이다.

나는 어느 정도는 이것이 사실임에 의문을 제기하지 않는다. 이것은 어디를 보느냐에 따라 달라지는 이슈이다. 많은 곳들에서 성경 내용의 분명한 전달보다는 문화적인 이야기들을 찾아내는데 많은 시간과 노력을 기울이는 젊은 목회자들을 찾아볼 수 있다.

또한 "문화 비평 이론가" 현상도 찾아볼 수 있다. 회중에게 문화에 대해 가르치지만, 회중의 마음이 성경의 주장을 어떻게 부정하는지를(문화에 대해 늘 이야기하지 않으면서) 문화를 이용하여 보여 주지는 않는 현상이다.

그런데 나 또한 내가 어디를 보는지에 의해서 영향을 받는다. 세계의 거대 도시들 중심부에서, 회중은 매우 회의적인 세속적 비신자들이거나 타종교 추종자들이다. 나는 설교자들이 기독교 신앙을 커뮤니케이션하는데 씨름하거나 실패하는 것을 본다. 듣는 이들로 하여금 자신의 편견과 전제들을 조사하게 만들 수 있는 방식으로 소통하지 못하는 것이다.

그들의 배경이 되는 신념을 잘 알고 이해하지 못한다면 어떻게 이들을 도전하거나 회개하도록 이끌 수 있겠는가?

중국에 있는 도시의 가난한 지역에 사는 전통적인 아시아 가족은 파리에 사는 젊은 싱글 직장인과 복음을 거부하는 양상이 다를 것이다. 복음에 대한 궁극적인 반대 이유는 모든 시대와 장소에 상관없이 동일하다는 호튼의 지적은 타당하다. 교만은 어디에서나 교만이며, 죄책감이나 두려움이나 분노도 마찬가지이다. 그러나 반역의 양상은 언제나 문화적으로 만들어진다. 그러므로 설교자들은 문화적 감수성을 나타낼 것이 아니다(이것은 많은 젊은 사역자들이 열심히 노력하고 있다). 그들이 필요한 것은 문화를 직접적으로 다루지는 않으면서, 문화에 대해 아는 것을 사용해서 죄에 대한 깨달음을 갖게 하는 것이다.

호튼이 주의깊게 다루는 것들은 여전히 나에게 도움이 된다. 내가 가진 관점이 더 넓은 상황을 모두 다루기에는 충분할 것이라고 주장하지는 않는다. 맥락화는 설득과 확신을 위한 우회 전략이 아니라, 건강하지 않은 태도를 정당화하는 구실로 사용되곤 한다. 이 주제가 제대로 토론되고 가르쳐질 때, 그러한 잘못된 태도들은 복음을 맥락화하는 직무와 구별되고 설명되어야 한다.

흥미로운 부분

호튼의 비판들 중에 하나는 나의 주장들 일부가 "사람들에게 마치 복음을 더 잘 이해하기만 하면 삶의 모든 거친 문제들이 간단하게 해결될 것 같은 인상을 주는 것"으로 보일 수 있다는 점이다(121쪽).

그는 자신이 어떻게 할 수 없는 이유로 외로운 사람이라는 예를 사용했다. 그는 "복음은 폭풍 가운데 닻이 된다"고 인정하면서도, 내가 격려하는 설교가 외로운 사람을 더 절망에 빠뜨릴까 염려한다. 복음을 충분히 믿는다면 외로움의 고통이 완전히 사라질 것이라고 믿어서 생기는 절망. 나의 실제 설교에서는 그러한 인상을 주지는 않는다고 급하게 마무리를 하지만, 내가 주장하는 바를 따라서 어떤 설교자들은 아주 단순하게 그렇게 설교할 수도 있다.

만일 호튼이 생각하는 바가 '복음 신학'의 제시가 그런 인상으로 귀결되는 되는 것이라면(나는 그가 그렇게 말한다고 생각하지는 않는다), 나는 동의하지 않는다. 그런 종류의 설교에 대한 치료책은 '복음 신학' 부분의 다른 곳에서 찾아야 한다. 복음은 성경 주제들의 위대한 이야기 속에서 선포되어야 한다. 이러한 주제들 중에 하나는 하나님 나라의 "이미 그러나 아직" 주제이다. 복음이 모든 개인적 문제를 해결하리라는(즉, 여기서는 외로움의 모든 고통을 해결하리라는) 인상을 주는 유일한 방법은 이 성경적 주제를 설명하지 않거나 강해를 회피하는 것이다.

사실상, 진정한 강해설교는 호튼이 올바르게 염려하는 그 인상을 결코 남길 수가 없다. 시편 88은 외로운 사람이 친구와 이웃을 모두 잃어버리고 절망에 빠져 있는 장면을 보여 주는 위대한 시편이다. 이제 그에게는 어두움만이 유일한 친구가 되었다(18절). 이 시편은 하나님께 대한 소망의 표현 없이 끝나는 몇 안되는 시편이다. 피할 수 없는 결론은 외로움에는 쉬운 해결책이 없다는 것이다. 외로움은 오래 갈 수 있다. 이 시편의 형태와 존재는 하나님의 공감과 은혜를 증언한다. 이 두 가지는 성육신과 십자가에서 궁극적으로 표현된 것이다.

우리의 가장 어두운 시간을 통과할 수 있는 것이 곧 이 은혜이다. 이제, 복음을 이와 같이 전할 때 - 그리고 강해설교를 한다면 어떻게 이렇게 안할 수 있겠는가 - 아무도 그렇게 생각하지 않을 것이다: "복음이 내 모든 문제의 해결책이라는 것"이 곧 "복음이 내 문제를 해결하고 제거한다"는 것을 의미한다고.

이러한 관점에서, 이 비평은 유익하다. 대개 많은 교회들에서 호튼이 보는 것과 똑같은 일이 있다는 것을 나도 본다. 많은 사람들이 복음을 이러한 환원주의적 방식으로 설교한다. 어떤 사람들은 무료로 주는 은혜의 메시지에 활력을 얻지만 그것을 잡고 사라진다. 복음의 모든 뉘앙스와 균형점을 잃어버린다. 복음을 아주 얄팍하게 설교한다. "여러분이 하나님이 사랑하신다는 것을 충분히 믿는다면 여러분의 모든 문제는 해결될 것입니다"라고. 이것을 시정하면서, 우리는 호튼이 "복음은 닻이다"라고 부른 것을 모호하게 하지 않아야 한다.

즉, 복음은 모든 문제를 마주할 수 있는 중심 자원이 되는 것이다. "그리스도 안에" 내가 있다는 것을 아는 플랫폼이 없이는, 상실을 다룰 수 있는 방법이 없다. 우리가 잃어버리고 있는 것들이 우리를 완전히 장악하고 있기 때문이다.

또한 복음은 우리가 문제를 다루기 위해 사용하는 유일한 도구는 아니지만(우리는 그리스도인의 교제, 성경 읽기와 기도의 훈련, 좋은 상담 등의 자원을 활용한다), 복음은 여전히 중요하다. 복음은 다른 수단들을 활력 있게 하기 때문이다. 복음에 대한 분명한 이해가 없이는 다른 사람들의 사랑의 비판을 수용할 수 없을 것이다. 복음을 알지 못하고는, 나는 말씀 속에서 주님을 만날 수 없을 것이다.

호튼의 마지막 비판은 복음의 전제와 복음 그 자체에 대한 구별로 돌아온다. 내가 분명히 이것의 차이점을 말하기는 했지만 - 그리고 호튼은 이것에 진심으로 동의하기는 하지만 - 내가 다른 곳에서 나의 원칙을 어기지는 않았는지 살펴보았다. 우리가 악하고 길 잃은 존재임을 복음이 "우리에게 보여 준다"고 나는 종종 말한다. 호튼은 우리에게 죄를 보여 주는 것은 복음 자체가 아니라 율법이라고 생각한다. 그는 이것을 나에게 분명하게 표현하도록 요구한다.

내가 믿기에 하나님의 율법은 비신자들을 확신시키시고("첫 번째 용법") 신자들을 지도한다("세 번째 용법"), 또한 복음이 이 모든 것을 혼자서 한다고 하는 가정을 피하는 것이 중요하다. 복음은 십계명을 포함하지 않는다. 또한 세상에게(그리고 교회에게) 십계명 없이 죄를 보여 주거나 구원의 필요성을 확신시키기는 불가능하다.

뿐만 아니라, '복음'이라는 용어는 '좋은 소식'을 의미하는 것이 분명하다. 나쁜 소식과 좋은 소식을 함께 말하지 않는다. 그러므로 우리가 오직 복음만이 우리가 용서받고, 구원받고, 용납되었음을 알게 하고, 오직 율법만이 우리가 죄인임을 드러낸다고 말하는 것이 깔끔하지 않은가? 그러므로 우리의 모든 복음 제시는 사실상 율법과 복음의 제시라고 말해야 하지 않는가?

아마도 그렇게 해야 할 것이다. 그러나 만일 그렇게 할 때, 우리는 성경과 실제 사역에 있어서 복음 제시할 때 죄의 설명을 포함해야 할 것이다. 바울이 고린도전서 15장에서 그가 "복음"이라고 부르는 것을 요약할 때(1-2절), 그는 그리스도가 "우리 죄를 위해서 죽으셨다"(3절)는 것을 포함시킨다.

분명히, 우리가 무엇으로부터 구원받았는지 설명을 생략한다면, 구원의 복음은 말이 되지 않는다. 그러므로 바울은 복음을 소통함에 있어서 이를 포함시킨다. 그것은 사도행전에 기록된 그의 실제 설교들 가운데 분명히 나타난다. 바울이 말하는 방식으로 전하는 사람들을(비록 덜 정확하게 말하기는 하겠지만) 너무 교정할 필요는 없다고 생각한다.

그렇지만 호튼의 비판은 나에게 하나님의 율법을 설교에서 이와 같은 용법으로 사용하는 것에 대해 명확하게 설명하라는 권면으로 받아들여진다(예를 들어, 나는 팀 켈러가 분명히 설명함으로써 유용한 제안을 줄 수 있으리라 믿는다(123쪽). 하나님의 법은 복음과 가장 가깝고 친밀한 관계 속에서, 비신자의 전도 및 신자의 교육을 위해서 모두 사용되어야 한다. 우리가 복음을 권능 있게 사용해서 그들의 삶 가운데 은혜의 필요성을 깨닫게 한다면, 그리고 우리가 복음을 소개할 때 그것은 사람들의 귀에 위대한 음악처럼 들리게 된다. 호튼의 제안에 동의한다.

어떤 이는 반대 의견을 피력할 수 있다. "세속 서구의 비신자들은 성경이나 하나님의 법을 믿지 않습니다. 그들은 상대주의자입니다. '율법의 첫 번째 용법'은 그들에게 작동하지 않습니다." 이것은 오직 부분적으로만 사실이다. 하나님의 계시를 믿지 않는 사람들도 여전히 양심을 가지고 있어서 율법의 명령에 대해 어떤 방식으로 여전히 예민하다(롬

2:15).

　한 가지 예를 들어 보자. 존 칼빈은 가장 큰 계명의 두 번째 부분인 "이웃을 사랑하라"라는 말씀의 의미에 대해 강력한 강해를 했다. '하나님의 형상'(이마고 데이) 가르침에 비추어 볼 때:

> 주님은 모든 인류에게 예외 없이 "선을 행하라"[히 13:16]고 명하신다. 그러나 그들이 자신의 공덕에 따라 심판을 받는다면 그들의 선행 대부분은 매우 무가치한 것이 된다.
>
> 그렇지만 성경은 최상의 방식으로 우리에게 도움을 준다. 성경은 우리가 사람의 공덕을 볼 것이 아니라 모든 사람 안에 있는 하나님의 형상을 보아야 함을 가르친다. 모든 영예와 사랑은 하나님의 형상에 속한 것이다….
>
> 일테면, "그는 한심하고 무가치하다"라고 해보자. 그러나 주님은 그에게 그의 형상의 아름다움을 수여하기로 작정한 사람이심을 보여 주신다…. 일테면, 그는 당신의 최소한의 노력을 들일 자격이 없다고 해 보자.
>
> 그러나 하나님의 형상은 우리에게 그 사람이 우리 자신과 우리의 모든 소유를 바칠 가치가 있다고 말한다. 당신은 이렇게 말할 것이다, "그는 나의 자격에 한참 못 미치는 일을 했습니다." 그러나 주님은 어떤 자격을 가지셨는가? …
>
> 분명히 인간 본성에는 단지 어려운 정도만이 아니라 전적으로 불가능한 것을 성취하는데는 오직 한 가지 방법만이 존재한다: 그것은

우리를 미워하는 사람들을 사랑하는 것이며, 사람들의 악행을 유익으로 갚는 것이며, 저주를 축복으로 돌려 주는 것이다[마 5:44].

우리가 사람들의 악한 의도를 기억하지 않기로 하는 것이며 그들 안에 있는 하나님의 형상을 바라보기로 하는 것이다. 이것이 그들의 범죄함을 지워버리며 제거하는 것이다. 그리고 그 형상의 아름다움과 존엄함으로 우리가 그들을 사랑하며 포용하게 하는 것이다.[1]

이것은 대단한 권면이 아닐 수 없다. 우리는 이웃을 볼 때, 그들의 모습만으로는 우리의 도움이나 사랑을 받을 자격이 없음을 발견한다. 우리는 오히려 그에게 "주님이 받으시기에 합당한 것을" 주어야만 한다. 왜냐하면 모든 인간 존재는 가장 약하고 가장 추하고 가장 비뚤어진 사람이라 할지라도 하나님의 형상의 표지를 가졌기 때문이다.

지금 서구인의 대부분은 인권을 믿으며 모든 인간 존재의 존엄성을 믿는다고 생각한다. 이제 그들이 율법의 이러한 강해에 귀를 기울이게 될 때 그들은 율법의 권능과 영광에 충격을 받게 될 것이다. 사실상 그들은 분명히 율법을 거부할 것이다. 그렇지만 "오, 그것은 당신의 해석일 뿐이지요! 나는 사람들을 학대하는 것이 괜찮다고 생각해요"라고 말하는 사람은 없다. 그들은 여기서 상대주의자 트랙을 밟지 않는다. 그들은 이것이 '너무나 높은 기준'이라며 불평할 것이다. 도저히 도달할 수 없고, 심지저 그들의 마음 가운데 율법을 존중하고 신학을 높이 평가하게 될 것이다. 그들은 율법이 그들 이상의 것임을 느끼면서도 율법에 이끌게 된다. 이것이 "율법의 첫 번째 용법"을 통한 죄의 확

신이라고 부르는 것이다. 그것은 될 수 있다. 그것은 되어야 하는 것
이다.

복음중심적
부흥을
준비하라

복음의 재발견이
필요하다

◇◇◇

복음 부흥은 삶을 변화시키는 복음의 재발견을 말한다. 개인적인 복음 부흥은 죄와 은혜의 복음 교리를 단지 지적으로만이 아니라 실제적으로 경험하는 것을 의미한다. 이것은 자신의 죄로 인한 하나님과의 단절을 깨닫는 것이며, 이전보다 더 깊이 있게 자기 합리화, 불신앙, 자기 의(self-righteousness)를 들여다 볼 때 시작된다. 심층에 있는 이러한 태도들을 버리고, 구원을 주시는 유일한 그리스도 안에서 안식하는 법을 배울 때, 우리는 용서와 은혜를 더 선명하게, 더 새롭게, 더 크게 경험할 수 있다. 앞서 얘기했듯이 우리는 구원을 얻기 위해서 우리의 공로가 아니라, 그리스도의 공로를 의지한다. 복음의 회복을 경험하게 되면 이 말이 무슨 의미인지 또렷하게 깨닫게 되며, 이것을 실제로 행함으로써 마음이 새롭게 된다.

공동체적 복음 회복은 종종 '부흥'이라고도 불린다. 이것은 신자들 전체가 개인적인 복음 회복을 함께 경험하는 것을 말한다.[1] 시간이 흐르면 모든 교회들은 아무리 그들의 신학이 건전하다 하더라도 복음의 고유성을 간과하기 시작하고 다른 종교들에 동화되거나 불신앙에 편승하는 모습을 보이는 것이다. 교리 교육은 각각의 교리들이 복음의 메시지 속에서 어떤 역할을 하는지 놓치게 되고 윤리 교육은 더 이상 예수 그리스도의 은혜와 완성된 사역에 근거하지 않게 된다. 교회 지도자들은 늘 복음을 사람들의 마음과 중심으로 이끌어야 한다. 그래야만 복음이 단순한 신앙 문답이 아니라, 깊고 지속적인 변화의 능력이라는 것을 사람들이 알게 된다. 이러한 종류의 복음 적용 없이 단지 교육이나 설교, 세례, 훈련만으로는 충분하지 않다.

리처드 러브레이스(Richard Lovelace)는 부흥의 역사를 연구한 학자였다. 그는 각기 다른 시기와 기간에 일어난 부흥들 속에 어떤 공통점이 있었는지 발견하려고 애썼다. 그가 내린 결론은 그리스도인들이 지적으로는 칭의(하나님께서 받아 주심)가 성화(실제의 도덕적 삶)의 기반이라는 것을 알면서도, 실제의 삶에서는 성화에 근거해서 칭의를 생각한다는 것이었다. "의롭게 되기 위한 성결의 삶, 과거의 회심 경험, 최근의 신앙생활, 또는 고의적인 죄를 짓는 빈도에 근거해서 하나님이 받아 주시는지에 대한 확신이 달라진다."[2]

다른 말로 표현하자면 인간 마음의 기본 틀이 공로-의(works-righteousness)이기 때문에 갱신과 부흥은 필수적이다. 우리는 일상의 삶에서 복음이 진리인 것처럼 살지 않는다. 그리스도인들은 종종 머리로는 "예수님이 나를 받아 주셨어. 그러므로 나도 바른 삶을 살아야지"라고 믿는다. 그러나 그들의 마음과 행동은 "나는 바른 삶을 살고 있어. 그러므로 예수님이 나를 받아 주시는 거야"라는 신념 위에서 이루어진다. 그 결과 자기만족에 빠져 으스대거나, 불안이나 짜증, 자기혐오에 빠지는 것이다. 어떤 결과가 빚어지든 그것은 방어적 태도, 부정적 마음, 인종 및 민족중심성에서 비롯된 우월감, 변화에 대한 거부 등 여러 형태의 우월감(개인적, 공동체적)이나 영적 죽음의 상태로 이어진다. 이와는 상반되게 순전한 은혜의 복음은 소망 없는 죄인들에게 희망을 주며 동시에 그들에게 위로를 준다. 그 결과 사람들에게 기쁨을 가져다 주고, 잘못을 인정하는 자세와 차별 없는 은혜의 태도, 자신에게 매몰되지 않는 새로운 관점을 제공한다.[3]

사실 우리는 복음을 마음 깊이 믿지 않기 때문에 -마치 스스로가 구원자인 것처럼 살기 때문에- 우리는 (자유주의 신학처럼) 복음의 교리를 거부하거나 왜곡하며, 혹은 (생명력 없는 정통주의처럼) 머리로는 교리를 믿지만 실제로는 자신의 윤리적, 교리적 선(善)을 믿는다. 그 결과로 어떤 특별한 갱신이나 부흥의 역사가 일어나지 않는 한, 개인과 교회들은 오랜 시간에 걸쳐 천천히 영적으로 죽어가는 경험을 하게 된다.

부흥은 어떤 지역이나 국가 전체처럼 넓은 영역에 영향을 줄 수도 있고, 한 교회나 부서처럼 좁은 영역에서 영향을 줄 수도 있다. 부흥은 매우 부드럽고 조용하게 일어날 수도 있고, 요란스럽게 일어날 수도 있다. 그러나 모든 부흥은 성령님의 일반적 사역이 몇 배나 강하게 나타난다. 부흥의 시기에는 일상적인 은혜의 수단들을 통해서도 새롭게 각성하는 신자들과 깊이 회심하는 죄인들, 영적으로 거듭나는 성도들이 급격하게 늘어난다. 그리고 뒤를 이어 필연적으로 교회 성장이 따라온다. 이러한 부흥은 단지 인구학적, 사회학적 분석이나 전도 프로그램의 결과만으로는 설명할 수 없다.

그러므로 부흥은 단지 호기심을 불러일으키는 역사적인 소재 정도가 아니다. 부흥은 성령께서 공동체 가운데 일하셔서 인간의 그릇된 사고 체계인 자기 의나 부채 의식 등을 몰아내고 깨뜨리시는 지속적인 활동이다. 부흥은 역사상 모든 문화권에서 그랬던 것처럼 21세기 전 세계 모든 문화권의 사역에 아주 밀접한 관련성을 갖는다.

부흥에 대한 비판과 부흥주의의 위험성

부흥의 모든 역사를 여기에서 전부 다룰 수는 없다. 우리가 알고 있는 바와 같이 부흥은 사회 변화에 커다란 영향을 끼쳤다.[4] 미국 역사에서 가장 유명한 부흥의 시기인 18세기 초중반의 대각성 운동은 영국과 미국의 문화와 역사에 지대한 영향을 끼쳤다. 물론 전 세계에 걸쳐 다른 유명한 부흥들도 있었다.[5]

역사적으로 부흥은 날카로운 비판과 의심을 받기도 했다. 뉴욕 주 알바니에서 목회하던 장로교 목사 윌리엄 B. 스프레이그(William B. Sprague)

는 1832년, 부흥에 대한 강의를 출판하며 가장 긴 지면을 '부흥의 변호'에 할애했다. 그는 부흥에 대해 가장 흔히 제기되던 여러 비판들과 반대 이슈들을 다루었다. 주로 부흥이 비성경적이고 현대적이며 감정적인 분출과 열광주의, 가족 분열, 기존 교회들의 약화를 초래한다는 주장이었다.[6]

특히 기존 교회를 약화시킨다는 비난, 곧 부흥이 교회의 역할과 중요성을 저해한다는 비난은 오늘날 가장 많이 지적되는 부분이기도 하다. 나는 애초에 부흥이 일어나도록 한 조건들을 돌아봄으로써 이 비난의 타당성을 살펴보려고 한다.

18세기 이전에는 개인이 그리스도인이 되기 위해서는 공동체적이고 점진적이며 공식적, 전적인 교회 중심적 과정을 거쳤다. 먼저 온 가족이 참여하는 가운데 유아세례의 집전을 받는다. 그리고 오랜 기간의 교리문답 교육을 통해 교회사의 신앙고백과 전통을 배운다. 마지막으로 아이는 완전한 참여자로서 성찬을 받을 수 있게 된다. 교회에서 거행되는 결혼식과 장례식도 중요한 이정표들이다. 이 모두는 회중의 면전에서 가족들과 함께 진행된다. 가정, 교회, 종교적 권위자들의 지지와 인정을 수반하는 매우 공동체적인 과정을 통해서 한 사람의 믿음이 상속되고 확증되던 것이다.

그런데 산업혁명을 지나면서 우리 사회는 심원한 변화를 겪게 된다. 많은 사람들은 공장에서 일하기 위해 도시로 이주했다. 서로가 모두 가까운 이웃사촌으로 지내고 암묵적인 행동규범이 사회적 압력으로 작동하던 지역 교회와 마을을 떠나 도시로 이주하게 된 것이다. 두 번째 변화

는 시장 자본주의의 발전이다. 더욱 독자적으로 행동하게 된 개인들에게
선택 가능한 상품과 서비스를 더 많이 안겨 준 것이다.

영국의 부흥 사역을 담당한 웨슬리와 미국의 부흥을 이끈 조지 휫필
드는 모두 이러한 문화적 현실에 대한 대응들이었다. 그들은 야외 집회
에 모인 회중들을 찾아가서 설교했다. 그들은 사람들이 단지 지역 교회
의 전통적인 방식과 과정에 몸을 맡기는 것이 아니라 그들에게 직접 다
가가 회심을 결단할 것을 요청했다. 왜냐하면 부흥주의자들이 느끼기에
그런 일은 지역 교회에서 잘 일어나지 않았기 때문이다. 부흥주의자들은
가족을 통해서 지역 교회로 참여하는 과정보다는 개인의 결단을 더 강조
했다. 그들은 신앙 형성에 있어서 의식 절차(rituals)와 교리문답보다는 급
격한 회심의 경험을 요구했다.[7]

이제 우리는 스프레이그가 왜 1830년대에 부흥주의자들이 지역 교
회와 성직의 권위에 도전한다는 공격에 대응하는 책을 썼는지 알 수 있
을 것이다. 부흥을 폄하하는 사람들은 회심과 부흥을 강조하면 성도들을
교육하고 훈련하는 지역 교회의 기능이 결국 저해될 것이라고 주장했다.
교회에 참여하는 것은 필수가 아닌 선택이 되어 버린 것처럼 보였다. 구
원은 오직 개인적인 믿음과 경험을 통해서 오기 때문이다. 그리고 교리
적 건전함과 삶의 거룩함보다는 감정적 체험이 훨씬 더 중시되었다. 기
독교는 사람을 새롭게 하여 그리스도의 모습을 닮는 것보다는 마음의 필
요를 채우는 수단으로 여겨졌다. 공동체는 뒷전으로 가고 개인이 강조되
었다. 그래서 각각의 그리스도인이 자신의 영적 권위를 주장하게 되었
다. 여기에는 진정한 상호 책임이 없다.[8]

부흥에 대한 이러한 비판들은 부분적으로 맞는 것들이며 18세기뿐 아니라 오늘날에도 동일하게 정곡을 찌르는 시사점을 제공한다. 스프레이그의 두 번째로 긴 강연은 "부흥과 관련하여 피해야 할 악들"이었다. 여기에서 그는 부흥의 과도한 감정주의에 대한 자신의 비판 수위를 조절한다. 감정주의는 찰스 피니(Charles Finney)의 사역에서 꽃을 피웠다.[9] 스프레이그는 이 논쟁에서 중간 입장을 취했던, 19세기 개혁주의 신학의 주요 흐름 가운데 한 사람이었다.

반면, 프린스턴신학교의 첫 학장이었던 아치볼드 알렉산더(Archibald Alexander) 교수는 부흥의 강력한 지지자로 남았다. 그는 부흥의 부정적 영향을 잘 알고 있었음에도 불구하고 나쁜 영향들이 부흥 자체의 문제가 아니며, 이것들을 피할 수 있거나 최소화할 수 있다고 믿었다. 알렉산더와 프린스턴신학교의 계승자들은 부흥에 대한 기본적인 통찰들을 계속해서 지지했다. 또한 전도와 신앙 교육의 중요성도 강조했다.

유아세례를 지지하는 그들은 세례받은 아이들이 교회의 일부이며, 이들이 가족의 삶 안에서 성례를 통해 하나님의 은혜를 받은 것이라고 이해했다. 또한 그들은 아이들이 그리스도에 대한 믿음을 갖도록 계속해서 권면했으며 회심이 어떤 것인지를 자녀들에게 가르쳤다.[10] 아이들이 성찬을 받을 때가 되면, 그들은 '신뢰할 만한 신앙고백'의 증거를 찾았다. 단순히 교회 교육을 마쳤다고 해서 받아들이지는 않았다. 그들은 신앙 형성의 과정에서 교회의 중요성을 확신했고, 복음 메시지를 지속적으로 설교하고 가르칠 것을 강조했다.

교회 안에 여전히 부흥주의의 위험성이 존재하고 있기에 오늘날에도 여전히 동일한 논쟁이 지속되고 있다. 극단적인 부흥주의자들은 너무나 개인주의적이다. 진리에는 거부 반응을 보이고 체험에만 중독된 사람들은 변화를 간절히 원하면서도, 공동체에 헌신하며 권위에 순복하는 것은 자유와 주관의 상실이라며 싫어한다.

많은 회심자들은 그리스도를 믿기로 선택하는 것 같지만 이내 그들의 열정을 상실하고 만다. 왜냐하면 전 생애에 걸쳐 체화된 공동체의 경험이 아니라 양육과 소그룹 교제와 같은 짧은 프로그램들만 제공받기 때문이다. 많은 교회들은 등록 교인이 되는 절차 자체를 가지고 있지 않다. 그 결과 회심자들의 삶은 세상에 있는 다른 사람들의 삶과 다를 바가 없어 보인다. 보다 깊은 삶의 변화를 가져오는 것은 전통적인 교회들이 가진, 보다 오래되고 보다 공동체적인 과정들이 더욱 효과적이다.

하지만 오늘날의 많은 비평가들은 이런 영향력에 대해서 한숨짓는데 그치지 않는다. 그들은 부흥의 기본 전제 자체를 부정한다. 그들은 교회에 이미 다니고 있는 사람에게 회심하도록 요구해서는 안 된다고 주장한다. 18세기 이전 유럽의 전통 교회들과 비슷한 것을 다시 주장하는 것이다. 그때는 지역 교회에 등록하기만 하면 그리스도인이 되었다. 일단 세례를 받고 멤버가 되면 그는 개인적 경험과 관련 없이 정의상 그리스도인으로 여겨졌다.

나는 이것이 두 가지 본질적인 이유에서 착오라고 믿는다. 성경적 용어를 빌리자면, 이 주장은 시와 때를 분별하지 못하는 것이다. 그리고 마음에 대해서 충분히 고려하지 못했다. 좀 더 긍정적으로 표현한다면, 복음 부흥 사역에 대한 기본적 통찰과 실행은 두 가지 이유에서 옳다. 첫째, 우리의 시대에 적합하며, 둘째, 성경의 방법대로 마음을 강조한다.

먼저 복음 부흥은 우리 시대에 적합하다. 그렇다면 회복이 '우리 시대에 적합하다'는 것은 무슨 의미인가?

하나의 주류 교회와 종교 전통이 문화 가운데 존재하고 민간 영역과 공공 영역이 교회에 많은 힘을 행사할 때, 전통적이고 교회 중심적인 접근법은 효과가 있었다. 사회 제도, 공유된 상징, 일상의 관습들이 종교적 신념을 표현하고, 확증하며 강화했다.

그런 환경에서는 문화적으로 하나님은 필연적으로 받아들여지고, 사회의 종교 세계관은 모든 이에게 타당하게 보였다. 전통적인 방식은 사람들에게 교회를 선택할 여지 자체를 제공하지 않았다. 대안적인 교단이나 종교는 존재하지 않았고 있다 치더라도 그들에게는 심각한 오명이 씌어졌다. 시민들은 사회가 상속받은 신앙에 적극적일지 소극적일지 하나만 선택할 뿐이었다. 이것이 그들 앞에 놓인 현실적인 선택이었다. 사회적 현실상 아무도 자기의 믿음을 선택할 수 없었다. 자신의 교회는 말할 것도 없었다.

이러한 교회 중심적 모델은 사람들이 매우 유동적인 삶을 살고, 사회가 천천히 그러나 분명히 더욱 다원화되면서 붕괴되었다. 북미는 교회들이 성도들과 새 신자들에게 선택을 요청하는 첫 번째 지역이 되었다. 미국인들이 교회에 오는 것은 그들이 그렇게 하기로 선택했기 때문이었다.[11]

이제 시계를 두 세기 정도 앞으로 돌려서 현대의 다원주의적 사회를 살펴보자. 여기서는 공공 생활의 중요한 제도들이 실재 인생에 대한 단일한 신앙 체계를 관여하지 않는다. 과거처럼 자신의 신념 체계를 상속받는 사람은 없다. 많은 신념 체계와 세계관들이 경쟁하는 가운데 사람들은 적극적으로 이것들 가운데 하나를 선택해야 한다. 우리는 개인적인 호소를 통해 믿음의 선택을 하도록 설득해야 한다.[12] 또한 부흥주의자들 역시 설득, 회심, 그리고 개인적 자기점검을 강조하게 된다.

둘째, 복음 부흥은 마음에 초점을 맞춘다. 내 생각엔 복음 부흥에 대한 기본적인 통찰과 실제를 뒷받침하는 데는 이 두 번째 이유가 더욱 중요하다.

부흥주의의 핵심적인 주장, 곧 '구원은 마음의 문제다'라는 주장은 충분한 성경적 근거를 갖고 있다. 로마서 10장 9절에서 바울은 "네가 만일 네 입으로 예수를 주로 시인하며 또 하나님께서 그를 죽은 자 가운데서 살리신 것을 네 마음에 믿으면 구원을 받으리라"라고 기록했다. 이 구절에 대해 대부분의 주석은 기독교 진리에 지적으로 동의하는 것만으로는 충분하지 않다는 것을 의미한다고 말한다. 즉, 지식적인 동의뿐 아니라 개인적인 맡김, 마음의 정함이 있어야 한다는 것이다.

성경이 마음에 대해 말할 때는 감정 이상의 것을 말한다. 우리의 마음으로 감정을 느끼는 것은 맞다(레 19:17; 시 4:7; 13:2). 그러나 우리는 마음으로 생각하고 추론한다(잠 23:7; 막 2:8). 그리고 마음으로부터 행동한다(전 10:2). 우리의 마음은 인품의 핵심이며, 근본적인 헌신의 장소, 전인을 제어하는 센터이다. 마음에 있는 것이 우리의 생각, 행동, 감정을 지배한다. 지, 정, 의가 모두 마음에 뿌리를 내리고 있기 때문이다.

바울은 로마서 10장 9-10절에서 기독교의 진리에 단지 이성적으로 이해하고 동의하는 것만으로는 충분하지 않다고 진술한다. 물론 이성적인 이해도 꼭 필요하다. 구원받는 믿음은 지적인 동의 없이는 있을 수 없다. 하지만 항상 그 이상이다. 이성적 지식과 더불어 마음의 결정과 헌신이 합쳐져야 한다.

구약에서 부흥 설교의 예를 들어 보자. 예레미야는 이스라엘 백성에게 "마음의 할례를 받으라"고 요청한다(렘 4:4; 9:26; 행 7:51 참조). 예레미야의 청자들은 언약의 외적 증거를 가지고 있었다. 그러나 예레미야는 그들이 내적 실재인 새 마음은 가지고 있지 않다고 고지했다(렘 31:33). 할례 의식은 언약 공동체에 소속되었다는 표지였다. 그것은 일종의 그리스도인 교회의 세례처럼 작동했다(골 2:11-12). 할례를 받은 사람이라면 누구나 하나님 나라 백성의 공동체에 가시적으로 편입되었다. 그러나 예레미야에 따르면, 외적인 표지보다 더 많은 것들이 그들에게 요구되었다. 구원은 돌 같은 마음을 제거할 것을 요구한다(겔 11:19). 마음은 정결해지고 (시 51:10) 굳건해져야 한다(시 112:7).

신약성경은 계속해서 외부와 내부의 차이를 구별한다. 로마서에서 바울은 '외적으로' 하나님의 언약 백성이었던 사람들이 '내적으로'는 아니었음을 밝힌다. "할례는 마음에 할지니 영에 있고…"(롬 2:28-29).

빌립보서에서 바울은 그리스도 안에서 "하나님의 성령으로 봉사하며 … 우리가 곧 할례파라"고 선언한다(빌 3:3). 그는 여기에서 그리스도인의 회심을 구약성경의 '마음의 할례'와 연결하고 있다.[13] 바울은 그가 율법

준수와 도덕적 성취에 의존했음을 묘사하면서(육체를 신뢰하지 아니한다) 그 당시 사람들 안에 영적인 내적 실재가 결핍되어 있었음을 이야기한다. 바울의 삶에서 회복과 마음의 변화는 하나님 앞에 나아가기 위한 근거로서 율법 준수가 아닌 그리스도가 전가하신 의를 붙들었을 때 가능해졌다(4절b, 7-9절). 예수님께서 종교 지도자에게 성령으로 "거듭나야 한다"라고 말씀하신 것은(요 3:7), 본질적으로 예레미야가 백성들에게 마음의 할례를 받으라고 선포한 것과 동일한 요구이다.

마음을 강조하는 또 다른 예는 회개와 믿음의 관계를 다루는 성경의 가르침이다. "하나님의 나라가 가까이 왔으니 회개하고 복음을 믿으라"(막 1:15)라는 말씀은 이 관계에 주목하고 있다. 예수님은 누가복음 24장 46-47절에서 "죄 사함을 받게 하는 회개가 예루살렘에서 시작하여 모든 족속에게 전파될 것이다"라고 하셨다. 그리고 사람들이 베드로에게 어떻게 하면 구원을 얻느냐고 물었을 때 '회개하라'고 말씀하셨다(행 2:38, 3:19, 5:31을 보라).

신약성경은 반복해서 구원얻는 믿음과 회개는 불가분의 것이며 진정한 회개는 죄에 대한 슬픔과 근심을 포함한다고 가르친다(고후 7:10). 고린도후서 7장 11절은 회개가 열심, 분노, 사모함을 포함한다고 말한다. 성경은 다양한 용어를 사용하여 회개가 우리의 지성, 의지, 감정에 영향을 미치는 깊은 경험임을 말한다. 회개는 마음을 변화시킨다. 어떤 사람이 신앙을 배웠는지, 세례를 받았는지, 아니면 교회에 다니는지 묻는 것으로는 충분하지 않다. 만일 그가 회개하지 않았다면, 그 모든 것이 아무 소용이 없기 때문이다.

복음 부흥은 단지 이름뿐인 교인들을 회심으로 이끌 뿐 아니라, 모든 그리스도인에게 -헌신된 신자들조차도- 그리스도의 사랑과 능력을 더 깊이 경험하게 하는 마음 깊은 곳에 복음을 전해 주는 성령이 필요하다는 사실을 깨닫게 해 준다. 에베소서 3장에 나오는 위대한 기도에서 바울은 독자들을 위해서 그리스도가 그들의 마음에 계시도록 기도하며, 그들이 하나님의 모든 충만하심으로 채워지기를 기도한다. 이것은 주목해야 할 내용이다. 왜냐하면 그가 불신자들이 아니라 그리스도인들을 향해 이야기하고 있기 때문이다.

물론 모든 그리스도인들에게는 그들 안에 내주하시는 성령님이 계시다(고전 6:19; 골 1:27). 그리고 믿음을 통해 그리스도와 연합한 덕분에 하나님의 충만하심(골 2:9-10)이 그들에게 있다(이에 대해서는 *A Bibical Theology of Revival*(부흥에 대한 성경 신학, 58-59쪽)을 보라). 그렇다면 바울의 기도가 의미하는 것이 무엇인가? 바울은 모든 에베소교인들이 이미 믿고 있고 소유하고 있는 것을 경험하기를 기도하고 있다. 그것은 곧 그리스도의 임재와 사랑이다(엡 3:16-19). 그러나 어떻게 이러한 경험이 일어날 수 있는가? 이는 성령님의 일하심으로만 가능하다. 성도인 우리는 '내적 존재'와 '마음'을 강건하게 함으로써 그리스도의 사랑을 알 수 있다(16절 참조). 달리 표현하면 복음 회복을 통해서다.

이것은 예수께서 성령의 사역에 대해 선언하신 것과 완벽하게 일치한다. "그가 내 영광을 나타내리니 내 것을 갖고 너희에게 알리시겠음이라"(요 16:14). "알리시겠다"라는 것은 중요한 안내이다. 우리가 주목해야 하는 선언이다. 성령의 일은 예수님의 인성과 사역의 의미를 밝혀내는 것이다. 그 무한한 중요성과 아름다움이 각 사람의 마음에 감동으로 다가가도록 하는 것이다.

바울이 에베소서에서 소망했던 것, 곧 이미 그리스도의 사랑을 알고 있는 그리스도인들이 "마음의 눈을 밝히셔서"(1:18) 그리스도의 사랑의 넓이와 길이와 높이와 깊이가 어떠함(3:17-18)을 깨닫기를 간구했던 이유다. 에베소서에서 바울은 성령께서 우리의 담대함, 사랑, 기쁨, 능력을 지속적으로 새롭게 하시기를 그리스도인들이 이를 기대할 것을 기도했다. 이는 단순히 예수께서 행하신 일들을 믿는 믿음의 차원을 넘어 성령님의 사역에 의하여 그것을 경험함을 의미한다.

—

균형 없는 부흥주의는 사실상 기성 교회의 사역을 저해한다. 그러나 은혜의 일반적 수단을 통한 공동체적, 개인적 복음 회복을 의미하는 균형 잡힌 부흥주의는 그 자체가 교회의 사역이다. 사람들이 세례를 받고, 적극적인 교인이 되고, 성경적 교리 모두를 받아들이고, 성경적 윤리를 따라 살면서도 전혀 회심하지 않는 것이 가능하며 흔하기조차 하기 때문이다.

부흥주의자의 사역은 회심과 영적 회복을 강조한다. 이는 교회 바깥의 사람들만을 위한 것이 아니라 교회 안에 있는 사람들도 해당된다. 어떤 이들은 분명한 불신으로부터 회심해야 한다. 어떤 이들은 회심한 적이 전혀 없었다는 것을 각성하고 깨달아야 한다. 또 다른 이들은 그들의 영적 침체 상태를 알아야 한다.

마르틴 루터는 "복음의 진리"(갈 2:5)에 대한 주석에서 이렇게 말했다. "복음은 모든 기독교 교리 가운데서 우리에게 가장 중요한 조항이다.… 그러므로 가장 필요한 것은 우리가 이 내용을 숙지하며, 다른 이들에게 가르치고, 머리에 지속적으로 주입하는 것이다."[14]

만일 우리 마음이 항상 진리에 따라 작동하며, 생명을 주는 복음의 능력 안에서 살아가는 것이 자연스럽거나 가능하다면, 복음을 계속 머리에 주입할 필요가 없을 것이다. 또한 끈질기고 균형 잡힌 복음 부흥을 주장하는 부흥주의 사역도 필요가 없을 것이다. 물론 그것은 불가능한 일이다. 이것이 우리가 부흥 회복 사역을 해야 하는 이유다.

토론과 성찰을 위한 질문들

1. 이 장에서 소개된 공동체적인 영적 부흥을 경험한 적이 있는가? 그렇다면 그것을 어떻게 묘사하겠는가? 그것은 개인적인 영적 회복과 어떤 점에서 다른가?

2. 오늘날 교회가 교리문답 교육을 재구성해야 할 필요가 있다고 주장했다. 당신의 교회에서는 아이들과 새신자들을 가르치기 위해 어떤 훈련을 하고 있는가? 배운 내용을 토대로 볼 때 당신이 다르게 할 수 있는 세 가지를 꼽는다면 무엇인가?

3. "복음 부흥 사역에 대한 기본적 통찰과 실행은 두 가지 이유에서 옳다. 첫째, 우리의 시대에도 적합하며, 둘째, 성경의 방법대로 마음을 강조한다"라는 말의 의미는 무엇인가? 복음 부흥 사역은 어떤 점에서 우리 시대에 적합하며, 어떻게 마음에 초점을 맞추는가?

4. 복음 부흥 사역에 초점을 맞춰 기존에 당신이 하던 사역을 할 수 있는 방법은 무엇인가?

05
복음적 부흥은
무엇이 다른가

◇◇◇

부흥은 반드시 필요하다. 왜냐하면 종교(순종한다 -그러므로 받아들여진다)는 복음(그리스도를 통해 하나님께 받아들여졌다 -그러므로 순종한다)이 아니며, 다만 복음의 그럴듯한 모조품이기 때문이다. 동기와 목적에 있어서 이 두 가지 체계는 전혀 다른 것이지만, 표면적으로는 쌍둥이처럼 보일 수도 있다.

이 두 가지 체계를 따라 살아가는 두 사람이 교회에서 서로 나란히 앉아 있을 수도 있다. 모두 다 하나님의 법에 순종하고, 기도하고, 헌금하고, 좋은 가정을 만들려고 노력하는 사람일 것이다. 그러나 둘은 근본적으로 전혀 다른 동기를 가지고 있고, 철저하게 다른 정신에 따라 살며, 완전히 다른 종류의 내적 인격을 가지게 된다. 그들 중 한 사람(종교)은 심지어 완전히 길을 잃을 수도 있다. 복음에 이끌려 살아가는 사람도 계속해서 자극받고 갱신되지 않으면 자연스레 종교로 다시 되돌아가게 된다.

앞 장에서 살펴본 것이 복음 부흥의 필요성이라면 이번 장의 질문은 "복음 부흥은 무엇인가?" 하는 것이다. 복음의 무엇이 교회 안에 있는 사람들을 변화시키는가? 복음의 차별성 있고 독특한 신학적 진리들이 어떻게 언어적 표현으로 담겨서 사람들로 하여금 새로워지고 성령에 인도되어 그리스도 중심적인 동기를 갖게 할 것인가? 그들의 출발점이 종교였든, 비종교였든 상관없이 무엇이 이러한 결과를 가져올 것인가? 먼저 우리는 종교, 비종교, 그리고 복음 사이의 차이점을 자세히 살펴볼 것이다. 그리고 그 깨달음들을 마음에 적용해 보려 한다.

하나님께 반응하는 세 가지 길

전형적으로 그리스도인들이 하나님께 반응하는 법은 다음 두 가지 가운데 하나다. 하나님을 따르며 그분의 뜻에 순종하거나, 하나님을 거부하며 자기 마음대로 사는 것이다. 본질적으로는 맞는 말이다. 그러나 실제로는 하나님을 '거부하는' 두 가지 방식이 존재하는데 이 둘은 구분되어야 한다. 하나는 하나님의 법을 거부하고 마음 내키는 대로 살며 하나님을 거부하는 것이고 또 하나는 나의 구원을 얻기 위한 목적으로 하나님의 법을 받아들이고 순종함으로써 하나님을 거부하는 것이다.

문제는 이 후자 그룹에 있는 사람들이 -도덕주의자의 모습으로 복음을 거절하는- 마치 하나님의 뜻을 행하려 애쓰는 것처럼 보인다는 점이다. 결과적으로 하나님께 반응하는 방식에는 두 가지가 아닌 세 가지(비종교, 종교, 복음)가 있다고 할 수 있겠다.

비종교(irreligion)는 하나님을 완전히 무시함으로써 그분을 주님과 구원자로 받아들이기를 외면한다. 종교(religion) 또는 도덕주의는 도덕적 의를 쌓아서 그것을 하나님께 드리고, 하나님이 나에게 '빚지셨다'라는 것을 증명하려는 시도들로 하나님의 주님 되심과 구원자 되심을 거부한다.[1] 반면, 복음(gospel)은 우리가 의를 쌓아서 하나님께 드려 하나님이 우리에게 빚지시게 하는 것과는 전혀 상관이 없다. 복음은 예수 그리스도를 통해서 하나님이 우리에게 의를 만들어 주시는 것이다(고전 1:30; 고후 5:21). 복음은 종교와 다르며, 비종교와도 다르다. 도덕주의 및 상대주의와도 다르다.

이 주제는 성경 전체에 걸쳐 펼쳐진다. 하나님이 이스라엘을 이집트의 노예살이에서 구원하실 때, 그들을 먼저 구출하시고 순종할 율법을 나중에 주신다. 율법에 순종하는 것은 그들이 구원받고 선택받은 결과일 뿐 구원의 원인은 아니다(출 19:4-5; 신 7:6-9).

하나님은 이스라엘 백성과 언약을 맺으실 때, 그들이 몸에는 할례를 받았지만 마음에는 받지 못했을 수도 있음을 경고하신다(레 26:41; 신 10:16; 30:6; 렘 4:4). 그들이 온전히 순종하여 모든 법과 규례와 예배 의식을 준수하면서도 그런 일이 가능하다는 것이다.

앞 장에서 살펴본 것처럼 신약은 참된 할례가 무엇인지를 제시한다

(빌 3:3). 바울은 마음에 할례 받은 사람들은 하나님 앞에서 확신을 얻기 위한 목적으로 율법 준수를 의지하지 않는다고 말한다. 바울은 구약성경을 따라 세 가지 삶의 길을 설명한다.

1. 문자적으로 할례 받지 않은 사람들(하나님의 법을 따르지 않는 이방인들과 비신자들).
2. 육체에만 할례를 받은 사람들(하나님의 법에 순복하지만, 그 순복 행위 자체를 의지하고 자랑하는 사람들).
3. 마음에 할례 받은 사람들(하나님의 구원의 은혜에 반응하여 하나님의 법에 순복하는 사람들).

신약성경에서 이 세 가지 방식은 로마서 1-4장에서 가장 두드러지게 나타난다. 로마서 초반부인 1장 18-32절에서 바울은 이교적이고 부도덕한 이방인들이 어떻게 길을 잃고 하나님과 단절된 상태가 되었는지를 보여 준다. 그리고 로마서 2장부터 3장 20절에서는 도덕적이고 성경을 믿는 유대인들이 어떻게 길을 잃고 하나님으로부터 단절되었는지를 반직관적으로 제시한다. "그러면 어떠하냐 우리는 나으냐 결코 아니라 유대인이나 헬라인이나 다 죄 아래에 있다고 우리가 이미 선언하였느니라 기록된 바 의인은 없나니 하나도 없으며 깨닫는 자도 없고 하나님을 찾는 자도 없고"(롬 3:9-11).

이 진술의 마지막 부분은 특히 충격적이다. 성경을 믿고 하나님께 열심히 순종하는 수많은 사람들이 실상은 하나님을 찾지 않고 있다고 결론을 내리기 때문이다. 그 이유는 다음과 같다. 만일 자신의 도덕과 종교를 통해서 하나님과 바른 관계를 이루려고 추구한다면 그것은 구원을 위해서 하나님을 추구하는 것이 아니라, 자기의 구원을 이루는 수단으로서 하나님을 이용하는 것이다.

바울은 로마서 전체를 통해서 복음이란 오직 은혜, 오직 믿음을 통해 구원을 주시는 하나님을 그리스도 안에서 추구하는 것이라고 설명한다.

복음서를 통틀어 이 세 가지 방식들(종교, 비종교, 복음)은 예수님이 사람들과 만나는 가운데 반복적으로 묘사된다. 바리새인과 세리(눅 18장), 바리새인과 죄 많은 여인(눅 7장), 존경할 만한 사람들과 귀신 들린 남자가(막 5장) 같이 등장한다. 이 모든 장면에서 덜 도덕적이며 덜 종교적인 사람이 예수님께 더 쉽게 연결된다.

요한복음 3-4장에서도 신심 깊은 바리새인 및 부도덕한 사마리아 여인 간의 대조가 나타난다. 여인은 기쁨으로 복음을 받아들이지만, 바리새인이었던 니고데모는 집으로 돌아가 생각을 더 해야만 했다. 우리가 성경의 앞에서 보았던 것을 신약성경에서 다시 보는 것이다. 하나님은 어리석은 자들을 택하셔서 지혜로운 자들을 부끄럽게 하시며, 약한 자들을 택하셔서 강한 자들을 부끄럽게 하신다. 그분의 구원은 은혜로 말미암는 것이다(고전 1:26-31 참조).

복음에서 종교로 옮겨가는 것이 종교에서 복음으로 움직이는 것보다 훨씬 더 쉽다. 마르틴 루터의 중요한 깨달음 중 하나는 종교야말로 인간 마음의 기본이라는 것이다. 심지어 비종교적인 사람들조차도 그들의 가치 기준에 얼마나 부합해서 사느냐에 따라 자기수용과 자존감이 달라진다.[2] 이처럼 '공로 종교'의 영향력은 우리 마음속에 견고하게 작용한다. 복음을 믿는 그리스도인들조차 한편에선 계속해서 종교 모드로 돌아가곤 한다. 마음속 깊은 곳에서는 자신의 공로로 구원받은 것처럼 생각하고 있기 때문이다. 리처드 러브레이스가 다음과 같이 표현한 대로다.

> 현재 신앙을 고백하는 그리스도인들 가운데 오직 일부만이 삶 가운데 그리스도의 칭의 사역을 견고하게 적용하고 있다. 많은 이들은 이 교리를 이론적으로는 받아들이지만, 매일의 삶과 실존 가운데서는 칭의에 이르기 위해 성화에 의존한다. 그들의 열심, 과거의 회심 체험, 최근의 신앙적 활동, 또는 의도적 불순종이 상대적으로 줄어드는 것 등을 근거로 하나님께서 자신을 받아 주시는지에 대한 확신을 얻으려고 하는 것이다.
>
> 하나님이 나를 용납하셨다는 루터의 출발점 위에 견고하게 서서 매일을 시작하는 사람은 극히 소수다. '전적으로 바깥에서 주어진 그리스도의 의로우심이야말로 하나님께 용납되는 유일한 근거임을 믿고 주장하면서 외부를 바라보며, 이러한 신뢰 속에서 힘을 빼고 맡겨 드리면 사랑과 감사 가운데 믿음이 작동하여 점진적인 성화가 일어날 것이다.'
>
> … 교인들 중에 성화가 부족하다고 해석되는 상당수들이 실제로는 칭의에 대해 바른 관점을 갖지 못한 외적 결과들이다. 그리스도인이지만 하나님이 자기를 예수님 안에서 사랑하시며 용납하신다는 것을 더 이상 확신하지 못하는 사람들은 그들이 현재 어떤 영적인 성

취를 이루었느냐와 무관하게 무의식적으로 불안정하다. … 그들의 불안은 교만으로 나타나며, 자신의 옳음에 대한 격렬한 방어적 주장 및 타인에 대한 방어적 비판으로 표출된다. 이들은 자연히 자신과 다른 문화 스타일이나 집단을 싫어한다. 이를 통해 자기들만의 안전감을 강조하고 억눌린 분노를 분출하는 것이다.[3]

모든 사람에게 제3의 길로 설교하기

누군가에게 복음을 전하고자 한다면, 당신은 반드시 하나님께 순종하는 것과 불순종하는 것의 차이를 구분해야 한다. 뿐만 아니라, 듣는 사람들이 자기 구원의 수단으로써 하나님께 순종하는 것과 이미 이루어진 구원에 대한 감사로써 하나님께 순종하는 것의 차이를 구분하게 해야 한다. 막연하고 도덕적인 신앙심과 복음적인 기독교는 반드시 구분되어야 한다. 당신은 항상 듣는 사람들을 향해 세 가지 삶의 길을 제시해 주어야 한다.

포스트모던한 사람들의 귀를 열고, 명목상 신자들을 향해 도전하고, 잠자는 그리스도인들을 깨우고, 심지어 헌신된 성도들을 뜨겁게 하는 가장 중요한 방법은 복음을 비종교나 종교와는 다른 제3의 길로서 설교하는 것이다. 왜 그런가?

첫째, 신앙이 있다고 하는 많은 그리스도인들이 사실은 이름뿐인 신자들이기 때문이다. 그들은 신약성경 속 큰아들과 딱 들어맞는다(눅 15:11-32를 보라). 이 구분이 그들의 회심에 종종 도움이 된다. 둘째, 진정한 그리스도인들 중 상당수가 큰아들과 비슷한 모습을 하고 있다. 분노하고, 형식적이고, 자랑하고, 불안에 빠진다. 이 차이를 분명하게 보여 주는 것이 그들 마음에 들어가는 유일한 길이기도 하다. 셋째, 많은 포스트모던한 사람들은 매우 종교적인 교회 경험을 했거나 관찰하면서 자랐다. 그들은 종교를 가진 사람들이 우월감과 자만심에 빠져 사는 것을 보며 자랐다. 그리고 다른 이들을 배제하고 정죄하는 것을 목격했다.

동시대의 많은 불신자들은 종교의 이러한 독이 든 열매를 거부한다. 실상 그들이 거부한 것은 그런 류의 종교지만, 그들은 자신이 기독교를 거부했다고 생각한다. 당신이 그들에게 그리스도를 따르라고 말하거나 "그리스도를 영접하고 하나님의 자녀가 되십시오"(요 1:12-13)와 같은 성경적 언어를 사용한다면, 그들은 자동적으로 그것을 큰아들 같고, 도덕주의적이고, 종교적인 사람이 되라는 요청으로 받아들인다. 당신이 끊임없이 명확하게 그들이 복음을 오해했음을 보여 주지 않는다면, 또한 종교가 아닌 다른 것에 대해 이야기하고 있다는 것을 보여 주지 않는다면, 그들은 진짜 복음에 대해 귀 기울이지 않을 것이다.

어떤 독자들은 설교에서 '은혜, 은혜, 은혜'를 외치는 것이 그다지 유익하지 않다고 주장한다. 그런 반론은 대개 이런 식이다. "분명히 바리새주의와 교훈주의는 우리 시대에 당면 문제는 아니다. 오히려 우리 시대의 문제는 방탕과 무규범주의이다. 사람들은 옳고 그름에 대한 감각이 없다. 포스트모던한 사람들에게 은혜에 대해서 늘 이야기하는 것은 동어의 반복일 뿐이다."

나는 이것이 사실이라고 믿지 않는다. 왜냐하면 첫째, 당신이 은혜라는 좋은 소식을 들려주지 않는다면, 하나님의 심판이라는 나쁜 소식을 사람들이 감당할 수 없을 것이다. 둘째, 당신이 교훈주의를 비판하지 않는다면, 많은 비종교적인 사람들은 교훈주의와 당신이 제시하는 복음 사이의 차이점을 제대로 파악하지 못할 것이다. 복음에 대한 깊은 이해는 방탕과 무규범주의에 대한 해독제가 된다.

종교와 복음의 간단 비교표[4]

종교	복음
나는 순종한다. 그러므로 용납받는다.	나는 용납받았다. 그러므로 나는 순종한다
순종하는 동기는 두려움과 불안이다.	순종하는 동기는 감사와 기쁨이다.
순종하는 이유는 하나님께 무엇을 받기 위해서이다.	순종하는 이유는 하나님을 더 알기 위함이다. 하나님을 기뻐하고 닮아가는 것이다.
상황이 잘못될 때, 하나님이나 자신에게 분노한다. 왜냐하면 나는 욥의 친구들처럼 누구든지 좋은 사람이 편안한 삶을 살아야 한다고 믿기 때문이다.	상황이 잘못될 때 씨름을 한다. 그러나 훈련을 허락하신 하나님께서 나의 시련 속에서 아버지의 사랑을 베푸실 것을 안다.
비난을 당할 때 격노하거나 무너진다. 왜냐하면 '좋은 사람'으로서의 자아상은 나에게 굉장히 중요한 것이기 때문이다. 이런 자기 이미지에 위협이 되는 것들은 어떤 비용이 들더라도 없애야 한다.	비난을 당할 때 씨름을 한다. 그러나 내가 '좋은 사람'으로 보이는 것이 필수적이라고는 생각하지 않는다. 나의 정체성은 나의 공로에 있는 것이 아니라 그리스도 안에서 나에게 주신 하나님의 사랑에 있기 때문이다.
기도 생활은 주로 간구 기도로 구성되며, 필요가 생길 때만 열심히 한다. 기도하는 주된 목적은 상황을 통제하는 것이다.	기도 생활은 찬양과 경배로 주로 구성된다. 기도하는 주된 목적은 하나님과 교제하는 것이다.

나의 자아상은 양극단 사이에서 오간다. 만일 내 기준에 맞춰 잘 살고 있다면, 자신감을 갖게 된다. 그렇지 못하게 사는 사람들에게는 교만하고 무심해지는 경향이 있다. 만일 내가 기준 이상으로 살지 못할 때에는, 겸손해지기도 하지만 자신감도 같이 상실한다. 패배자처럼 느끼기도 한다.	나의 자아상은 나의 도덕적 성취에 근거하지 않는다. 그리스도 안에서 나는 죄인이며 상실된 존재이지만, 동시에 용납된 존재이다. 그리스도가 나를 위해 죽으셔야만 했을 정도로 나는 나쁜 존재이지만, 그분은 나를 너무나 사랑하셔서 나를 위해 기쁨으로 돌아가셨다. 그러므로 앓는 소리 대신 더 깊은 겸손을, 내세우는 태도 대신 더 깊은 자신감을 갖게 된다.
정체성과 자존감은 내가 얼마나 열심히 사느냐, 또는 얼마나 규범적이냐에 달려 있다. 그러므로 게으르거나 규범적이지 않은 사람들을 무시하는 것이 필연적이다. 다른 사람들에게 우월감을 느끼며 그들을 무시한다.	정체성과 자존감은 나를 포함한 원수들을 위해 죽으신 한 분 위에 근거한다. 나의 나 된 것은 오직 은혜뿐이다. 그러므로 나는 나와 다른 견해를 가진 사람을 무시할 수가 없다. 말싸움에서 이겨야 되는 내적 필요가 없다.
나의 조건이나 성취에 의지하여 영적인 용납을 생각하기 때문에, 마음은 우상들을 생산한다(재능, 윤리 수준, 개인 훈련, 사회 지위 등). 내게는 이것들을 가지는 것이 절대적으로 필요하다. 그래서 이것들이 나의 주된 희망이 되고, 의미, 행복, 안전, 중요성이 된다. 하나님이 주신다고 내가 믿는 무엇이 된다.	내 삶의 많은 좋은 것들이 있다(가족, 일 등). 그러나 이 좋은 것들의 어떤 것도 나에게 궁극적인 것들이 되지는 않는다. 내가 이것들을 반드시 가져야만 하는 것은 아니다. 그래서 좋은 것들이 위협받거나 상실될 때, 그로 말미암아 겪는 불안, 분노, 절망에 제한이 있다.

마지막으로 교회 안의 율법주의와 상대주의는 단지 동등하게 틀린 정도가 아니다. 그것들은 근본에 있어서 동일한 것들이다. 그것들은 인간의 노력에 근거한 자기 구원 전략의 서로 다른 표현일 뿐이다. 지역 교회가 교리에 대해 느슨하고 죄에 눈을 감아 주든지, 아니면 책망하고 엄격하게 다루든지 간에 복음의 능력은 나타나지 않은 것이다. 사람들이

삶의 변화를 경험하고 권위주의에서 벗어나 기쁨과 능력과 열정 가운데 살아가도록 도울 수 있는 유일한 길은 율법주의와 상대주의를 모두 해체하고 복음을 선포하는 것이다.

도덕주의적 행동 변화

사람들이 다른 이들에게 정직을 심어 주는 전형적인 방식은 이렇다. "당신이 거짓말을 하면, 하나님과의 관계나 사람들과의 관계에서 어려움을 겪게 될 겁니다." 또는 "당신이 거짓말을 하면, 습관적인 거짓말쟁이처럼 끔찍한 사람이 될 것입니다. 당신은 그런 사람들보다 낫잖아요!"

어떤 동기로 격려하고 있는 것인가? 청중은 처벌의 공포(어려움을 겪게 될 거예요)와 교만한 마음(더러운 거짓말쟁이가 될 거고 그런 사람들처럼 되고 싶나요?)에 근거해서 행동을 바꾸라는 메시지를 들을 것이다. 처벌에 대한 두려움이나 교만함은 본질적으로 자기중심적인 동기들이다. 근원적인 동기부여가 "나중에 도움이 되니까 정직하게 사세요"이다. 이러한 접근법은 잘못을 행하려는 경향을 제어하기 위해서 의지를 강조하고 자아를 자극하여 사람을 더욱 이기적이 되게 한다. 우리는 이런 것을 '도덕주의적 행동 변화'라고 부른다. 왜냐하면 기본 논리가 이렇기 때문이다. "자신의 행동을 바꾼다면, 스스로를 구원할 수 있습니다."

도덕적으로 살아야 하는 주된 이유가 벌을 피하는 것이거나 자존감과 자기 구원을 위한 것이라면, 자기의 이익을 위해서 도덕적이 되도록 배우는 것이다. 물론 행동적 수준에서 그들은 대단한 자기희생을 하고 있을 수도 있다. 가난한 사람을 돕고, 가족을 사랑하고, 하나님의 법을 지키기 위해서 시간과 돈과 다른 많은 것을 희생할 수도 있다. 그러나 더 깊은 수준에서 살펴본다면 그들은 하나님의 축복을 받기 위해 그렇게 하는 것이다. 또한 덕 있고 자비로운 사람으로 평가받기 위해서 그러는 것이다.

그들은 하나님 자체를 사랑하고 있는 것이 아니다. 그들이 순종하는 것은 하나님이 위대하기 때문도, 그리스도 안에서 그들을 위해 큰일을 행하셨기 때문도 아니다. 오히려 하나님을 이용해 자신이 원하는 것을 얻으려고 하는 것이다. 그들은 기도 응답을 바란다. 건강과 번영도 원한다. 그리고 내세의 구원도 원한다. 그래서 선행을 한다. 하나님을 위해서가 아니라, 자신을 위해서 하는 것이다. 그들의 행동은 자기 이익에 따라 달라진다.

바른 일을 하도록 하기 위해 자기중심성을 자극하는 것은 마음의 주요 문제인 자기의식과 자기 몰입을 해결하지 못한다. 결과적으로는 변화시키고 싶은 어떤 행동(예를 들어 거짓말)의 주된 원인을 제대로 다룰 수 없다. 도덕주의적인 행동 변화는 단순히 조종하는 것에 불과하며, 근본적 이기심을 극복하지도 못한다. 그것은 다만 두려움과 자만심에 호소함으로써 이기심과 이기심을 싸우게 할 뿐이다. 이 방법이 마음의 자기중심성을 제어하는 데 성공적일 수는 있지만, 변화시키는 데는 아무런 역할도 하지 못한다. 사실상 자기중심성의 힘을 확인해 줄 뿐이다.

도덕주의적 행동 변화는 사람으로 하여금 결과에 대한 두려움을 통해 다른 양상을 띠도록 구부릴 뿐이지, 결코 다른 모습이 되도록 사람을 녹여내지는 못한다. 하지만 힘을 가해 구부리는 것으로는 변화가 되지 않는다. 만일 당신이 철 조각에 열을 가해 부드럽게 하기보다 힘만 가해 구부리려 한다면, 그것은 본래 위치로 되돌아오려 할 것이다.

바로 이것이 도덕주의적 행동주의(moralistic behaviorism)를 통해 변화를 꾀하는 사람들이 생각하지 못했던 종류의 죄에 반복적으로 빠지는 이유다. 그들은 자신이 횡령이나, 거짓말, 간음을 범하거나, 극심한 미움을 품었는 등의 죄를 지었다는 사실을 믿지 못한다. 자신의 모습에 놀라서 "나는 이렇게 교육받지 않았어!"라고 말한다.

그러나 사실은 그렇게 교육을 받은 것이다. 도덕주의적 행동주의는-종교적 환경 속에서 더 깊게 나타나는데- 끊임없이 "무자비하고 냉정한" 시선으로 자아를 바라보게 한다.[5] 사람들이 횡령하고, 거짓말하고, 부정을 저지르는 첫 번째 이유이다. 왜 교회 안에 뒷담화와 싸움이 만연한지에 대한 이유이기도 하다. 겉보기에는 이기적이지 않은 것들의 수면 아래를 살펴보면 엄청난 자기중심성이 숨어 있다. 이것은 도덕주의적 풍토에서 사역할 때 더욱 강화된다. 그 표지는 현저한 허례허식, 판단하는 태도, 그리고 복수심 등으로 나타난다.

앞에서 든 비유를 계속하자면, 만일 당신이 열을 가해 부드럽게 하지 않고 구부리려고 한다면, 철은 부러질 수도 있다. 이는 도덕주의적 성과주의 아래에서 오랫동안 억눌린 많은 사람들이 믿음을 통째로 버리는 현상과도 잘 맞아떨어진다. 그들은 너무 지쳐서 "더 이상 버틸 수 없어"라고 말한다. 그러나 하나님 은혜의 복음은 사람의 마음을 억지로 휘게 해서 어떤 정해진 틀에 강제로 넣는 것이 아니다. 복음은 우리의 마음을 녹인다. 그리고 새로운 모양이 되게 한다.

복음은 새로운 기쁨, 사랑, 감사를 만들어 낸다. 치명적인 자기 관심과 자기 집중으로부터 벗어나서 새로운 마음의 경향을 갖게 된다. '복음의 열정'(은혜의 경험에서 나오는 기쁨, 사랑, 감사)이 없다면, 사람의 마음은 깨어지기 쉽다. 의지에 압력을 가한다면, 사람들은 일시적인 행동 변화만 하려고 할 것이다. 그러나 마음 한가운데에는 자기 중심성과 불안정이 여전히 남아 있다.

복음적 행동 변화

이 모든 것을 염두에 두고, 이제부터 성경이 어떻게 우리를 변화로 이끄는지를 살펴보자. 고린도후서 8, 9장에서 바울은 신자들에게 가난한 이들을 위해 헌금할 것을 격려하고 있다. 그러나 그는 교인들에게 부담을 주거나 사도로서 권위를 주장하지 않았다. 다시 말해 사람들의 의지에 압력을 가하지 않았다. "나는 사도이고, 이것은 여러분이 나에게 해야 할 의무입니다"라고 요구하지 않았다. 또는 "여러분이 이와 같이 하지 않는다면, 하나님의 벌을 받을 것입니다"라고 협박하지 않았다.

바울은 사람들의 감정을 자극하지도 않았다. 가난한 사람들이 얼마나 비참한 고통을 받고 있는지 예를 들어 설명하지도 않았다. 그는 고린도 교인들이 가난한 지역의 교인들에 비해 얼마나 많은 부를 갖고 있는지 비교하지도 않았다. 대신 그는 분명하고 잊을 수 없는 말을 적고 있다. "우리 주 예수 그리스도의 은혜를 너희가 알거니와 부요하신 이로서 너희를 위하여 가난하게 되심은 그의 가난함으로 말미암아 너희를 부요하게 하려 하심이라"(고후 8:9).

바울은 "여러분이 은혜를 안다"라고 말함으로써 예수님의 구원을 부와 가난의 현실 세계 속으로 옮기는 강력한 이미지를 통해 독자들에게 하나님의 은혜를 기억하게 한다. 복음에 대한 영적인 상기를 통해서 성도들의 마음을 움직였던 것이다. 바울은 본질적으로, "그의 값비싼 은혜를 생각하라. 복음이 여러분의 마음을 변화시켜 관대한 사람이 되기까지 그렇게 하라"라고 권면한다.

우리는 에베소서에서 또 다른 예를 발견한다. 바울은 배우자에 대해 말하면서, 특별히 남자들을 향해 말한다(엡 5:25-33). 당시 에베소의 남자들은 그들의 이교적 배경을 따라 결혼에 대해 이해하고 아내에 대한 태도를 견지했을 것이다. 다시 말해 결혼을 무엇보다도 사업적 관계로 보고, 결혼을 통해 최대한 이익을 얻으려고 했을 것이다. 이에 바울은 남편들이 성적으로 정절을 지킬 뿐 아니라 아내를 귀하게 여기고 존중할 것을 권면한다(고후 8-9장). 바울은 사랑이 없는 남편들에게, 복음 안에서 우리의 궁극적인 배우자가 되신 예수님의 구원을 보여 줌으로써 그들의 삶을 고치라고 교훈한다. 예수님은 '신부'인 우리에게 희생적인 사랑을 보여 주셨다. 그분은 우리가 사랑스러워서 사랑하신 것이 아니라(5:25-27), 사랑스럽게 만드시려고 사랑하셨다.

디도서에서는 독자들에게 불경건한 것과 세상적인 욕심에 대해서 '아니다'를 말하라고 가르친다. 또한 절제되고 단정하고 경건한 삶을 살라고 말한다(딛 2:12).[6] 당신은 어떤 이유로 불경건한 행동에 대해서 아니라고 말하는지 생각해 보라.

아니다- 그러면 사람들이 좋지 않게 볼 것이기 때문이다.
아니다- 그러면 내가 속하고 싶은 그룹에서 배제될 것이기 때문이다.
아니다- 그러면 하나님이 나에게 건강과 부요, 행복을 안 주실 테니까.
아니다- 그러면 하나님이 나를 지옥에 보낼 거니까.
아니다- 그러면 나중에 자신이 미워지고 자존감이 상할 것이기 때문이다.

사실상 이 모든 동기부여 방식들은 마음의 자기중심적인 욕구들을 사용해서 외부의 규칙에 순응하도록 강제하는 것이다. 그러나 마음 자체는 거의 변화가 없다. 이 동기들 뒤에 있는 동인(動因)은 하나님에 대한 사랑이 아니다. 이것은 하나님을 사용해서 나에게 이익이 되는 것들인 자존감, 경제적 번영, 사회적 인정 등을 얻으려는 시도들이다.

바울은 독자들에게 이 중에 어떤 것을 사용해서라도 자신을 변화시키라고 말하지 않는다. 디도서에서 그는 어떻게 그리스도인들에게 자기관리를 하라고 말하는가? 바울은 "모든 사람에게 구원을 주시는 하나님의 은혜가 … 우리를 양육하시되 경건하지 않은 것과 이 세상 정욕을 다 버리고…"라고 썼다(딛 2:11-12).

또 바울은 디도서 3장 5절에서 은혜가 무엇인지를 설명한다. "우리를 구원하시되 우리가 행한 바 의로운 것들 때문이 아니라 그의 자비로써 하셨다." 바울이 말하는 것은 만일 당신이 진정으로 변화되기를 원한다면, 먼저 복음이 당신을 가르치게 해야 한다는 말이다. '가르친다'에 해당하는 그리스어는 '훈련하다', '단련하다', '일정 기간 코치하다'라는 의미를 가지고 있다. 다시 말해서, 복음이 먼저 당신과 씨름하게 해야 한다. 복음이 내면에 깊이 자리 잡게 해야 한다. 그래서 복음이 당신의 관점과 동기의 구조를 바꾸도록 해야 한다. 당신은 복음에 의해서 훈련받아야 하고, 복음의 제자가 되어야 한다.

진정으로 복음을 믿을 때 우리는 자연스레 심성에 배여 있던 극도의 결핍에서 벗어날 수 있게 된다. 우리에게는 언제나 존경받고 싶고, 인정받고 싶고, 후한 대접을 받고 싶어 하는 결핍된 마음이 있다. 그리고 하나님을 신뢰하기보다 스스로가 인생을 통제하고 싶어 한다. 자신의 자존감을 높이기 위해 타인에게 권력을 행사하고 싶기도 하다. 전심으로 우리를 기뻐하시는 영광의 하나님이 단지 개념일 뿐이라면, 우리는 결핍에 압도당할 것이고, 이 결핍이 우리의 모든 행동 동기가 될 것이다. 성령의 능력이 아니라면 우리는 하나님의 기쁨이나 은혜를 조금도 믿지 못할 것이며 마음은 부채 의식 모드인 율법주의로 작동할 것이다.

그러나 성령에 의해 복음의 진리가 가슴에 깨달아질 때, 우리는 신중하고도 확실한 성령의 도우심으로 자신을 새로운 방식으로 바라보게 된다. 우리가 얼마나 안전하고 확실한 구원을 받았는지, 얼마나 큰 사랑과 용납을 받으며 그리스도 안에 있는지 알게 된다. 복음을 통해 더 이상 우리 정체성의 기반을 성취한 공로들에 두지 않게 되며, 오히려 그리스도 안에서 성취된 일들을 토대로 정체성을 갖게 된다.

그리고 복음이 우리 마음에 부딪쳐서 깨달아질 때(엡 3:16-19), 죄에서 태생한 결핍이 제거된다. 복음은 죄의 행동으로 우리를 몰아가는 내면의 엔진을 파괴한다. 이제는 거짓말을 해야 할 필요가 없어진다. 왜냐하면 우리의 명성이 더 이상 그렇게 중요하지 않기 때문이다. 폭력적인 분노로 적을 대할 필요도 없다. 왜냐하면 아무도 우리의 진정한 보석을 건드리지 못하기 때문이다.

복음은 도덕적 행동 변화의 연료가 되는 교만과 두려움을 모두 제거한다. 우선 교만을 부순다. 예수님이 자신을 바쳐야 할 정도로 우리가 길 잃은 존재였음을 복음 안에서 보기 때문이다. 복음은 또한 두려움을 해체한다. 복음을 통해 그 어떤 것도 우리를 향한 하나님의 사랑을 막을 수 없음을 깨닫기 때문이다. 우리가 이러한 진리를 깊이 받아들일 때, 우리의 마음은 단지 조심하는 정도가 아닌, 진정한 변화를 겪게 된다. 마음의 근본적인 방향이 변혁되는 것이다.

윤리적으로 살아가는 이유가 더 이상 이익이 되거나 또는 우리 자신의 기분을 고양해 주기 때문이 아니다. 우리를 위해 죽으신 대신 예수 그리스도의 사랑 때문에 진리를 분별하고 약속을 지키게 된다. 그분은 말할 수 없는 고통에도 불구하고 약속을 지키신 분이다. 복음은 하나님을 위해서 바른 일을 행하도록 우리를 이끈다. 그리스도를 위해서, 우리를 구원하신 그분을 더 알고, 닮아 가고, 기쁘시게 하고, 사랑하기 위해서 옳은 일을 행한다. 이러한 종류의 동기부여는 은혜를 경험한 마음 안에서 계속해서 자라난다.

인색함에 대한 성경의 해법은 복음으로 우리의 방향을 전환하는 것이다. 그것은 우리를 위해 자신의 부요를 쏟아 부어 주신 그리스도의 관대함으로 시선을 돌리는 것이다(고후 8:9). 우리는 돈에 대해 염려할 필요가 없다. 왜냐하면 십자가가 우리를 향한 하나님의 돌보심을 증명하고 있기 때문에 우리는 이미 안전을 보장받았다.

마찬가지로 나쁜 결혼에 대한 성경의 해법은 복음에 나타난 그리스도의 급진적인 사랑을 향해 나아가는 것이다. "간음하지 말라"(출 20:14)라는 말씀은 배우자와 사랑의 맥락 안에서 이해된다. 특별히 예수님은 십자가에서 우리에게 완전한 충절을 다하셨다. 우리를 향하신 그리스도의 희생적인 사랑을 알 때 우리는 정욕과 싸울 진정한 힘을 갖게 된다. 우리는 그분의 사랑으로 충만하게 채워질 수 있기에 오직 그리스도만이 주실 수 있는 만족을 성적인 충족에서 찾지 않는다. 우리가 성적으로 충절을 지키는 배우자가 되든지, 관대한 사람이 되든지, 좋은 부모나 믿음직스러운 자녀가 되는 것은 그리스도의 본을 따르려는 갑절의 노력에 달려있지 않다. 그것은 그리스도가 우리를 구원하신 의미를 깊이 이해하고 이로 말미암아 마음에 일어나는 변화들을 삶으로 살아 낼 때 자연스레 이루어지는 것이다.

마음은 지정의가 머무는 장소이다. 복음에 대한 믿음은 우리의 동기와 자기이해와 정체성과 세계관을 새롭게 구축한다. 복음은 우리의 마음을 변화시킨다.[7] 마음의 변화가 없이 그저 규칙에 순응하기 위한 행동이라면 피상적이고 일시적인 수준에 머물게 될 것이다. 그러므로 설교, 목양, 상담, 교훈, 제자 훈련의 목적은 사람들에게 복음 신앙의 실제적인 의미를 보여 주는 것이다.

사람들이 복음을 믿지 않고 있다는 것을 깨닫도록 도와줄 가장 성경적이고 실제적인 방법 가운데 하나는 그들에게 우상 숭배의 본성을 가르치는 것이다.[8] 선한 공로에 대한 논문에서 마르틴 루터는 십계명을 강해하면서, "내 앞에 다른 신을 두지 말라"(출 20:3)라는 명령과 "우리의 의를 위해 오직 예수님만 믿으라"(롬 3-4장)라는 요청이 본질적으로 동일한 것이라고 역설했다. 하나님 외에 다른 신을 믿지 않는 것과 그리스도 외에는 우리의 구원을 시도하지 않는다는 것은 동일한 것이다.

그리스도를 믿는 것이 첫 번째 계명의 행위이다. "다른 신을 두지 말라"라는 계명은 "나만 참 하나님이므로, 너는 어떤 것에도 너의 신뢰를 두지 말며, 다른 누가 아닌, 오직 나만을 신뢰하고 믿어라"[9]는 것을 뜻한다.

루터의 가르침은 이것이다. 우리가 인정, 기쁨, 가치, 소망, 안전 등을 위해서 그리스도를 바라보는 것 이상으로 더 바라보는 것이 있다면 그것이 무엇이건 우리의 신이 된다. 우리 마음과 삶을 다해 경배하고, 섬기고, 의지하는 것이 곧 우상이다. 일반적으로 우상은 보기 좋은 것들일 수 있다(예를 들어 가정, 성공, 일, 경력, 연애, 재능, 심지어 복음 사역도). 이것들이 궁극적으로 우리에게 절실한 의미와 기쁨이 된다면 우상인 것이다. 우상이 되면 그것들이 우리를 몰아가서 집착하게 한다. 우상이 존재하는 분명한 표지 중 하나는 우상들이 위협받을 때 지나친 걱정이나 분노, 낙담 등을 하는 것이다. 좋은 것들을 잃게 되면 슬픈 정도지만, 우상을 잃게 되면 삶이 붕괴되고 만다.

루터는 십계명의 연구에서 우리가 다른 계명들을 깨뜨릴 때는 반드시 첫 번째 계명을 깨뜨린다는 것을 결론적으로 보여 주었다.[10] 우리가 거짓말하거나 간음하거나 도적질한다는 것은 소망, 기쁨, 의미 등에 있어서 하나님보다 더 중요한 것이 마음에 있다는 것이다.

예를 들어 거짓말할 때 우리는 자신의 평판(또는 돈이나 다른 무엇)을 그리스도에 대한 사랑보다 더 소중하게 여기는 것이다. 또는 그 순간의 자존감이나 행복을 더욱 중요하게 여기는 것이다. 만일 우리가 소득세를 속인다면, 그것은 돈이나 소유가 -그리고 재물을 가짐으로써 얻는 지위나 편안함이- 그리스도 안에서 갖는 정체성보다 더 중요하기 때문이다. 그러므로 우상 숭배는 다른 모든 죄의 뿌리가 된다.[11] 죄의 뿌리가 우상 숭배라면, 또한 우상 숭배가 우리의 구원과 의가 되시는 예수님을 의지하지 않는 것이라면 모든 죄의 뿌리는 예수님만이 우리의 칭의와 의와 구원이 되신다는 복음의 메시지를 믿지 않는 것이다.

그렇다면 무엇이 행동 변화의 핵심인가? 우리가 경건한 삶을 살도록 도울 수 있는 것은 무엇인가? 해답은 옳은 행위를 하도록 단지 강압하거나 위협하는 것이 아니라, 복음을 마음의 우상에 적용하는 것이다. 예수님 대신 자기 구원을 의지하는 대체물이 우상이기 때문이다. 의로움이라는 이슈에 있어서 우리가 겪는 실패들은 그리스도 안에서 인정된 우리의 법적 의로움을 즐기지 못하는 데서 비롯된다. 우리가 성화(그리스도처럼 사는 것, 경건하게 사는 것)에 실패하는 것은 칭의에 대한 방향 감각을 곧잘 상실하기 때문이다. 마음에서 복음을 거부하며 계속 우상 숭배를 통해 자기 구원을 시도하는 특유한 방식들을 깨닫기 전에는 결코 변화되지 않는다.

복음 부흥을 위해서 설교하고 상담하는 사람들은 내재하는 우상들에 대해 항상 말하고 가르쳐야 한다. 그러면 이를 통해 복음을 믿지 못하는 우리 마음의 독특하고 고유한 방법들이 밝히 드러나게 될 것이다. 우상에 대해 계속 가르친다면 도덕주의적 행동 변화를 통해 모든 문제를 해결하고 변화를 이루려는 시도들을 미리 예방할 수 있을 것이다. 도덕주의적 행동 변화는 결국 불안정, 억눌린 분노와 죄책감, 영적 무감각 등의 결과로 이어진다.[12] 우리는 복음과 그리스도의 사역에 초점을 맞추어야 한다. 다음 장에서는 어떻게 교회가 성령과 동역하여 복음 부흥을 가져올 수 있는지 살펴볼 것이다.

토론과 성찰을 위한 질문들

1. 하나님께 반응하는 세 가지 방식에 대해 당신의 표현으로 정리해 보라. 하나님을 거부하는 두 가지 방식 간의 차이점과 공통점은 무엇인가? 이 두 가지 방식은 복음에 대한 반응과 어떻게 다른가?

2. "종교와 복음의 간단 비교표"에서 당신은 어디에 속하는가? 표를 살펴보고 솔직하게 점검해 보자. 당신은 주로 표의 왼쪽에 있는가, 오른쪽에 있는가? 당신은 어떤 상황에서 복음보다 종교로 기우는가? 지난 5년을 돌아본다면, 당신의 양상은 어떻게 변화했으며 그 이유는 무엇인가?

3. 사람들이 삶의 변화를 얻고 권위주의에서 벗어나 기쁨, 능력, 전율을 경험하게 되는 유일한 열쇠는 율법주의와 상대주의를 해체하는 복음을 제시하는 것이다. 왜 이 두 가지 오류를 동시에 도전하고 해체하는 것이 필요한가? 당신에게는 어떤 것이 더 우세한가? 사역의 균형을 회복하기 위해서 당신은 무엇을 할 수 있는가?

4. 사도 바울은 사람들이 변화하도록 강요하기보다 복음의 언어들을 사용했다. 이 장에서는 세 가지 예를 들었다(재정 사용의 관대함, 아내를 사랑하는 남편, 자기 절제). 또 다른 삶의 영역을 선택해서 어떻게 회중의 동기를 바꾸도록 사역할 것인지 적어 보고 나누라.

06
복음적 부흥을
이루는 사역

    우리는 지금까지 복음 부흥의 필요성과 부흥에 있어서 복음의 핵심에 대하여 이야기했다. 이제는 복음 부흥 사역에 대해 살펴볼 것이다. 성령께서 개인들과 회중의 삶에 영속적인 변화를 가져오게 하는 실질적인 방법과 수단들은 무엇인지 살펴보도록 하자. 이 수단들 중에서 특히 설교 사역에 초점을 맞추어서 자세히 살펴볼 것이며 복음 부흥의 증거가되는 몇 가지 표지들에 대해서도 알아볼 것이다.

복음 부흥의 수단들

부흥의 궁극적인 원천이 되는 성령께서는 대개 몇 가지 '도구들'을 사용하시는데, 이는 부흥을 일으키는 부수적인 수단들이다.

각별한 기도(Extraordinary Prayer)

모든 부흥이 처음 점화될 때, 성령께서는 조나단 에드워즈가 '각별한 기도'라고 불렀던 것을 사용하신다. 이 기도는 연합해서, 지속적으로, 하나님 나라를 중심으로 드리는 기도다. 때때로 이것은 한 사람이나 작은 그룹이 모여서 공동체 가운데 하나님의 영광을 구할 때 시작된다. 중요한 것은 기도하는 사람들의 숫자가 아니라 기도의 성격이다. 존 밀러(C. John Miller)는 기도회의 성격을 '유지'(maintenance)와 '선봉'(frontline)이라는 개념으로 구분했는데 이는 매우 유용하면서도 통찰력 있는 분류이다.[1] 유지 기도회는 짧고, 형식적이며 교회 내의 육적 필요에 초점을 맞춘 기도회다. 반면 선봉 기도회의 기본적인 특징은 다음과 같다.

- 죄를 고백하고 겸손을 구하는 은혜의 간구
- 교회가 살아날 것에 대한 열정과 잃은 자를 찾고자 하는 연민
- 하나님을 알려는 열심과 그분의 얼굴을 보고 그 영광을 맛보려는 갈망

이러한 차이점들은 피할 수 없이 강력한 것이다. 당신이 조금만 주의를 기울여 본다면, 당신이 속한 기도회에 어떤 특징들이 존재하는지 분

명히 구분할 수 있을 것이다.

부흥을 구하는 성경의 기도를 찾아보면 출애굽기 33장, 느헤미야 1장, 사도행전 1장에서 선봉 기도의 이 세 가지 요소를 뚜렷하게 발견할 수 있다. 사도행전 4장을 예로 들어 보자. 제자들은 공회의 위협을 받은 후, 자신들의 안전이나 가족의 보호를 간구하지 않았다. 다만 계속 복음을 전할 담대함을 구했다! 이처럼 복음의 부흥에는 예배나 기도의 일상적인 양상을 뛰어넘는 어떤 특별한 기도들이 항상 수반되었다.

복음의 재발견(Gospel Rediscovery)

각별하고 지속적인 기도와 더불어 부흥의 가장 필수적인 요소는 복음 자체의 회복이다. 여기에는 거듭남과 은혜를 통한 구원에 대한 특별한 강조점이 있어야 한다. 마틴 로이드 존스 박사는 은혜에 대한 복음의 강조점이 몇 가지 방식으로 상실될 수 있음을 가르쳤다.

교회는 그냥 단순히 잘못된 교리로 갈 수도 있다(복음을 지지하는 신학의 정통적인 요점들을 명확히 붙잡지 않을 때). 예를 들어 하나님의 삼위일체, 그리스도의 신성, 하나님의 진노 등과 같은 부분에서다. 교회는 또한 이신칭의와 회심의 필요성에 대한 믿음에 등을 돌리고 단지 그리스도인이 되는 것을 교회에 등록하는 것이라고 본다든지, 그리스도의 본을 따라 살아가는 삶이라든지 하는 관점으로 흐를 수도 있다. 이것은 복음 부흥의 핵심을 내버리는 것이다.[2]

그러나 모든 바른 교리를 고수하면서도 사람들의 마음에 회개, 기쁨, 영적 성장을 가져오지 못하는 방식으로 복음이 소통될 수도 있다. 이것이 일어나는 한 가지 방식은 죽은 정통을 통해서다. 교리적 정통성에 대한 우리의 교만이 자라나서 바른 교리와 바른 교회 관습들이 일종의 공로 의(works-righteousness)가 되는 것이다.

물론 교리와 실천에 주의를 기울이는 것은 중대한 것이다. 그러나 이것이 교회 안에서 자기 의(self-righteousness)나 타자에 대한 조롱과 멸시, 논쟁적이고 전투적인 태도로 이루어진다면 그것은 칭의 교리를 고백하면서도 강한 율법주의가 여전히 존재한다는 표지이다. 교리가 마음을 만지지 못한 것이다.[3]

로이드 존스는 또한 '결함 있는 정통'과 '영적 무력증'에 대해서도 이야기한다.[4] 어떤 교회들은 정통적인 교리를 고수하지만 균형이 없고, 바른 강조점들을 놓치고 있다. 많은 사역들이 믿음을 전파하기보다는 방어하는 데 더 많은 시간을 할애한다. 또는 엄청난 양의 에너지와 관심을 예언이나 영적 은사, 창조와 진화 같은 이슈에 쏟기도 한다. 아니면 사역의 방법론이나 교회 조직론에 큰 애정을 쏟을 수도 있다. 이 모든 것이 은혜와 칭의, 회심의 중대한 교리들을 믿는다고 하면서도 그저 선반 위에 모셔두는 이유들인 것이다. 그들은 이런 교리들을 사람들의 삶과 연결 짓는 방식으로 설교하거나 소통하려 하지 않는다.

사람들은 이 교리들을 보긴 하지만 이해할 수 없다. 교리 시험에서 A학점을 받을 수도 있고, 구원의 교리를 정확하게 설명할 수도 있지만, 그것이 진정으로 우리 삶에 가져오는 의미와 능력에 대해서는 전혀 보지 못한다. 이런 의미에서 복음은 반드시 수많은 정통 교회들 안에서 재발견되어야 한다. 그리고 사람들의 마음에 깨달아지고 적용되어야 한다.

이런 일이 진정으로 일어날 때, 명목상의 그리스도인들이 회심하고, 무기력하고 약한 그리스도인들이 강건해지며, 비신자들이 아름답게 변화된 그리스도인 회중들을 보고 마음 깊이 매력을 느낄 것이다.

매사추세츠 주 노스앰튼에서 제1차 대각성운동이 있었을 때, 이를 점화시켰던 중요한 원인 가운데 하나는 1734년 11월, 조나단 에드워즈가 했던 로마서 4장 5절에 대한 설교 두 편이었다("오직 믿음에 의한 칭의"). 또한 영국의 대각성운동의 두 주역인 존 웨슬리와 조지 휫필드에게도 그것은 도덕적 노력이 아니라 은혜에 의한 구원에 대한 이해였다. 이것이 개인적 부흥을 일으켰고, 그들로 부흥의 일꾼들로 섬기게 했다.

복음의 적용(Gospel Application)

어떻게 사람들이 복음의 능력과 적용점을 알도록 복음을 전할 수 있을까? 이것은 교회에서 여러 가지 방식으로 일어난다. 첫째, 교회는 설교를 통해 복음을 회복한다. 설교는 교회의 가장 많은 이들에게 열려 있는 정보와 교육의 유일한 통로이다. 성경의 어떤 부분은 다른 부분보다 복음 설교에 있어 더 나은가? 전혀 그렇지 않다. 단순히 인생에 관한 성경적 원리를 강해하기보다는 본문의 의미로서 그리스도의 구원에 대해 설교할 때 당신은 부흥을 향해 한 발짝 다가서는 설교를 하는 것이다. 물론 이런 식으로 설교하는 것이 결코 쉽지는 않다. 그리스도 중심적 설교를 하기로 헌신한 사람들조차도 예수님에 대한 동기를 부여하는 식으로 하기 쉽다. 적용할 것도 그다지 많지 않다. 이것이 간단히 다루기에는 너무나 큰 주제임을 알기에 브라이언 채플의 《그리스도 중심의 설교》(2판,

Grand Rapids: Baker, 2005)를 추천한다.[5]

둘째로 목사나 지도자가 교회에서 복음을 재발견할 수 있는 방법은 복음을 다른 이들에게 가르칠 수 있는 평신도 지도자들을 훈련하는 것이다. 교회의 평신도 지도자들과 함께 이 복음 부흥의 동력을 정기적으로, 집중력 있게 다루는 것이 필요하다. 이 훈련의 구성 요소들은 내용과 더불어 생활과 접촉할 수 있는 지점 모두 필요하다.

'내용'에 대해서는 마틴 로이드 존스의 《영적 침체》 제2장의 '참된 기초' 또는 나의 책 《팀 켈러의 탕부 하나님》(The Prodigal God)과 같은 기초적인 책들을 참조할 것을 제안한다. 나의 책은 토론 가이드를 포함하고 있다.[6] 보다 상위 자료들로는 리처드 러브레이스와 조나단 에드워즈의 책들이 포함된다.[7] 그리고 '생활 접촉점'(life contact)이 의미하는 것은 개인적 만남이나 상담을 통해서 당신의 지도자들이 우상과 자기 의를 회개하도록 돕는 것이다. 일단 복음이 사람들의 마음에 제대로 던져지고 그 효과가 일파만파로 나타나면, 이런 종류의 목회 사역을 많이 해야 한다. 그렇게 되면 평신도 지도자들이 소모임을 직접 이끌 수도 있다. 그들은 자신이 도움을 받았고 자신들의 삶을 변화시킨 성경의 진리로 사람들을 인도할 것이다.[8]

셋째, 교회가 복음 부흥의 역동성을 불러일으킬 수 있는 방법은 소그룹 사역 또는 헌신된 몇 가지 그룹을 통해서 실험적 요소를 불러일으키는 것이다. 많은 소그룹 모임들은 성경을 공부하는 모임이거나 자신들의 어려움과 필요를 이야기하면서 서로 돕고 기도하는 교제 모임과 같은 것이다. 이러한 기능들이 매우 중요하기는 하지만 우리는 역사 부흥의 주역이었던 조지 휫필드와 존 웨슬리를 통해서 몇 가지 교훈들을 배울 수 있다. 이들은 4명에서 8명으로 구성된 그룹으로, 매주 모여 하나님께서 그들의 마음에 얼마나 실제적이셨는지, 그들을 괴롭히는 죄가 무엇인지, 하나님께서 그것들을 말씀을 통해 어떻게 다루셨는지, 그들의 기도 생활이 어떻게 수행되었는지 나누었다. 윌리엄 윌리엄스(William Williams)의 《체험 모임》(*The Experience Meeting*)은 웨일즈의 '체험 모임'이 어떻게 운영되었는지에 대해 그 전형을 잘 보여 주고 있다.[9]

넷째, 교회에서 복음이 사람들의 마음에 적용되는 또 다른 방법은 가장 기본적이며 비공식적인 수단을 통해서인데, 이것은 옛 작가들이 단순히 '대화'라고 부른 방법이다. 교회의 복음 부흥은 새로워진 개인들이 다른 사람들과 비공식적으로 나누는 대화를 통해서 번져간다. 개인 간의 대화에서 복음은 가장 구체적이며 명확하게 적용된다. 한 사람의 그리스도인이 어떻게 복음이 마음에 와 닿았는지, 그리고 그것이 어떻게 삶의 굵직한 변화를 가져왔는지 공유할 때, 듣는 사람들은 구체적인 질문을 던지기도 하고 큰 격려를 받거나 영적으로 전진하기도 한다.

윌리엄 스프레이그(William Sprague)는 이렇게 말했다. "많은 그리스도인들은 다른 분별력 있는 그리스도인 친구들과 간단한 대화를 하며 … 자신들의 유용성을 돌아보거나 하나님의 돌봄 아래 있다는 언급을 통해 많은 행복감을 느끼기도 한다."[10] 스프레이그는 복음으로 새로워진 사람의 영혼과 인품이 대화의 내용 자체보다 종종 더 많은 영향을 끼친다고 말했다. 그리스도인들은 영적 부흥의 전염성 있는 표지를 가져야 한다. 이는 곧 기쁘고 애정 어린 진지함과 '기름부음', 곧 하나님의 임재를 자각

하는 감각이다.[11]

가시적이고 극적인 삶의 변화와 뜻밖의 회심을 통해서 사람들은 깊이 있게 자신을 살피게 된다. 또한 공동체 가운데 영적인 갈망과 기대가 형성될 수 있다. 개인들 사이의 비공식적인 대화 및 관계의 형성을 통해서 개인의 부흥이 지속되고, 점점 더 많은 사람들이 자신을 살피며 하나님을 찾게 된다.

다섯째, 복음 적용의 또 다른 길은 목사들, 장로들, 다른 교회 지도자들이 목양적 상담을 하는 가운데 사람들의 마음에 복음을 어떻게 사용해야 하는지 분명히 알게 하는 것이다. 특히 죄를 깊이 깨닫는 사람들과 어떻게 죄를 이겨야 할지 고민하는 사람들에게 그렇다.

스프레이그는 복음이 어떻게 구도자, 새신자, 정체된 그리스도인 모두에게 사용되어야 하는지 제시한다.[12] 예를 들어, 스프레이그는 목양 상담자들에게 "그의 지식의 양과 감정의 양을 측정하라"고 권한다.[13] 교리적 지식은 거의 없지만 느낌이 많이 있는 사람들과 느낌은 거의 없지만 교리적인 확고함이 있는 사람들 모두가 균형을 잡도록 도우라고 이야기한다.

또한 그는 자기 의(self-righteousness)와 공로 의(works-righteousness)의 형태들을 살펴보며, 사람들에게 어떻게 그것으로부터 벗어날 수 있는지 이야기하라고 조언한다. 또한 영적인 구도자들이 갖고 있는 보편적인 의문들과 문제들에 대한, 놀라울 정도로 현대적인 목록을 제시하며 각각에 대해 어떻게 대처할지 조언한다. 참된 영적 삶과 능력을 파괴하는 도덕주의와 방임주의를 모두 끊어 버리려면 반드시 복음이 사용되어야 한다.[14]

복음 혁신(Gospel Innovation)

우리는 복음 부흥 운동에서 나타나는 또 다른 중요한 요소를 확인할 수 있다. 곧 창조성과 혁신이다. 스프레이그는 부흥이 항상 '은혜의 제도화된 수단들'을 통해 주로 나타났다고 지적한다. 그것은 설교, 목양, 예배, 그리고 기도이다. 이것을 재확인하는 것은 매우 중요하다.

하나님의 영은 이러한 일상적인 은혜의 수단을 사용하여 드라마틱하고 각별한 회심들을 만들어 내며, 상당한 교회 성장도 이루신다. 그럼에도 불구하고 우리가 부흥사를 연구할 때, 복음을 소통하는 어떤 혁신적인 방법들이 나타났음을 보게 된다. 18세기 대각성운동에서는 이전까지는 흔하지 않던 두 가지 형태의 사역들이 사용되었다. 바로 공적인 야외 설교와 광범위한 소그룹 '사회'(society) 모임들이었다. 1857-1859년에 일어난 뉴욕 시 부흥에서는 막대한 수의 사람들이 회심을 했고 그들 모두 맨해튼의 교회로 들어왔다. 그런데 이 부흥의 가장 핵심적인 사역 형태는 월스트리트 지역에 퍼져 있던 평신도 주중 기도 모임이었다. 많은 역사가들은 유럽에서 발생한 종교개혁이 당시 중요한 혁신 기술이었던 인쇄술에 크게 힘입었다고 지적한다.

어떤 부흥도 과거의 경험을 완벽하게 반복하지 않으며, 부흥과 관련된 어떤 방법론을 너무 구체적으로 짚어내려는 것은 잘못된 시도일 것이다. 마틴 로이드 존스는 사람들이 1904-1905년의 웨일즈 부흥을 모방하여, 당시 사람들이 취했던 특정 형태의 모임 방식과 찬양 방식을 부흥의 유일한 방법인양 집착했던 안타까운 사례들을 이야기한 바 있다. 우리는 부흥의 핵심 수단이 신학적(복음의 재발견)이며, 일상적인 것(설교, 기도, 교제,

예배)임을 기억하고, 성령께서 특정한 순간에 사용하시는 복음 선포의 새로운 방식들을 계속해서 찾아야 할 것이다. C. S. 루이스가 《나니아 연대기》에서 말했듯이, 역사는 결코 동일한 방식으로 두 번 되풀이되지 않는다. 그러므로 눈을 크게 뜨고 넓게 보는 것이 최고의 방법이다.

복음 부흥을 위한 설교

이제 복음 부흥에 있어서, 아무리 강조해도 지나치지 않는 설교의 역할에 대해 토론을 이어 가도록 하자. 복음 부흥을 위한 설교를 구성하는 다섯 가지 특성들을 먼저 살펴보자.

첫째, 종교(religion)와 복음을 구분하는 설교를 하라. 이에 대해선 지난 장에서 그 중요성을 이미 충분히 살펴보았다. 복음 부흥을 위한 효과적인 설교는 종교(religion)와 비종교(irreligion)를 모두 비판하는 것이다. 그리고 우상 숭배의 핵심 문제를 다루어야 하는데, 듣는 이들이 그들의 행위 아래 숨어 있는 마음의 동기들을 살필 수 있도록 도와야 한다. 그래서 사람의 마음에 복음이 일하는지 아닌지를 볼 수 있게 해야 한다.

둘째, 은혜의 풍성함을 전하기 위해 거룩함과 하나님의 사랑을 모두 설교하라. 설교는 단지 하나님의 심판, 거룩함, 의만을 강조해서는 안 되며(도덕주의 설교자들이 그렇게 한다), 또한 하나님의 사랑과 자비만 강조해서도 안 된다(자유주의 설교자들이 그렇게 한다). 하나님이 절대적으로 거룩하며 동시에 절대적으로 사랑이심을 깨달을 때, 사람들은 예수님의 십자가에 진정으로 전율하며 변화되기 시작한다.

예수님은 죄를 위해 죽어야 하실 만큼 거룩한 분이다. 다른 어떤 것도 그분의 거룩하고 의로우신 본성을 만족시킬 수 없다. 그러나 또한 그분은 우리를 너무나 사랑하셔서 기꺼이 자신을 바치기로 하셨다. 그 어떤 것도 우리를 백성으로 삼으려는 그분의 열망을 꺾을 수 없었다. 그래서 우리는 교만과 자기중심성에서 벗어나 겸손할 수 있으며, 또한 동시에 절망에서 빠져나올 수 있다. 거룩함과 은혜로 말미암아 우리는 죄를 미워할 뿐 아니라 동시에 자신을 병적으로 미워하는 것에서 벗어날 수 있게 된다.

셋째, 진리에 대해 명확하면서도 실제적으로 설교하라. 우리는 바울이 어떻게 그리스도의 은혜와 자비에 호소함으로써 고린도 교인들이 보다 넉넉한 마음을 가지도록 호소했는지 보았다(고후 8장). 곧 그리스도인이 물질주의적이라면, 그것은 단순히 실천의 문제가 아니다. 나눔의 결핍이 생기는 이유는 어떻게 예수님이 우리를 위해서 가난하게 되셨는지 모르거나, 예수님 안에서 우리가 모든 부요와 참된 보화를 가졌다는 것을 진정으로 이해하지 못했기 때문이다. 그들은 예수님의 영적 부요에 대해 피상적인 지식을 가졌을지 몰라도 진정으로 깊게 파악하지는 못했다.

설교는 단순히 사람들에게 무엇을 하라고 말하는 것이 아니다. 설교는 그리스도께서 우리의 마음과 상상력을 사로잡되 물질적인 것보다 더 강하게 사로잡도록 그분을 다시 제시하는 것이다. 이것은 단지 지적인 논증만이 아니라 그리스도의 아름다움을 나타내는 것이기도 하다.

조나단 에드워즈는 대다수 그리스도인들의 주요한 영적 문제가 그들이 교리에 대한 지적인 이해는 있지만 그것이 마음의 실재가 되지 못하여, 결과적으로 행동의 변화가 따르지 않는다는 데 있다고 보았다.[15] 물질주의의 경우, 안정감을 주는 돈의 힘은 대부분의 사람들에게 하나님의 사랑과 지혜의 경륜보다 훨씬 더 큰 '영적 실재'로 인식된다. 따라서 명확한 설교를 한다는 것은 이전에 그랬던 것보다 듣는 사람들의 마음에 진리를 더욱 실제적으로 생생하게 전달하는 것을 의미한다. 마틴 로이드 존스는 다음과 같이 이것을 정리하였다.

> 설교의 첫째 되고 가장 중요한 목적은 … 감동을 주는 것이다. 그것은 중요한 순간에 감명을 주는 것이며, 일목요연하게 기억할 수 있는 것 이상으로 마음에 감동을 주는 것이다. … 내 생각에 에드워즈는 설교의 진정한 개념을 이해하고 있는 것 같다. 애초부터 설교는 정보를 전달하는 것이 아니다. 청중들이 적고 있는 동안에 성령께서 주시는 충격을 놓칠 수도 있다. 설교자로서 이것을 잊어서는 안 된다. 우리는 정보의 전달자가 아니다. 사람들에게 책을 찾아서 읽고 정보를 얻으라고 말할 수 있어야 한다. 설교의 핵심은 그런 지식이 살아 있게 하는 것이다.[16]

넷째, 모든 본문에서 그리스도를 설교하라. 교훈적 설교를 피하는 주요 방법은 언제나 모든 본문의 궁극적 지향과 메시지로서 예수님을 분명히 설교하는 것이다. 설교의 끝이 오기 전에 회중에게 예수님을 제시하지 않는다면, 설교란 기본적으로 청중에 관한 것(그들이 무엇을 해야 할지에 대한)이라는 인상을 주게 된다.

하지만 누가복음 24장 13-49절을 통해서 알 수 있듯이, 예수님은 성경의 모든 본문을 자신과 구원 사역을 가리키는 것으로 이해하셨다. 모든 성경 본문의 저자들이 의도적으로 예수님을 가리키고 있다는 말이 아니라, 우리가 성경을 완전한 정경적 맥락에서 이해한다면, 그리스도를 가리키는 흐름들을 짚어 낼 수 있다는 의미다.

예를 들어 사사기를 살펴보자. 이방 도시에서 폭력적인 사람들에게 에워싸인 레위인의 충격적인 이야기를 접한다(삿 19장). 자신의 생명을 지키기 위해서 그는 첩을 내어 주고, 그들은 집단 성폭행을 행한다. 이 본문을 설교한다면, 이것은 성경이 가르치는 남편상과는 정반대인 참혹한 이야기라는 것을 분명히 밝혀야 한다. 남편이라면 자기 부인을 보호해야 하고, 더 나아가 아내를 위해 자신을 희생해야 한다(엡 5). 참된 남편이 마땅히 그래야 한다는 것을 어떻게 알 수 있는가?

물론 사사기의 저자는 우리가 아는 것처럼 남편과 아내에 대해 분명한 이해를 갖고 있지 않았다. 그러나 우리는 예수님을 보면서 참된 남편이 어떤 모습이어야 하는지 이해한다. 바울은 이것을 에베소서 5장에 기록했다. 그러므로 우리는 설교가 그리스도를 가리키게 해야 한다. 오직 그리스도만이 남편이 어떠해야 할지를 보여 주신다. 그리고 우리가 그분의 구원 사역을 이해할 때, 우리를 나쁜 배우자로 만드는 두려움과 교만으로부터 자유로워질 수 있다. 이 본문은 우리를 책망하지만, 동시에 격려한다. 우리는 좋은 배우자가 됨으로써 구원을 획득하려고 절실히 애쓰지 않아도 된다. 성취된 온전한 구원을 결혼에 적용하면 되는 것이다.

우리는 설교에서 언제나 예수님을 향해야 한다. 성경이 특정 본문에서 선포하는 것들을 성경 전체가 말하고 있는 메시지의 문맥 속으로 위치시켜야 한다. 이 여정은 언제나 예수님의 복음으로 우리를 이끌 것이다.

결국 성경을 읽을 때 던져야 할 궁극적인 질문은 두 가지이다. '나에 대한 것인가? 예수님에 대한 것인가?' 다시 말해서 '성경은 기본적으로 내가 해야 하는 일에 대한 것인가? 아니면 예수 그리스도가 하신 일에 대한 것인가?'이다.

그 예로 다윗과 골리앗의 이야기를 생각해 보라. 내가 따라야 할 모범으로서 다윗과 골리앗 이야기를 읽는다면, 그것은 나에 대한 이야기가 된다. 내 인생의 거인들과 싸우기 위한 믿음과 용기를 만들어 내라는 교훈인 것이다. 그러나 성경의 이야기가 궁극적으로 구원과 주님에 관한 것임을 받아들인다면, 그리고 다윗과 골리앗 이야기를 이런 관점에서 읽는다면, 전혀 다른 그림을 발견하게 될 것이다.

이 본문에서 가장 중요한 점은 이스라엘 백성들이 그들 자신의 힘으로는 거인을 상대할 수 없었다는 것이다. 그들은 자신들을 대신해서 싸울 투사가 필요했다. 치명적인 위험을 대신해서 싸워 줄 대표자가 필요했던 것이다. 아이러니하게도 하나님이 보내신 대표자는 강한 사람이 아니라 약한 사람이었다. 그는 어린 소년이었고, 갑옷과 투구를 입기에도 너무 작은 체구였다. 그러나 하나님은 거만하고 조롱하는 골리앗을 물리치는 결정적인 수단으로 구원자의 약함을 사용하셨다. 다윗은 약함을 통해 승리를 거두었고, 그 승리는 이스라엘 백성에게 전가되었다.

예수님도 그렇게 하셨다. 예수님은 고통과 약함, 그리고 죽음을 통해서 죄를 이기셨다. 이 생생한 이야기는 우리가 그리스도와 함께 죽었고(롬 6:1-4), 그분과 함께 일으켜져 보좌에 앉게 된다는 것이(엡 2:5-6) 어떤 의미인지를 잘 보여 준다. 예수님은 최후의 승리자이다. 우리를 위해 대신 싸워 이기신 진정한 챔피언이다. 그분은 우리를 위해서 생명을 거셨을 뿐 아니라, 생명을 주셨다. 그분의 승리는 곧 우리의 승리이며, 그분이 성취하신 모든 것은 우리에게 전가되었다.

다섯째, 그리스도인과 비그리스도인 모두에게 동시에 설교하라. 1980년대 후반, 내가 처음 뉴욕 시에 갔을 때, 그곳은 전형적인 미국의 도시가 아니었다. 맨해튼 주민의 30퍼센트는 "종교적 선호도가 없다"라고 말했는데, 이는 당시 미국 평균인 6퍼센트와는 크게 비교되는 수치였다. 개신교회에 출석하는 비율도 5퍼센트로 미국 전체 평균인 25퍼센트에 크게 못 미쳤다.[17]

뉴욕 시는 종교적으로나 문화적으로 세속적이고, 탈기독교적인 유럽의 모습과 더 흡사했다. 그래서 나는 런던에서 20세기 중반에 힘써 일한 위대한 설교자인 로이드 존스의 저작들을 살펴보았다. 그의 책 《설교와 설교자》를 다시 읽었다. 추가적으로 그의 설교가 담긴 녹음 테이프들도 수십 개나 들었다(나중에는 수백 개가 되었다).

나는 그가 했던 설교의 구조에 특히 매료되었다. 아침 설교들은 기존 그리스도인들을 가르치고 세우는 데 초점을 맞춘 데 비해, 저녁 설교들은 전도를 위한 것이었다. 저녁 설교들은 신학적으로나 강해 설교적으로 굉장히 풍성하면서도, 사람들이 그리스도께 나아와 복음을 믿도록 직접 요청하는 부분들이 포함되어 있었다. 한편 아침 설교들은 기독교에 대한 지식을 어느 정도 감안하면서도 항상 죄나 은혜, 그리스도라는 선명한 주제들로 돌아왔다.

로이드 존스 목사는 교인들에게 아침과 저녁 예배에 모두 참석할 것을 권면했다. 교인들이 믿음 없는 친구들을 데려오기에는 저녁 예배가 이상적이었다. 신앙고백이 있는 성도들도 스스로의 유익을 위해서 정기적으로 저녁 예배에 참석하라고 권했다. 그는 아침 예배에 비신자들이 정기적으로 오는 것도 개의치 않았다. 이에 대해 다음과 같이 기록하고 있다. "우리는 사람들을 너무 단정적으로 구분하는 죄를 짓지 않도록 주의해야 한다. '이들은 그리스도이다.' [또는] '그렇다. 어느 전도 집회에서 내린 결신으로 이제 그리스도인이 되었으니, 우리가 필요한 모든 것은 가르침과 교훈이다'라는 식의 구분법을 피해야 한다. 나는 이것을 아주 강하게 주장한다."[18]

그에게서 얻은 깨달음은 이렇다. 참석한 모든 사람들이 그리스도인이라고 가정한 채 회중의 영적 성장을 위해서만 설교하지 말라. 모든 그리스도인이 복음으로부터 성장할 수 없다고 생각하고 체념한 채 복음을 단지 전도용으로만 가르치지 말라. 양육하면서 전도하고, 전도하면서 양육하라.

부흥의 표지들

전반적으로 부흥이 일어나는 때는 한 집단의 사람들이 이미 복음을 알고 있다고 생각했다가 실은 복음을 온전히 알지 못했음을 발견하면서, 복음을 자기의 것으로 수용하고 살아 있는 믿음으로 넘어갈 때다. 이런 일이 포괄적으로 일어날 때는 엄청난 에너지가 발생한다. 교회는 칭의의 기초를 성화에 두는 일을 멈춘다. 비교인들은 이것을 보고 그리스도인 공동체의 변화된 삶에 매력을 느낀다. 공동체는 하나님 나라의 표지를 나타내는 소명을 감당하기 시작하며, 그리스도 없는 인간 사회에 아름다운 대안이 된다.

부흥의 첫 번째 가시적 표지는 명목상 그리스도인들이 회심하는 것이다. 명목상 그리스도인들은 자신들이 지금까지 복음을 이해한 적도, 거듭남을 경험한 적도 없었음을 알게 된다. 또한 그리스도와의 살아 있는 관계 속에 들어가지 못했다는 것을 알게 된다.

회중들은 오래된 교인들이 눈부신 언어로 그리스도에 대해 이야기하고 새로운 방식으로 회개를 표현하는 것을 보고 전율을 느끼게 된다. 교회의 다른 멤버들도 먼저 부흥을 경험한 이들에 자극되어 부흥을 경험하게 된다. 곧 이어 '잠자던' 그리스도인들이 은혜의 새로운 확신과 이해를 갖게 된다. 그들은 자신들이 왜 긴장감과 시기, 분노, 지루함 등에 얽매어 살았는지 그 이유를 새롭게 발견하게 된다.

그들은 마음으로 하나님의 실재를 감각하기 시작하며 하나님의 사랑을 더 강하고 가깝게 확신한다. 죄에 대한 새롭고 깊은 깨달음이 오면서 행동의 죄뿐만 아니라 마음의 태도까지도 회개가 일어난다. 하나님의 친밀하심과 사랑하심에 대한 훨씬 강력한 확신을 갖게 된다. 죄에 대한 부채 감각이 클수록 그리스도의 지불하심에 대한 경외감도 더 커진다. 결과적으로 그들은 겸손하며 동시에 담대해진다.

물론 비그리스도인들이 회심하는 일도 일어난다. 이는 새롭고 아름답게 변한 교회의 모습과 진정한 예배 및 지역 사회에서의 섬김, 그리고 배타적이고 정죄하는 태도가 완전히 사라진 교회 분위기로 인해 믿지 않던 사람들의 마음이 끌렸기 때문이다. 그리스도인들은 빛을 발산하는 매력적인 증인들이 된다. 그들은 자신의 믿음에 대해 보다 적극적이고 자신 있게 이야기하며, 더욱 신선하고 덜 정죄하는 태도로 대화한다. 그리고 자신의 교회에 대한 확신이 커져 사람들을 초대하게 된다. 그 결과로 건강하고, 지속적이며, 때로 드라마틱하기까지 한 회심자들이 많이 생기게 된다. 이는 괄목할 만한 교회 성장으로 이루어진다.

리처드 러브레이스는 각성과 부흥 전후의 보편적인 현상들을 설명한다. 대개 여러 기독교 전통들과 교단들은 한두 가지 사역 기능들을 강조하면서 다른 것들에서는 상대적으로 약한 면모가 있다. 예를 들어, 장로교들은 역사적으로 설교와 교리에 강했고, 오순절과 성공회는 그들만의 방식으로 예배에 강점이 있었고, 침례교도들은 전도에, 재침례교도들은 공동체와 구제에 강점이 있었다. 그런데 복음 부흥의 시기에는 강점이 하나였던 교회들에서 여러 가지 강점들이 결합되어 나타난다. 복음 부흥을 경험하는 교회들은 그들의 주안점이 아니라고 여겼던 '이차적 요소들'이 부상하는 것을 발견하게 된다.[19]

이 변화는 종종 예배 가운데 느껴지는 활기에서 가장 처음 드러나게 된다. 복음이 가슴에 와 닿을 때, 곧 하나님의 거룩함과 그 사랑이 우리 마음에 훨씬 더 아름답고, 실제적이고, 감동적으로 될 때, 사람들은 자연스럽게 예배 가운데서 '하나님의 현존'을 새롭게 경험하게 된다. 새로워진 교회들은 예배 스타일이나 전통과 상관없이, 더 이상 일차원적 예배를 드리지 않게 된다. 그리고 단순히 감정적이거나 형식적인 예배에서 벗어난다. 예배 안에서 하나님의 초월성을 분명하고도 폭넓게 느끼는 것이다. 이는 기존 신자들을 세우는 동시에 비신자들을 이끄는 강력한 힘이 된다.

뿐만 아니라 회복된 복음에의 관심은 항상 실생활에 깊이 연결되는 성경적 신학에 대한 흥미를 자극하게 된다. 부흥의 시기에는 자유주의 쪽으로 기울었던 교회가 훨씬 성경적인 방향으로 성장할 수 있다. 그리고 근본주의적으로 기울던 교회는 덜 분파적으로 되고, 교단 특성보다는 복음 자체에 더 초점을 맞추게 된다.

복음이 가슴에 깊이 들어올 때 -신자들이 더 이상 유능하고 의로운 자기 이미지를 고수하려고 애쓰지 않을 때- 사람들과의 관계들을 방해하는 장벽들이 무너지며, 진정한 공동체에 대한 경험을 더 깊이 할 수 있다. 더 이상 핑계나 회피를 할 필요도 없다. 복음으로 인해 신자들은 다른 사람들에게 더욱 공감하고 인내할 수 있는 겸손을 가지게 된다. 이 모든 것으로 인해서 교회 안의 모든 관계들은 더 깊어지고 두터워진다. 기존의 문화와 뚜렷이 차별되는 이러한 교회의 특성들은 바깥사람들에게 매력적으로 다가온다.

마지막으로 복음 부흥을 통해 사람들은 더욱 겸손하고 온유하며 사랑받는 존재로 변화된다. 자신과 의견이 다른 사람들을 무시하거나 깔보거나 경멸하지 않는 겸손이 생긴다. 자기를 향한 다른 사람들의 의견에 그다지 신경 쓰지 않는 내적 확신도 생긴다. 그래서 모든 신자들이 자연스럽게 전도자가 된다.

부흥의 시기는 항상 교회가 놀랍게 성장하는 시기이다. 그것은 수평 이동이나 '교회 쇼핑'에 의해서가 아니라, 회심으로 인한 성장이다. 이때는 빈곤 사역이나 정의 사역에도 새로운 주안점을 둔다.

그리스도인들이 영적 빈곤으로부터 구원받은 것이 스스로의 힘으로가 아니었음을 깨닫게 되면, 경제적, 물질적 빈곤에 빠진 사람들을 향한 태도에도 자연스럽게 변화가 생긴다. 이런 겸손한 관심이 야고보서 1-2장과 그 밖의 많은 성경 본문들의 메시지이다. 복음으로 새로워진 그리스도인들은 이웃, 빈곤층, 지역과 도시에 대한 희생적인 봉사를 이어간다.

교회 내부와 주변 지역에서 벌어지는 모든 변화들은 문화에도 폭넓은 영향을 미치게 된다. 복음 부흥을 경험하는 교회 안에서 복음에 의해 형성된 그리스도인들은 예술이나 경영, 정부, 미디어, 학문 등의 전 영역에서 깊고, 활력 있고, 건강한 영향을 미치게 된다. 미국과 영국에서 일어났던 노예제 철폐 및 아동 노동법 강화와 같은 중요한 사회 정의/사회 변혁 운동은 교회 대부흥에 그 강력한 뿌리가 있었다는 사실이 지난 20년 동안 폭넓게 인식되어 왔다.

참된 경건은 단지 내적 평안과 성취를 주는 내면적 신앙이 아니다. 거룩함은 그리스도인의 사적 영역과 공적 생활 모두에 영향을 미치는 것이다. 거룩함은 행동과 관계성을 변화시킨다. 이 땅에 거룩으로 옷 입은 참된 그리스도인이 더 많이 존재할수록 사회 여러 영역의 변화도 가속화될 것이다.

복음으로 회복된 마음에서 자연스럽게 흘러나오는 이런 '이차적 요소들'의 상호의존성에 대해서 주목해 보자. 첫째, 대다수 개인들은 이런 특징들을 가진 교회에 끌리기 때문에 복음으로 새로워진다. 둘째, 각 요소가 지닌 활력은 복음으로 새로워진 마음뿐 아니라 다른 요소들에 의해서도 좌우된다. 각 요소들이 서로 자극이 되는 것이다. 예를 들어, 그리스도인들이 가난한 자들을 위해 희생적인 삶을 나눌 때, 그들의 이웃은 복음 전도자에게 더 열리게 된다. 깊이 있고 풍성한 공동체는 복음 전도의 결과로 만들어지지만, 동시에 전도의 수단이 되기도 한다. 설교를 들어서가 아니라 친구에게 귀 기울임으로써 영적으로 돌아오는 경우들이다.

이런 요소들이 상호간에 힘을 실어 줌에도 불구하고, 이 분야의 전문가들이나 지지자들은 거의 항상 서로를 향해 힘을 겨루곤 한다. 그래서 전도자들은 사회 정의를 너무 강조하다가 전도의 에너지나 관심, 자원 등이 거기로만 빠져나갈까봐 걱정한다.

한편 사회정의의 지지자들은 문화 부흥을 너무 강조하는 것에 반기를 들기도 한다. 왜냐하면 그들이 원하는 것은 거리에 나가서 가난한 사람들과 함께하는 것이지, 예술이나 미디어, 경영 등의 전문가 세계에 영향을 끼치는 것이 아니기 때문이다. 지역 사회에 초점을 둔 지도자들은 종종 프로그램들을 그다지 좋아하지 않아서 빠른 교회 성장과 전도 프로그램들을 부정적으로 본다. 그들은 모든 것이 자연적이며 독창적으로 일어나기를 원한다.

복음이 어떻게 이 모든 차원들에 영감을 불어넣는지를 깨달은 지도자들은 이러한 긴장들을 반드시 극복해야 한다. 우리는 추후에 이것들의 역동성을 깊이 있게 다룰 것이다.

복음 부흥의 역동성이 제자리를 잡지 못하면, 교인의 숫자는 증가할 수 있지만, 활력 면에서는 장담할 수 없다. 성장은 하겠지만 지속적인 결과를 가져오는 진정한 열매는 맺지 못할 것이다. 또한 무기력한 증상들이 나타나고, 성장의 대부분 또는 전부가 회심이 아닌 수평이동을 통해 일어날 것이다. 죄에 대한 깊은 각성이나 회심이 없기 때문에 극소수만이 극적으로 변화된 삶에 대해 증언할 것이다. 그리고 실제로 교회가 성장하는 일이 생기더라도, 지역 사회 질서에 영향을 미치지 못할 것이다.

왜냐하면 구성원들이 기독교 신앙을 일터나 재정 사용이나 공공 영역 안으로 가지고 들어가지 않기 때문이다. 그러나 복음 부흥의 역동성이 우리의 마음과 교회에 강력하게 있다면 교회와 사람들의 삶은 하나님의 성령에 의해 권능을 받으며 아름답게 변화될 것이다.

—

센터처치 신학적 비전의 모든 요소들 중에서 복음 부흥은 실행에 옮기기 가장 어려운 부분일 것이다. 왜냐하면 궁극적으로 우리는 부흥에 대해 단지 준비만 할 수 있기 때문이다. 우리가 부흥을 만들어 낼 수는 없다. 부흥은 하나님만이 하실 수 있는 일이다. 이것은 모든 것을 능력과 의지로 통제하는 테크놀로지 사회를 사는 우리에게는 실망스러운 것이다. 부흥이 일어나는 것을 볼 수 없을 때, 우리는 깊이 실망할 수 있다.

그러나 실망해서는 안 된다.

이 지점에서 데릭 키드너(Derek Kidner)의 시편 126편 주석은 우리에게 많은 도움이 된다. 시편 126편의 첫 세 절은 위대한 영적 번성의 시기를 돌아본다. 그때는 이스라엘의 "입에는 웃음이 가득하고"(2절) 열방은 말하기를 "여호와께서 우리를 위하여 큰일을 행하셨으니"라고 했다. 그러나 4절은 때가 바뀌었음을 말해 준다. 사람들은 부르짖는다. "우리의 포로를 남방 시내들 같이 돌려보내소서." 키드너는 시편의 마지막 부분을 자세히 살펴본다.

> 4절- 여호와여 우리의 포로를 남방 시내들 같이 돌려보내소서
> 5절- 눈물을 흘리며 씨를 뿌리는 자는 기쁨으로 거두리로다
> 6절- 울며 씨를 뿌리러 나가는 자는 반드시 기쁨으로 그 곡식 단을 가지고 돌아오리로다

키드너는 어떻게 부흥이 올 수 있는지를 두 개의 아주 다른 그림을 통해 본다. 첫째는 4절 하반절이다. "갑작스런 모든 것이며, 하늘에서 오는 순전한 선물이다." 네게브(남방)보다 더 건조한 지역은 없다. 거기에서 드문 강우가 내린 후, 척박한 계곡들이 넘쳐나는 물줄기로 메워진다. 풀이 자라고 꽃이 피는 장소로 사막이 문자적으로 옥토로 변모되는 것이다.[20] 이는 갑작스럽고 거대하게 임하는 부흥의 시기이며, 역사가들이 기록한 시기이다.

둘째 그림은 5-6절에서 그려진다. 이것은 "가장 힘든 시기에 경작하

는 것"으로 길고 고된 과정이 수반된다. 기후는 나쁘고 땅도 단단하다. 이 그림의 이미지는 비가 오지 않을 때도 끈질기고 성실하게 밭을 일구고 추수를 거두는 사람들의 모습이다. 그들은 다른 물 근원이 없어서 자신들의 눈물로 땅을 적신다. 이는 수년 동안 고된 일을 감당하고 있는 복음 사역자의 모습을 묘사하고 있다. 사람들의 척박한 마음을 보며 눈물로 씨를 뿌리지만 결실은 거의 없는 경우다.

시편 기자는 궁극적인 추수에 대해서 절대적인 긍정을 한다. "하나님이 뿌려진 씨앗을 축복하시며, 당신의 백성들을 친히 방문하신다." 이것이 그의 최후 진술이다.

키드너는 현대의 번역들이 마지막 동사에 대한 강조점을 생략함으로써 이 시편의 확고함을 간과했다고 말한다. 우리가 아무리 오래 기다릴지라도 "울며 씨를 뿌리러 나가는 자는 반드시 기쁨의 함성으로 돌아올 것이다."[21]

키드너는 결론적으로 "시편은 시인의 시대뿐 아니라 지금의 우리를 향해서도 외치고 있다. 과거의 기적들은 우리에게 미래의 척도가 되어야 한다. 메마른 장소들, 강줄기로 바뀔 될 땅, 딱딱한 토양과 좋은 씨앗은 모두 추수에 대한 확실한 전주곡인 것이다."[22]

토론과 성찰을 위한 질문

1. 팀 켈러는 이렇게 썼다. "유지 기도회는 짧고, 형식적이고, 교회 내의 육적 필요에 초점을 맞춘 기도회다. 반면 선봉 기도회의 기본적인 특징은 다음과 같다. 죄를 고백하고 우리를 낮출 수 있는 은혜에의 간구, 교회가 살아날 것에 대한 열정과 잃은 자를 찾고자 하는 연민, 하나님을 알려는 열심과 그분의 얼굴을 보고 그 영광을 맛보려는 갈망." 당신은 하나님께서 "선봉 기도"를 통해 일하시는 것을 어떻게 경험했는가? 지금 당신의 교회에서 이런 기도 시간들이 없다면, 어떻게 시작할 수 있겠는가?

2. 복음의 실천에 참여하는 한 가지 방법은 성도들을 지도자로 훈련하여 다른 사람들을 복음으로 섬기도록 하는 것이다. 이는 개인적인 만남과 상담을 통하여 사람들이 자신들의 우상과 자기 의를 회개하도록 돕는 것을 수반한다. 이러한 종류의 복음 실천이 당신의 교회에 현재 일어나고 있는가? 만일 아니라면, 어떻게 사람들이 복음을 적용할 수 있도록 훈련할 것인가? 복음으로 섬기는 것은 다른 형태의 상담과 어떻게 다른가?

3. '체험 모임을 위한 질문들과 가이드'를 보라. 이 중에 어떤 질문들이 당신을 불편하게 하는가? 어떤 것들이 당신이 참여하기에 가장 쉬운가? 개인적으로 마음의 찔림이 있는 모임은 무엇인가?

4. 복음 혁신은 새로운 방식으로 복음을 창의적으로 의사소통하는 것을 포함한다. 어떤 특정한 소통 스타일이나 방법론에 대한 과도한 의존이 사역을 방해하는 경우를 본 적이 있는가? 왜 혁신적이어야 하는가? 이와 관련되어 어떤 것들이 위험한 요소인가?

5. "복음 부흥을 위한 설교"에서 부흥으로 연결되는 설교를 정의하는 다섯 가지 특질들을 살펴보았다. 당신은 이 다섯 가지 중에서 어떤 것을 강화할 필요가 있는가? 당신의 설교에 빠져 있는 요소들이 있다면 어떻게 그것들을 포함시킬 것인가?

'복음 부흥'에 대한
논평

데인 오틀런드

복음 부흥에 대한 장들은 오늘날 교회에 팀 켈러가 선사하는 가장 뛰어난 공헌에 속한다. 만일 팀 켈러 사역의 한두 가지 강조점들만을 알고 있는 사람들이 있다면 이 영역에 대하여 잘 알 것이라 생각한다. 이 장들에서 우리는 세 가지 방식의 삶에 대해 듣는다: 종교 대 복음, 복음 결핍의 이슈로서의 우상 숭배, 그리고 모든 성경을 예수님에 대한 증언으로서 설교하는 것.

나는 조금 다른 각도에서 이 내용을 살펴보려 한다. 내가 기대하는 것은 대화를 발전시키는 것이다. 또한 팀 켈러가 오늘의 교회에 기여한 공헌에 대해 감사하는 마음으로 이 작업을 하려고 한다. 이 글은 칭찬 일색이거나 비판 일색이지 않다. 오히려 하나님께서 우리 가운데 행하시고 계신 것을 계속해서 더 강화하기 위한 묵상들을 나누는 일이다.

여기에서 우리가 발견하는 각별한 표현들은 복음주의적 의식 속으로 놀라울 정도로 편만하게 깊이 파고 들었다. 켈러는 여러 번 그의 공식들이 뉴욕 시라는 구체적인 맥락에서 만들어진 것이라고 말했지만, 그가 이 세 장에서 복음 부흥에 대해 말하는 것은 특정한 도시 영역을 뛰어넘어 적용되고 있다. 의심할 여지 없이 그가 복음 부흥에 관하여 바른 주장을 하고 있기 때문이다: 공로 의는 "인간 마음의 기본 방식"이라는 것이다. 이것이 맞다면, 뉴요커들만 종교와 복음 사이의 차이점을 알아야 하는 것이 아니다. 알라바마에서 온 문화적(명목적 - 역주) 그리스도인들도 이것을 들어야 하며 몬타나의 목장주, 보스턴의 학자들, 로스 앤젤레스의 배우들, 내쉬빌의 음악가들, 그리고, 내가 발견한 바로는, 미드웨스트의 신학생들도 이것을 들어야 한다. 세인트루이스의 카비넌트 신학교에서 연구할 때에 나는 팀 켈러의 사역에 대해서 친숙하게 됐다. 그때 그의 글을 몇 개 읽는 과제가 주어졌었다. 곧장 나의 아버지는 나에게 팀 켈러의 설교를 소개해 주었다. 나는 성경의 영적 신학뿐만 아니라 나 자신의 경험을 이해할 수 있는 신선한 언어와 범주를 얻었다.

《복음으로 세우는 센터처치》에서 이 세 챕터는 모든 타락한 인간 존재에 공통적으로 적용되는 핵심을 건드린다(우리의 순종으로 하나님 앞에 자리를 만들려는 인간의 미묘한 본능을 의미한다). 그리고 이 챕터들의 내용은 비신자에게 복음을 전하며 신자에게는 은혜의 자유 안에서 성장하도록 돕는 개신교 범주의 폭넓은 발자취를 제공한다. 이 진리의 영향력을 북미에만 한정해서는 안된다. 이는 리디머 시티투시티의 국제적인 사역 전개를 통해서도 분명히 드러난 바이다.

그러므로 팀 켈러가 우리 시대의 교회에 공헌한 두 가지부터 시작하자. 그리고 이 책의 복음 부흥에 대한 그의 가르침을 더 유용하게 발전시킬 두 가지 영역을 다루기로 하자.

세 가지 삶의 길

복음 부흥에 대한 이 장들에서 특별히 유용한 부분은 타락한 인간의 정신 존재에 대해 켈러가 심리적 이해를 개진하는 부분이다. 그가 이것을 제시하는 한 방식은 세 가지 삶의 길을 설명하는 것이다: 비종교, 종교, 그리고 복음(155쪽).

하나님을 거부하는 두 가지 방식이 존재함을 아주 선명하게 구분하며 설명하고 있다. 단지 이기적 불순종으로 거부하는 한 가지 방식만이 아닌, 이기적 순종으로 거부하는 방식이 있는 것이다. 모든 사람에게는 깊고 어둡게 병든 농양이 있는 것이다. 하나님의 은총의 자유를 거부하는 기묘한 정신 이상 증세가 있다. 이것은 정신의학적 의미에서 "정신병"을 의미하는 것은 아니지만, 문자적인 의미에서 이상 증세인 것이다. '정신병'(psychosis)의 사전적 의미는 "행동을 이상하게 일으키거나 진실이 아닌 것을 믿게 만드는 매우 심각한 정신 질환"이다. 이것은 분명히 인간의 문제이다. 선택을 한다면, 우리는 은혜에 기반한 자기 용납을 '할 수가'

없다. 하나님 앞에 우리의 입지를 세우는 데 기여해야만 한다고 고집스럽게 주장한다. 하나님과의 관계를 공로에 기반해서 생각하는 것은 우리가 이따금 빠져드는 일이 아니다. 우리는 모두, 우리가 알아차리는 것보다 훨씬 많이, 그렇게 살아간다. 켈러가 공로 의(works righteousness)가 인간의 기본이라고 이야기할 때, 몇몇 바리새인들을 가리킨 것이 아니다. 모든 인류가 전염병처럼 걸린 것이 바로 이것이다. 아무도 피하지 못한다. 공로 의는 우리가 수영하고 있는 풀장의 물과 같다. 너무나 당연하게 느껴진다.

'세 가지' 삶의 길을 제시하는 것은 두 가지를 말하는 것보다 참된 경건과 외적 미덕을 구분하지 못하는 실수를 막아 준다. 잘못된 마음에서 옳은 일을 하는 것이 가능하다면 가장 중요한 것은 무엇을 하느냐가 아니라 왜 그것을 하느냐이다. 핵심은 외적인 행동이 아니라 내적인 동기이다. 가장 중요한 것은 '마음'의 상태이다. 켈러는 이것을 설명하면서, 성경에 있는 대로, 단지 우리의 감정만이 아니라 우리가 행하고 느끼는 모든 것에 에너지를 불어 넣는 것이 마음이라고 밝힌다(165쪽). 세 가지 삶의 길 접근법은 비신자로 하여금 단지 그들의 삶을 예수님을 위해 깨끗이 정돈하라고 초대하는 것이 아니라는 것을 볼 수 있게 돕는다. 우리는 비신앙인들을 신앙인이 되도록 초청하는 것이 아니다. 오히려 은혜의 복음을 받들도록 초청하는 것이다. 복음은 우리로 하여금 우리가 하나님께 온전히 받아들여지기 위해서 우리의 나쁜 것과 좋은 것을 내려놓도록 주장한다.

삶의 세 가지 길에 대한 초점은 이렇다. 칭의는 바깥에서 안으로 들어

오는 것이며, 외부적 의가 우리에게 들어오는 것이다. 또한 성화는 안에서 바깥으로 나아가는 것이다. 우리가 내면에서 변화되어 바깥의 선행과 사랑의 삶으로 나타나게 된다. 삶의 "종교적" 모드는 이것을 거꾸로 뒤집는다. 종교는 칭의를 안에서 바깥으로 가는 치부한다(개인의 경건을 통해 올바른 상태에 진입하는 것으로). 그리고 성화를 바깥에서 안으로 들어오는 것으로 이해한다(바른 행동은 바른 마음을 반영하는 것으로). 둘 다 복음이 간과된다.

세 가지 삶의 길을 강조함으로써 켈러는 우리 시대가 마음이 얼마나 넘어지기 쉬운지를 보여 주었다. 마음은 은혜를 회피한다. 이 가르침을 통해 우리의 마음을 이해하게 된다. 우리 타락한 인간은 매우 복잡하고 그 마음은 알기가 어려워서 복음을 이해하면서도 복음을 외면한다. 예를 들어, 죽은 정통주의에서 그러하듯, 복음의 진리가 옹호되지만 생명력은 없다. 우리가 입으로 고백하는 것을 우리의 목소리로는 부인하는 것이다. 우리가 믿는 것을 '어떻게' 이야기하느냐 우리가 정말로 무엇을 믿는지를 보여 준다. 신학생 시절의 나는 이 부분에 대한 죄책감을 분명히 느꼈다. 은혜의 복음을 은혜롭지 못하게 전했었다. 오늘날에도 이와 비슷한 일들을 발견하는 것은 어렵지 않다. 블로그나 SNS의 댓글들에서 쉽게 발견할 수 있다.

종교가 비종교만큼이나 하나님 앞에서는 정신적으로 파산 상태라는 것을 알 때(종교인의 유일한 차이점은 그들이 파산 상태라는 것을 모른다는 것뿐이다), 우리는 참된 은혜를 회피하기를 멈추고, 더 나아짐으로써 인정받으려고 하는 것이 아니라, 우리의 문제들 '속에서' 하나님의 사랑하심을 경험할 것이다. 기독교를 이해함에 있어서 이 세 가지 방식은 종교와 복음이 어떻게 다른지를 분명히 보여 준다. 기독교 우파 운동, 도덕적 다수 운동, 그리고 20세기 후반부의 문화적 기독교 운동의 여파 속에서 복음과 종교가 쉽사리 혼동되는 시기에 복음의 선명한 이해를 돕는다.

흥미롭게도 세 가지 삶의 방식으로 설명하는 것은 역사적 배경이 있다. 켈러 자신은 여러 저자들을 통해 도움을 받았음을 밝힌다. 예를 들면 C.S. 루이스가 "세 종류의 사람들"[1]이라는 짧은 에세이와 같은 것이다. 루이스는 "인간인가 토끼인가?"라는 에세이를 이렇게 마무리 한다. 두 가지 종류의 죄가 치유를 필요로 한다는 것이다. 죄의 "염려스럽고, 양심에 걸리고, 윤리적인" 종류의 죄(종교), "비겁하고 감각적인" 종류(비종교)이다.[2] 켈러는 종종 리처드 러브레이스(Richard Lovelace)를 인용한다. 특히 타락한 인간은 자신의 성화를 칭의의 토대로 생각한다는 것이다. 이 말은 즉 칭의를 성화의 토대로 두지 않는다는 것이다.[3]

나는 이런 비슷한 삼자 관계를 역사적 인물들 속에서도 발견한다. 예를 들면, 마르틴 루터는, 1521년에 "양심의 교훈에 작용하는 세 가지 종류의 선한 삶"이라는 설교를 했다. 그의 설교의 요점은 세 가지 기본적인 정신자세로서의 도덕성에 대해 생각해 보자는 것이다. 첫 번째는 "딱딱하고 눈감은" 사람들이다[4](켈러가 "비종교"라고 이름 붙인 것에 해당한다). 나머지 종류의 사람들은 잘 발달된 양심을 갖고 있고, "겸손, 온유, 친절, 평화, 충성, 사랑, 예의범절, 순결 등"의 필요성을 인식하고 있다.[5] 그렇지만 이들이 단지 "수치, 처벌, 지옥 등을 두려워하기 때문에" 순종에 대해 잘못 알고 행하는 것이다. 이러한 거짓된 토대는 아주 깊다. 신자들은 그 바닥의 깊이를 상상하지 못한다[6](켈러는 이것을 "종교"라고 불렀다). 잘못된 동기에서 옳은 일을 하는 것이다. 세 번째 옵션은 "기쁘게, 자원해서" 하나님께 순종하는 것이다. 루터는, "순수하고, 자유롭고, 즐겁고, 기쁘고, 사랑하는 마음이며, 대가를 바라지 않는 당당한 마음이며, 어떤 처벌을 두려워하는 마음이나 보상을 추구하는 마음이 아닌 마음"이라고 했다.[7] 이 세 번째 방식은 바깥에서 안으로 이루어지는 칭의에 근거해서 안에서 바깥으로 흘러나오는 성화이다. 이것이 곧 켈러가 복음 부흥에서 제시하는 공식이다.

다른 사람들도 순종에 대한 삼중적인 이해를 했다. 쇠렌 키에르케고르는 정신적 존재의 삼대 범주를 이야기했다: 미적, 윤리적, 그리고 종교적. 미적 삶이란 자신의 즐거움을 위해서 살아가는 이기적인 삶이다("비종교"). 윤리적 삶은 외적 정신 규범에 마지못해 순응하는 것이다("종교"). 종교적 삶은(키에르케고르의 용법에서는 긍정적인 의미로) 기쁨에 겨워 믿음으로 사는 것이다(켈러는 이것을 "종교"에 상반된 "복음"이라고 정의한다[8]). F.B. 마이어는 1세기 전의 영국 침례교 목회자인데, 이와 유사한 기록을 했다. "세 가지 종류의 사람들이 있다. 첫 번째, 아무 목적도 없이 사는 사람들, 두 번째, 이중 목적을 가진 사람들, 세 번째, 목적이 순수하고 깨끗한 사람들."[9] 그리스도인의 삶에 대한 삼중적 관점은 토마스 아퀴나스[10], 블레즈 파스칼[11], 조나단 에드워즈[12], 헤르만 리델보스[13], 그리고 칼 바르트[14] 역시 이야기한 바 있다.

하나님을 거부하는 두 가지 방식에 대해서 역사적으로 선례들이 있기는 하지만, 《팀 켈러의 센터처치》와 팀 켈러의 사역 전반에서 나타나는 것처럼 분명하고 강력한 설명을 한 예는 없었다. 사실, 이것을 설명하는데 사용한 범주와 용어들이 너무나 선명하고 유용하기 때문에, 차세대 교회 지도자들은 켈러가 말한 것들을 앵무새처럼 따라하지 않도록 특별히 유념할 필요가 있다. 역사적인 풍성한 전통 위에서, 이러한 성경적 진리를 그들의 신선한 방식으로 설명하도록 해야만 한다.

모든 본문에서 그리스도를 설교하기

켈러의 초점 중에서 내가 동의하고 감사하는 두 번째 영역은 설교에 대한 초점들이다. 이것은 주로 6장 "복음적 부흥을 이루는 사역"에서 나온다.

켈러는 모든 성경이 한 분, 예수 그리스도에 대한 것임을 분명히 함으로써 모든 이야기를 시작한다. 성경은 근본적으로 수많은 모범적 인물에 대한 다양한 이야기가 아니다. 예수님은 성경에서 가장 중요한 인물일 뿐만 아니라, 성경 전체를 비추는 빛이며, 모든 것을 여는 열쇠이며, 정점이며, 중심 원리이다. 즉, 그는 요점이다. 켈러의 설교학적 접근법은 오늘날 수많은 젊은 설교자들의 지지를 받고 있다. 브라이언 채플, 시드니 그레이다누스, 에드먼드 클라우니, 그레엄 골즈워디, D.A. 카슨과 같은 동료 학자들의 지지는 물론이다. 그리스도 중심적(christocentric) 해석학은 나 또한 동의하듯, 예수님 자신이 명하신 바이다. 요한복음 5장 39-47절이나 누가복음 24장 27, 44절 등의 말씀을 보면 알 수 있다. 이 해석학은 치우친 삼위일체가 아니다. 왜냐하면 성부와 성령께서 친히 그리스도를 나타내시기 때문이다(요 8:54; 15:26).[15]

켈러의 설교 전략에는 그리스도 중심성과 함께 은혜 중심성이 있다. 성경의 기본적인 메시지는 죄인을 향한 하나님의 은혜이다. 그레샴 메이첸이 말했듯, "모든 성경의 가장 핵심과 중심에는 하나님의 은혜의 교리가 있다― 인간에게 일점이라도 근거가 있는 것이 아닌 전적으로 근거 없는 인간에게 베푸시는 하나님의 은혜이다."[16]

때때로 이 은혜 중심적 설교 방법은 설교자들이 단순히 복음을 설교할 것이 아니라 성경 전체 경륜을 설교해야 한다는 도전을 준다(이에 따르면 은혜의 복음은 한 가지 차원에 불과하다). 그런데 "하나님의 뜻을 다" 전하였다는 말씀은(행 20:27) "하나님의 은혜의 복음을 증언하려함"과 평행구를 이룬다. 두 구절에서 바울은 그의 사역의 가르침 내용을 요약하고 있다. 성경적인 맥락에서 "하나님의 뜻을 다" 전한다는 것은 "은혜의 복음 외에 여러 가지 많은 것을 잊지 않고 가르친다"는 의미가 아니다. 오히려 이런 의미이다: "은혜의 복음을 가르쳐라. 이 복음은 삶의 모든 측면을 꽃 피워 건강하고 활력있게 하는 것이다. 장로의 직분이든, 선교적 과업이든, 고난이든, 교리든 모두."

이러한 해석이 타당한 것은 바울이 서신서들을 통해서 복음을 온갖 종류의 이슈들에 적용하는 것을 볼 때 더욱 분명하다: 마지막 심판(롬 2:16), 이방인의 포함(롬 11:28), 목회자 사례(고전 9:12), 미래의 부활(고전 15:3-5), 재정 헌금(고후 9:8), 성찬의 교제(갈 2:14), 그리고 일상 업무(살전 2:9).

팀 켈러는 복음 부흥을 가능하게 하는 주된 수단으로서 설교를 강조한다. 다양한 기독교 활동이 번성한 오늘날 설교는 강조될 필요가 있다.

SNS의 조언들과 텔레비전 자문까지 수많은 상담들이 삶 속에 넘치는 이 시대에, 설교는 복음 부흥에 있어서 중요한 하나님의 채널이다. 많은 기독교 지도자들은 독백적 대화에서 쌍방향적, 대화적 설교로의 변화를 요청한다. 그렇지만 다양한 그룹들과 문화권의 사람들에게 다가가기 위한 다양한 설교적 대화의 필요성이 여전히 있다. 켈러는 우리에게 문화적 환경에 매이지 않는 복음을 전달하고 구원의 소식을 선포하는 신약성경의 요청을 상기시키고 있다.

그리스도와의 연합

이제 나는 복음 부흥 챕터에 대해 두 가지 질문을 던지려고 한다. 복음 부흥에 대한 이 탁월한 내용을 높이 평가하면서 우리 마음에 몇 가지 생각해야 할 이슈들이 있다. 첫 번째는 그리스도와의 연합에 대한 신약성경의 가르침과의 관련이다.

여기의 장들은 복음이 마음을 "구부리는" 것이 아니라 "녹임"으로써 어떻게 경건한 삶에 불을 붙이는지를 통찰력 있게 그리고 있다(166쪽). 예를 들어, 우리는 바울이 고린도 교인들에게 넉넉한 마음으로 헌금하라고 권면할 때에 어떻게 했는지를 보았다. 성도들의 마음을 예수님께서 복음 대속의 은혜로운 일을 했을 때에 하신 것에 초점을 맞추는 것이다(167-168쪽). 은혜로 사는 삶의 심리적 역동성을 설명하는데 있어 풍성하고 심오하다. 그렇지만 나는 켈러와 다른 이들로부터 어떻게 《팀 켈러의 센터처치》의 강조점들과 그리스도와의 연합이 연결되는지에 대해 듣고 싶다. 이것은 바울이 그리스도인의 제자도와 부흥이 위치하는 더 깊은 영적 실재에 대한 이해를 제공할 것이다.[17] 그리스도와의 연합은 기독교 구원의 주초이며 가장 근본적인 진리이다. 존 칼빈이 말했듯, "그리스도가 우리 바깥에 계시다면 우리는 그분으로부터 단절된 것이다. 그러면 그가 고난당하신 것과 인류의 구원을 위해 행하신 모든 것이 쓸모없는 상태로 남는다."[18]

이것을 증명하는 유명한 구절이 로마서 6장으로 연결되는 로마서 5장 끝 부분이다. 바울은 인간의 보편적인 죄성 및 그리스도의 사역 때문에 주어지는 은혜의 전적인 비대가성을 첫 다섯 장에 걸쳐 진단한다. 바울의 결론은 그 어떤 율법 불순종조차도 하나님 앞에서 우리의 의로운 자리를 위협하지는 못한다는 것이다. 오히려, "죄가 더한 곳에 은혜가 더욱 넘쳤나니"라고 고백한다(롬 5:20). 하나님의 은혜는 우리의 실패를 뛰어넘는다. 이 때문에 바울이 묻는 질문이 자연스레 따라온다: 은혜가 넘치게 하기 위해 우리는 왜 죄를 지어선 안되는가?

무엇이 바울의 답인가? 복음 부흥에 대한 켈러의 챕터들은 이 답을 기대하게 한다. "결코 그렇지 않다. 복음이 우리의 마음을 녹이고 우리를 경건한 삶으로 이끌 때까지 복음을 생각하라." 그렇지만 바울은 이렇게 말한다.

그럴 수 없느니라 죄에 대하여 죽은 우리가 어찌 그 가운데 더 살리요. 무릇 그리스도 예수와 합하여 세례를 받은 우리는 그의 죽으심과 합하여 세례를 받은 줄을 알지 못하느냐. 그러므로 우리가 그의 죽으심과 합하여 세례를 받음으로 그와 함께 장사되었나니 이는 아버지의 영광으로 말미암아 그리스도를 죽은 자 가운데서 살리심과 같이 우리로 또한 새 생명 가운데서 행하게 하려 함이라. 만일 우리가 그의 죽으심과 같은 모양으로 연합한 자가 되었으면 또한 그의 부활과 같은 모양으로 연합한 자도 되리라(롬 6:2-5).

복음이 죄를 지어도 되는 허가증인지에 대한 질문을 다룰 때, 바울은 은혜를 더욱 수여함을 강조하지 않는다. 오히려, 그는 신자가 위치한 보다 넓은 맥락 안에 복음을 둔다. 그것은 그리스도와 연합한 신분이다. 그리스도와의 연합은 성화에 대한 핵심 장들에서 중요한 부분이다(롬 6-8장). 바울 서신은 반복적으로 그리스도인의 삶을 그리스도와의 연합에 근거하고 있다. 프린스턴신대원의 찰스 하지는(1797-1878) 젊은 학생들에게 편지하면서 이렇게 말했다. 그러므로 "성경에서 가르치는 성화 교리는, 우리가 양심의 힘으로나, 정신적 동기부여로나, 훈련 활동으로 거룩해지는 것이 아니라, 그리스도에 연합함으로써 거룩해진다."[19]

이런 본문들에서 그리스도와의 연합이 어떤 것이라고 바울이 말하는지 명료하지 않을 수도 있다. 그러나 신약성경 학자들은 두 가지 기본적인 차원이 있음을 본다. 그것은 미시적인 것과 거시적인 것이라고 말할 수 있는데, 결정적인(vital) 것과 대표적인(federal) 것이 있다.[20] 미시적 차원에서는, 그리스도와 연합하는 것은 가장 친밀한 관계성이다. 이것은 성적 연합이라는 그림으로 가리키는 것처럼, 결정적인 연합이다. 고린도전서 6장에서 바울은 그리스도인들에게 창녀와 연합하지 말라고 명한다.

왜냐하면 그리스도인은 영적으로 그리스도와 연합했기 때문이다. 로마서 6장에서, 바울은 은혜의 비대가성에 근거해서 윤리적 동기 부여를 하지 않고 그리스도와 신자의 연합에 근거해서 하고 있다.

거시적 차원에서, "그리스도 안에서"는 "아담 안에서"라는 말과 반대된다. 모든 사람은 이 영역 아니면 저 영역에 있다. 이 대표('대표자') 지도자 아래 있거나 저 대표 아래 있거나 한 것이다. 아담 안에 있는 것과 그리스도 안에 있는 것 사이의 대조를 이해하는 열쇠는 종말론적으로 시작되었다. 그리스도는 마지막 때를 열었다. 역사의 중간에 새로운 시대를 고대하게 했다. 구원받을 때 우리는 아담의 옛 시대로부터 그리스도의 새 시대로 옮겨가는 것이다. 비록 구시대의 대부분의 잔재들이 우리들에게 붙어 있기는 하지만 말이다(그래서 "시대의 중간지대"에 산다는 표현을 한다). 그리스도와의 연합을 이러한 거시적 관점에서 바라보는 것은 신약성경에서 복음 부흥과 신선한 순종에 연료를 불어 넣는다(골 3:1-11).[21]

팀 켈러의 폭넓은 사역은 이 모든 것의 부요한 이해를 반영한다. 내가 물으려 하는 바는, 신약성경이 영적 성장을 설명하는 방식에 비추어 볼 때, 이 챕터들이 보다 명시적으로 그리스도와의 연합을 복음 부흥의 비전 속에 넣어야 하지 않느냐는 것이다. 5장 "복음적 부흥은 무엇이 다른가"에서, 여러 문장들이 "어떻게 성경이 우리를 변화시키는가"를 다루었다(154쪽). 켈러가 여기에서 말하는 요점을 나는 지지한다.

즉, 신약성경이 성장에 연료를 가하는 주 방식은 우리로 하여금 은혜를 누리게 하는 것이다. 이 은혜는 우리를 해방한다. 우리의 행동이 어떤 모양이 되도록 강제로 힘을 가하지 않는다. 그렇지만 켈러가 인용한 성경 구절들은 그리스도의 연합이라는 보다 넓은 맥락에서 변화의 동기부여를 제공한다. 에베소서 5장에서, 남편은 진실로 아내를 사랑하도록 명받는다. "그리스도가 교회를 사랑하시고 그 교회를 위하여 자신을 주심 같이 하라"(엡 5:25). 복음의 동기부여인 것이 분명하다. 그러나 바울은 그리스도와의 연합의 관점에서, 남편이 아내를 사랑해야 함을 훨씬 상세히 말하고 있다. 그리스도와의 연합에 있어서 부부의 결합은 흐린 그림이며, 메아리와 같은 것이다 (5:28-32).[22]

이러한 모든 이야기의 요점은 켈러가 진정한 마음의 변화를 일으키는 복음의 능력에 대한 공식화에 근본적으로 다른 의견은 아니라는 점이다. 그렇지만 나는 이러한 공식화가 그리스도와의 연합이라는 프레임 속에 위치할 필요가 있다는 것이다.[23]

이 교리가 뉴욕 시나 다른 지역에서 비신자들에게 어느 정도 적용될 수 있을지 질문할 수 있다. 용서와 사죄라는 측면에서 이야기한다면, 분명 쉽게 이해될 수 있다. 법치주의가 발달한 사회에서는 더욱 그렇다. 그리스도와의 연합이 덜 구체적이기는 하지만, 여전히 이 진리가 비신자들의 마음에 살아서 전달되도록 전할 수 있다. 이는 켈러가 매력적으로 하고 있는 바이다. 예를 들어, 우리는 '단절감'의 실존적 느낌에 대해 말할 수 있다. 이는 깨어지고, 부서지고, 분리되고, '배제된' 느낌이다. 톨키엔이 1945년에 그의 아들에게 보낸 편지에서 쓰듯, "분명히 이 불행한 땅에 에덴 동산이 있었다. 우리는 모두 그것을 그리워한다. 우리는 끊임없이 그 희미한 빛을 본다: 우리가 가진 모든 본성은 '유배'의 느낌에 젖어 있다. 최선의 상태에서도, 가장 덜 부패한 상태에서도, 가장 신사적이고 가장 인간적인 상태에서도 그렇다."[24]

우리의 진정한 자아와 다시 연결되는 것, 우리가 유배된 것으로부터 다시 그것에 연결되는 것은 결정적으로나 대표적으로나 타락한 인간 존재가 그리스도와 연합할 때 이루어진다.

살아 계신 그리스도와 연합하는 것이 실제적으로 나타나는 것은 놀라운 일이다. 나는 2002년 가을 카비넌트신학교에서 필 더글라스 교수의 경건 형성 수업을 듣고, 그리스도와 연합됨의 거시적 중요성에 대해 알게 되었다. 죄로부터 최종적으로 나를 해방하는 은혜의 불가항력성이 새롭고 강력하게 다가왔다. 나는 그때 깊이 깨달았다. '그리스도와 내가 연합한 상태에서는 결코 죄를 지을 수가 없다'.

부활하신 주님과 나는 비가역적으로 연합한 것이다. 어떤 것도 우연한 일이 아니다. 그때부터 지금까지 수 년 동안 무수히 많이 그리스도와의 연합은 나를 강건하게 했다. 죄의 유혹이 있을 때 아니오라고 말할 수 있게 했으며, 유혹에 졌던 많은 때에 나를 침착하게 하고 제정신으로 돌아오게 했다.

그리스도의 마음

복음 부흥에 대한 이 장들의 가르침에 한 가지 더 추가할 가치가 있다. 이 장들에서 복음에 대해 아주 명료하게 설명했는데, 그리스도가 배경 속에 조용히 잠길 가능성이 있다는 점이다. 그렇게 되면 복음 부흥을 담는 천정이 낮아지게 된다. 이 장들의 놀랍고 선명한 복음 설명이 조금 지적 또는 공식적인가? 구원의 교환적 특성에 대해서는 너무 진중하게 대하고, 구원의 개인적 특성에 대해서는 너무 가벼운 것은 아닌가?

이렇게 표현해 보자. 그리스도 중심적이 되지 않으면서 복음 중심적인 것은 가능한가? 조직신학의 범주에서 볼 때, 그리스도의 인성을 배제한 채 그리스도의 사역에 초점을 맞출 수 있는가? 우리가 이따금 그리스도에 시선을 고정하는 방식으로 복음 중심적이지 않으면서도 복음 중심적이 될 수 있는가?[25]

분명히, 이 장들에서 우리가 발견하는 것은 은혜의 복음에 대해 선명함이다. 어느 누구도, 언제나 모든 것을 한 번의 이야기에 다 표현할 수 있는 사람은 없다! 더욱이, 이 장들의 몇몇 곳에서 그리스도가 높임받는 부분들이 있다. 예를 들면, 진리를 선명할 뿐만 아니라 실제적으로 설교하는 것에 대한 토론이 있다(187쪽). 그러나 복음 부흥의 내용을 읽는 독자들이 예수님을 부지 중에 무시하지 않도록 특별한 주의를 기울일 필요가 있다고 본다. "복음에 대한 믿음"(172쪽)은 꾸준히 반복되어 울려퍼진다. 이는 지혜로울 뿐만 아니라 옳다. 은혜의 복음의 영광스러운 객관성은 선명하게 빛난다. 그러나 우리는 이 복음이 그리스도 자신으로부터 분리되어 있지 않도록 해야 한다.

이런 관점에서 특별히 유익함이 많은 이유는 그리스도의 마음에 대한 묵상이다. 스펄전은 예수님이 그의 마음에 대해 사복음서에서 말씀하신 장면들에 대해 이야기한 바 있다. 예수님은 자신이 "온유하고 겸손하다"(마 11:29)라고 말씀하셨다.[26] 마태복음 11장 말씀으로 우리에게 주신 그리스도의 마음은 사복음서에서 반복해서 행함으로 우리에게 주어졌다. 그 사역 내내 예수님께서는 엉망인 사람들, 절망하는 사람들, 슬픈 사람들을 가까이 하셨다. 또한 교만한 사람들, 지배계층, "깨끗한" 사람들은 밀어내셨다. 우리는 예수님이 팔을 벌려 아이들을 품에 안아 주시는 것을 본다(막 10:16). 나사로의 죽음 앞에 우시는 것을 본다(요 11:35). 또한 죽음 앞에서 친구들의 슬픔 앞에 심히 괴로워하시는 것을 본다(요 11:33). 그분은 깊은 정서를 가진 분이시다.

나의 요점은 지친 영혼이 주말에 교회에 찾아올 때, 복음 부흥은 단지 선명한 복음의 빛을 통해서뿐만 아니라 예수님이 누구이신지를 분명하게 묘사하는 따뜻한 열을 통해서도 이루어진다는 것이다. 사람들의 마음은 그들의 불안정하고 엉망인 상태 가운데에서도 그리스도의 마음이 자신에게 향한다는 것을 알 때 편안해지고 따뜻해지고 새로워진다. 그들의 상태를 극복한 다음이 아니라 현재 상태에서 그리스도의 마음이 죄인들을 친구로 삼으시고 그들을 '위하신다'는 것을 알 때이다(마 11:19). 복음 진리의 객관성은 반드시 예수님의 마음의 주관성과 결합되어야 한다. 죄인들은 그리스도께서 정의를 만족시키셨을 뿐 아니라 절망적인 실패자를 향해 마음을 쏟으신다는 것에 푹 잠겨야 한다. 하나님께서는 방황하는 죄인들을 향하여 마음이 끓으신다(렘 31:20).

물론, 객관적인 복음 진리가 없이 그리스도의 마음을 만끽하기란 불가능하다. 우리는 분명히 죄의 기록이 깨끗해졌으며 모든 죄책이 제거되었으며, 그리스도의 완성된 사역 속에서 완전하게 설 수 있음을 알아야 한다. 그러나 이 객관적 진리는 최종 목적지가 아니라, 실패한 이들의 친구이며 실제로 사람이 되신 그분이 안아 주심을 느끼는 채널이다. 과거의 죄인들 뿐 아니라 현재의 죄인들을 위한 것이다. 우리에게는 복음에 대한 믿음이 아니라, 그리스도에 대한 믿음이 필요하다.[27]

이러한 주관적 차원이 18세기 대각성운동 사역자들의 효과성에 있어서 매우 중요하다. 죠지 윗필드, 웨슬리 형제들, 그리고 조나단 에드워즈는 '그리스도'를 '복음'과 동등하게 (또는 더 많이) 말했다. 이 부분에 있어서 나의 지성은 많은 영향을 받았다. 특히 존 오웬의 '삼위일체 하나님과의 연합'이 도움이 되었다("세상에는 가장 비겁하고, 가장 약하고, 가장 가난한 신자는 없다. 오직 그리스도가 세상 모든 것들보다 그를 더 사로잡는다"[28]). 그리고 토마스 굿윈의 '그리스도의 마음'이 있다 ("이제 그가 영광에 계심에도 불구하고, 어떻게 그의 심장이 뛰며, 얼마나 그의 애정이 우리를 향해 뜨거운지"[29]).

그리스도의 마음에 대한 강조점은 선명한 복음 공식의 놀라운 발견을 보조하여, 복음을 신선하게 재발견한 젊은 설교자들이 율법폐기론에 경도되지 않도록 도움이 될 것이다. 교환이 발생해서 이제 하나님 앞에 의롭다고 여겨질 뿐만 아니라, 그분과의 살아 있는 교제를 지금 누리고 있는 것이 사실이라면, 죄가 나의 회계장부에 들어오지는 않지만 그분과의 친밀한 교제는 방해하고 마는 것이다. 브라이언 채플은 그의 저서 《성화의 은혜》에서 어떤 것들은 하나님과 동행할 때 바뀔 수 없는 것이지만, 다른 것들은 바뀔 수 있음을 보여 주었다. 바뀔 수 없는 것에는 우리가 하나님의 자녀 된 것, 우리의 복락을 원하시는 하나님의 열망, 우리를 향하신 그분의 사랑, 우리의 영원한 운명, 그리고 우리의 최종적 안전이 있다. '바뀔 수' 있는 것으로는 주님과의 교제에 대한 친밀함의 느낌, 주님의 축복에 대한 우리의 경험, 그분의 사랑에 대한 우리의 확신, 우리의 행

동에 대한 주님의 기쁨, 주님의 훈련, 죄책에 대한 우리의 느낌이 있다.[30]

하나님과의 걸음에 있어서 고정적인 것과 유동적인 것 사이의 구분을 통해서 우리는 복음의 말할 수 없는 비대가성을 지킬 수 있다(이는《팀 켈러의 센터처치》에서 크고 분명하게 선포된다). 동시에 우리가 하나님을 누리는 것이 우리의 순종과 불순종에 따라 어떻게 달라지는지를 성경적 교훈을 통해 배울 수 있는 여지가 생긴다. 그리스도의 마음에 대한 묵상은 우리로 하여금 그리스도인의 삶에 있는 주관적이며 관계적이며 그분과의 인격적 관계라는 특성을 고려하는데 도움이 된다. 이는 은혜의 교리를 은혜의 그분과 보충하는 것이다.

결론

복음 부흥에 대한 이 장들에서 접하는 것들의 선명성과 통찰력을 과장하는 것은 어려운 일이다. 심지어 그리스도와의 연합 및 그리스도의 마음에 대한 묵상들조차도 팀 켈러의 가르침과 상충되는 것은 아니다. 오히려 보충하려는 의도로 기술한 것이다. 어떤 교회든지, 어떤 신자든지, 이 책을 기도하면서 읽고 삶에 통합하기를 은혜로 구하는 이들은 바위 위에 집을 짓게 될 것이다. 모래 많은 기초가 아닌 것이다(마 7:24-28).

이미 언급하였듯이,《팀 켈러의 센터처치》의 가르침을 보충하면서 특히 염두에 둔 것은 차세대이다. 팀 켈러는 폭넓은 영향력과 심오한 영향력을 비범하게 끼치고 있다. 특히 30대 후반의 내 또래 세대에게 더욱 그렇다. 팀 켈러의 가르침을 통해 복음의 경이에 눈뜬 사람들은 반드시 성경이 기독교적 생활과 개인 부흥에 대해 말하는 모든 것을 믿도록 힘써야 한다. 켈러의 설명에 대한 적절한 열정이 앵무새처럼 반복이 되지 않도록 해야 한다. 복음의 진리를 자신의 맥락에서 자신의 인성을 통해 자신만의 방식으로 표현하는 길을 찾아야 한다.

나에게 있어 지지하는 결론을 내리는 것은 쉬운 일이다. 그리스도인의 제자도에 대해 고민하는 사람이나 기독교 삶의 핵심 동력을 알기 원하는 사람에게《팀 켈러의 센터처치》만한 책을 소개할 것이 없다.[31]

데인 오틀런드에 대한
답변

팀 켈러

감사한 부분

데인 오틀런드가 복음 부흥에 대한 본 저의 내용이 "복음주의 영성에 스며들었다"고 주장하는 것을 듣다니 놀랍고도 격려가 된다. 그리고 특히나 (나보다) 젊은 세대의 사역자들과 지도자들에게 영향을 미쳤다니 놀라운 일이다. 정말로 그런 것이라면, 나는 감사하고, 겸손해지지 않을 수 없다. 단지 예를 갖추기 위해서 겸손을 말하는 것이 아니다.

부흥과 갱신에 대한 이 주제에 대하여, 나는 역사 속에서 배울 수 있는 신앙 선배들의 샘에서 고스란히 지혜의 물을 길어올렸다. 특히 조나단 에드워즈가 해당된다. 내가 어떤 공을 받는 것은 이상하게 느껴진다. 과거의 스승들의 업적을 단순히 다시 보급하는 것이다. 어쨌든, 이러한 격려를 받을 수 있다는 점에서 나는 감사할 뿐이다.

또한 오틀런드가 "세 가지 방식들"을 풍성하게 설명해 주는 부분에 감사드린다(208-209쪽). 결국, 이것은 율법주의, 율법폐기론, 그리고 복음에 대한 전형적인 구분을 새롭게 표현한 것이다. 오틀런드는 이 "삼각" 접근법이 마르틴 루터, 쇠렌 키에르케고르, F. B. 마이어, 토마스 아퀴나스, 블레즈 파스칼, 헤르만 리델보스, 칼 바르트의 작품 속에서 여러 가지 모양의 상상력으로 나타났음을 발견했다. 나는 몇 가지는 알고 있었지만, 어떤 것들은 몰랐다. 그가 인용한 것들을 살펴보면서 어떻게 복음의 대안이 듣는 사람들의 마음에 분명하게 들리도록 잘 전할 수 있을지의 이해를 심화할 수 있었다.

유용한 부분

오틀런드가 두 가지 은혜롭게 비판한 것은(그가 "대화를 더 발전시키기 위한 제안"이라고 친절하게 부른 것은) 이 장들에 나오는 토론들이 "은혜의 복음에 대해 분명할" 뿐만 아니라 "그리스도 자체가 드러나시도록" 하기 위한 것이다. "복음 부흥의 내용을 읽는 독자들이 예수님을 부지 중에 무시"하는 일이 있을 수도 있다는 점이다(218쪽). 그가 보기에 이 장들에 나타난 "은혜의 복음의 영광스러운 객관성"은 선명하게 반짝인다. 그러나 예수님에 대한 강조가 약하다는 것이다. 어떤 이들은 그리스도를 제시하지 않으면서 그리스도의 구원의 유익만을 제시하는 것으로 묘사하기도 했다. 복음 갱신에 대한 내용이 이러한 실수를 일으키는가?

오틀런드는 자신의 모든 에세이에서 그리스도를 설교하는 것이 복음 부흥의 주된 수단이라는 나의 주장에 동의하고 존중한다고 말했다. 모든 설교마다 성경 본문의 특정한 내용과 주제가 그리스도를 가리키며, 그리스도 안에서 완성되는지를 보여 주는 것이다. 그는 "켈러의 설교 전략에는 그리스도 중심성과 나란히 은혜 중심성이 있다"라고 쓰고 있다 (211쪽). 나는 대개 그런 식으로 표현하지는 않는다. 그리스도 중심적으로 설교하는 것이야말로 은혜 중심적인 설교를 하는 길이다. 그리스도의 존재와 사역에 연결되지 않는 채 강해되는 본문은 암시적으로 또는 명시적으로 도덕주의적 교훈이 되고 만다. 본문의 성경적 주제를 그리스도께 연결해서 이해할 때 본문에 나타나는 명령문들을 그리스도의 구원 사역의 평서문 속에서 파악할 수 있다. 이것이 곧 은혜 중심적인 메시지를 설교하는 방법이다.

여기에서 유의할 것이 하나 있다. 어떤 설교들은 외적으로는 그리스도 중심적이고, 많은 것을 그리스도에 대해 이야기한다. 그러나 마침내는 그리스도를 본보기로, 또는 영감의 원천으로, 심지어는 "성경 주제의 절정"으로 드러내지만, 우리에게 주시는 구원의 은덕에 대해서는 명확히 말하지 않는다. 우리가 추구하는 것은 존 칼빈이 말한 바와 같다: "우리가 성부께서 주신 그대로 그리스도를 받았다면, 이것이 곧 그의 복음으로 옷 입은 그리스도를 아는 참 지식이다."[1]

"그의 복음으로 옷 입은 그리스도"라는 구절에는 모든 설교자가 청중에게 전해야 할 메시지가 담겨 있다. 단순한 용서의 선포가 아니며, 여러 가지 면에서 경이로운 그리스도를 가리키는 설교가 아니다. '그리스도를 높이 들어올리는' 설교이다. 믿음으로 그리스도와 연합하는 이에게 미치는 구원의 효력을 충만하게 드러내는 설교이다.

오틀런드는 이 장들에 나타난 주장이 이 정도로 선명하지는 않다고 보는 것 같다. 그리스도 중심적 설교에 대한 그의 간단한 고찰에도 불구하고, 독자는 마치 "예수님 자신을 도외시하면서" 복음의 객관적인 효용만을 제시하는 설교가 가능하다는 인상을 받을 수 있다. 만일 그것이 사실이라면 - 그럴 수도 있기는 하다 - 오틀런드는 분명히 복음 부흥 챕터에서 빠진 것이 무엇인지를 제대로 알고 있다. 원래 나의 계획은 《팀 켈러의 센터처치》에 복음 부흥을 위한 그리스도 설교에 대한 완전한 챕터를 넣으려고 했다. 그러나 집필하면서, 한 챕터로 쓰기에는 너무 길다는 것이 분명해졌다. 심지어 책에 포함하기에도 너무 길었다. 그래서 별도의 책을 쓰기로 결정했다. 이는 《팀 켈러의 설교》(두란노)로 출간되었다. 《팀 켈러의 센터처치》에서 그리스도를 설교하는 것에 대한 부분은 매우 간단하다. 오틀런드의 관심을 해결하기에는 역부족이다. 그래서 독자들은 《팀 켈러의 센터처치》 외에 설교에 대한 나의 책을 같이 읽는 것이 그가 경고하는 실수를 피하는데 도움이 될 것이다.

흥미로운 부분

데인 오틀런드의 또 다른 은혜로운 비판은 "그리스도와의 연합"에 대한 것이다. 복음 부흥에 대한 글에서 경건과 거룩의 주요 동기요인이 은혜로운 구원에 대한 감사라고 그는 지적한다. 예를 들어, 바울의 경우 고린도후서 8장 9절에서, 신자들에게 재정적인 헌신을 동기부여할 때 그리스도의 대속적 죽음을 강조할 뿐만 아니라("부요하신 이로서 너희를 위하여 가난하게 되심은") 그의 사역을 통해서 우리가 새로 얻게 된 새로운 신분도 호소하고 있다("그의 가난함으로 말미암아 너희를 부요하게 하심이라"). 우리가 획득하지 않은 영적 부요로 말미암아 부요하기 때문에, 우리의 소유에 대해서 또한 희생할 정도로 관대해야 한다. 오틀런드는 이것이 대속적 속죄와 칭의에 대한 감사에서 나오는 동기부여임에 동의한다. "이것은 은혜로 사는 삶의 심리적 역동성을 설명하는 중요하고 풍성한 개념이라고 말한다(212쪽).

그런데 오틀런드는 로마서 6장에서 바울이 거룩을 동기부여 하는 방식처럼, 예수님의 대속 사역 즉 용서와 칭의뿐만 아니라 "그리스도와의 연합"이 우리에게 거룩을 위한 동기부여를 제공한다는 점을 지적한다. 복음 부흥에 대한 내용이 이를 간과한 것은 아닌가? 또한 고린도전서 6장에서 바울은 그리스도인들에게 성적 음란을 피하라고 권면하면서 그리스도와의 연합을 이유로 들고 있다. 오틀런드는 나의 설교 가운데 이러한 동기부여들이 있음을 알고 있다. 다만 그는 복음으로 사람들을 어떻게 새롭게 하는지에 대한 장에서 내가 그리스도와의 연합을 다루어 주기를 바라는 것이다. 또한 "그리스도인의 제자도와 부흥이 위치하는 더 깊은 영적 실재에 대한 이해를 제공할 것"을 기대하는 것이다. 단지 "마음을 예수님께서 복음 대속의 은혜로운 일에 초점을 맞추는 것" 이상을 구하는 것이다(212쪽).

나는 그리스도와의 연합이 복음의 은혜보다 "더 깊은 실재"라고 하는 말에는 동의하지 않는다. 또한 그리스도와의 연합을 의식하는 것이 은혜 구원에 대한 감사보다 더 깊은 동기부여가 된다는 것도 마찬가지이다. 복음은 죄인들이 자신의 공로가 아니라 그리스도의 공로로 말미암아 구원을 받는 것이다. 이것은 "복음 대속의 은혜로운 사역"은 단지 용서 및 은혜 구원만을 확보하는 것이 아니다. '모든 것'을 의미한다 - 입양, 성령의 내주하심, 새로운 이름 또는 정체성, 기도를 통한 교제와 만남, 그리스도와의 연합.

연합이 "더 깊은 실재"라는 것은 어떤 면에서 진리이다. "그리스도와의 연합"은 구원의 유익 중 한 가지가 아니라, 나머지 모든 것들을 붙드는 것이다. 구원의 모든 유익들은 단순히 그리스도와의 연합의 결과들이다. 칭의는 그리스도와의 법적 또는 법정적 연합이다. 그래서 그리스도의 의가 우리의 것이 된다. 중생과 성령의 내주는 그리스도와의 실제적, 즉 영적 연합이다. 양자됨, 신분의 변화, 그리고 기도는 그리스도와의 개인적인 사랑의 연합이다. 그리스도의 몸에 교인이 되는 것은 그리스도와 연합된 모든 이들과 연합되는 것을 의미한다. 그러므로 그리스도와 연합되는 것은 다른 모든 유익들을 꿰뚫는 핵심적인 성경 개념이다. 우리가 이것을 행하거나 저것을 행하면 우리에게 주어지는 개별적인 것이라고 보는 오류를 피하게 해 준다. 그리스도인이 되는 것은 "그리스도 안에" 있는 존재가 되는 것이다. 우리가 그리스도를 영접할 때 그분의 사역에 근거해서 모든 은덕을 입었음을 말하는 속기 방식이다. 그러므로 설교자들이 청중에게 "값없이 우리의 것이 된 은혜를 누리자"고 초청할 때, 설교자들은 "또한 동시에 우리는 그리스도와 연합되어 있다"고 말할 필요는 없다. 우리의 사역이 아니라 '그분의' 사역을 통해 연합하는 것이다. 이것은 어떤 다른 실재가 아니라 우리가 누리는 바 은혜의 일부이다.

나는 현재 뜨거운 신학적 논쟁인 주제를 여기서 다루지 않으려고 한다. 칭의, 성화, 그리고 연합에 대한 질문들이 그 논쟁을 차지하고 있다. 그 토론이 이 주제에 연결되기는 하지만, 우리의 주된 관심사는 그리스도와의 연합 교리가 사람들을 새롭게 하고 변화시키는 길인가 하는 것이다. 이 책에서 충분히 다루지 않았지만, 나의 사역과 설교에서 이 주제를 간과하지 않았다.

나의 첫 번째 반응은 이렇다(두 번째 반응도 곧 다룬다!). 이 장들에서 그리스도와의 연합에 대해 소홀했다는 것은 겉보기만큼 사실이 아니라는 점이다. 오틀런드도 지적하듯이, 설교자들이 그리스도와의 연합에 대해 설교하는 것이 쉽지는 않다. 이것은 "덜 구체적인" 개념이기 때문이다. 그는 한 가지 예를 들어서 설명한다. 즉 유배에 대해 이야기하는 것이다. 우리가 참된 집에서 떨어져나와 있다는 점이다. 이는 아주 유익한 방식이다.

그리스도와의 연합을 이야기하는 주된 방식 중에 하나는, 특히 오틀런드가 로마서 6장을 인용하듯이, 영향력 또는 권위의 한 '영역'에서 다른 영역으로 옮겨가는 것이다. 한 주인이나 주군 아래 있다가 다른 주인으로 이전하는 것이다. 더글라스 무는 로마서 5장과 6장에 대한 탁월한 주석에서 두 가지 영역에 대해 말한다. 죄와 사망의 영역과 의와 생명의 영역이 그것이다. 각 영역에는 주초가 되는 '행동'이 있다. 아담의 불순종과 그리스도의 순종이다. 그리스도와의 연합은 우리가 한 영역에서 다른 곳으로 옮겨갈 때 일어난다. 죄와 사망의 지배 아래 있던 영역에서 그리스도의 영역으로 옮겨가는 것이다. 우리는 옛 영역 속에서 노예였으나 이제 새 영역에서 자유롭게 되었다.[2] 그리스도인이 죄 짓는 것을 생각할 수 없는 이유는 우리가 이제 새로운 주인을 모시고 있기 때문이다: "너희는 너희 자신의 것이 아니라 값으로 산 것이 되었으니"(고전 6:19-20). 우리는 죄를 지으면 안된다. 더 이상 죄를 지어야만 하는 것이 아니기 때문이다. 죄의 지배로부터 해방된 것이다. 우리는 죄를 지으면 안된다. 그것은 우리를 해방하려고 모든 것을 포기하신 분의 사역을 짓밟는 것이기 때문이다.

그럼 당신은 이것을 어떻게 설교하겠는가? 대부분의 회중에게 거리감 있는 신학처럼 들리게 하지 않으면서 어떻게 하겠는가? '영역 이동'에 대해 가르치는 주된 방법 중에 하나는 우상 숭배의 형태로 죄를 설교하는 것이다. 하나님 외에 다른 '주인들'을 가지고 있다는 것이다. 복음 부흥의 자료들 중에 일부는 여기에 할애되어 있다. 성경이 하나님 외에 다른 신들을 두지 말라고 선언하는 것과(출 20:2) 우리가 공로가 아닌 오직 믿음으로 의롭게 된다고 선언할 때에 그것은 본질적으로 동일한 것이라고 루터는 말했다. 하나님 없이 자신을 의롭게 만들려고 애쓰는 것들, 자신의 명예와 가치를 확보하려고 하는 것들, 정체성을 형성하려고 하는 그것들이 바로 만물을 취해서 사이비 구원자와 신으로 둔갑되는 것이다. 그리고 이 주인들이 우리에게 부리는 권세를 깨뜨리는 방법은 "그러나 당신이 그것들 속에서 헛되이 추구하던 바로 그것들을 예수님이 당신을 위해서 이미 성취하셨습니다"라고 선언하는 것이다. 우리가 우상 숭배로 되돌아간다면 그것은 우리의 참된 칭의가 어디에 놓여있는지를 망각하고 우리의 참된 사랑과 구주가 누구인지를 망각한 까닭이다. 우리는 반드시 그분을 바라보아야 한다. "너희들은 내 삶을 더 이상 지배할 수 없다"라고 우상들에게 말하기 위해서는 자신이 누구이며, 무엇을 소유했는지를 그분 안에서 바라보아야 한다. 이것이 로마서 6장의 기본 원리를 설교하는 방식이다. 우리는 죄로부터 해방되었다. 그러나 우리는 죄로 돌아가서는 안된다. 우리는 예수께 소속되고 연합되었기 때문이다.

이제 우리 설교자들이 이 내용을 전달하기 위해 '우상 숭배'의 메타포를 매번 사용할 필요가 없다는 것을 인식하는 것도 중요하다. 어거스틴은 "고장난 사랑들"에 대해 말한다. 하나님을 너무 적게 사랑하고 다른 것들을 너무 많이 사랑하는 것. 쇠렌 키에르케고르는 "거짓 정체성"에 대해 말한다. 하나님이 아닌 다른 것 위에 자기를 건축하는 것. 아주 세속적인 사람들에게도 죄에 대한 예속과 그리스도의 구원 은총을 통한 자유를 전달할 수 있는 많은 방법들이 있다.

우상 숭배의 개념은 복음의 은혜를 설교하는 한 가지 방법으로서 로마서 6장의 죄의 정의인 예속과 구원의 정의인 자유로 나타낼 수 있다. 이는 그리스도와 우리가 연합하는 것의 표현이다. 그러므로 내 생각에 복음 부흥에 대한 자료에서, 우리는 단지 복음을 죄로부터의 자유 정도로 축소하거나 단지 용서받는 것에 대한 감사의 동기로 축소하지 않았다.

오틀런드의 비판에 대한 나의 두 번째 반응은, 복음 부흥과 그리스도와의 연합의 연결성을 좀더 명확하게 나타내야 했다는 그의 말에 동의하는 바이다. 또한 여기에서 언급해야 할 것은, 복음 부흥의 역동성에 대한 가르침이 그리스도 중심적인 강해설교에 대한 보다 철저한 훈련과 연결될 때에 훨씬 분명하게 연결되리라는 점이다. 당신이 성경을 통해서 설교한다면, 은혜에 대한 복음적 감사의 모든 단면들을 끊임없이 보게 될 것이다. 우리는 입양되었다; 그러므로 아버지께 기도하며 닮아간다 (마 6:5-9; 엡 1:4-5). 우리 안에 성령님이 내주하신다. 그러므로 우리는 불경건한 부도덕에 참여해선 안된다(고전 6:19). 우리는 이제 그의 이름을 지니고 있으며, 그래서 우리는 그의 이름을 영예롭게 하기를 원한다(행 5:41; 딤후 2:19). 우리는 그를 사랑하기에 믿음으로 그를 보기를 원한다. 이것을 통해 우리는 그분의 형상으로 닮아간다(고후 3:18). 우리는 그리스도를 두려워해야 한다. 그를 "경외함"이 있어야 한다(엡 5:21). "하나님을 경외함"은 구약에서도 은혜를 더 많이 깨달을수록 심원해지는 것이다(시 130:4). "그리스도를 경외함"이란 개념은, 너무나 거룩하시고 무한하신 분이 그토록 희생적이며 전적으로 우리를 사랑하셨음을 알 때 우리가 기쁨으로 가득 찬 두렵고 떨림으로 살아간다는 것을 의미한다. 즉 우리는 그를 기쁘시게 하기 원하고, 닮기 원하여서 순종하는 것이다. 그분을 불명예스럽게 만들거나 슬퍼게 하기를 원치 않는 것이다.

이러한 동기들은 여러 면에서 다르다. 그러나 존 오웬이 《신자 안에서 죄의 죽음》에서 말한 것처럼, 구원이 선물이며 획득물이 아니라는 사실에 깊이 뿌리내리지 않는 경건은 결국 우리의 노력으로 하나님께 부담을 드려서 구원을 획득하려는 영적으로 죽은 노력으로 변질된다.[3] 이러한 의무들은 우리 마음을 바꾸지 못한다. 단지 외적 도덕성을 만들어 낼 뿐이다. 그러는 동안 마음은 치명적인 자기 만족과 반역에 빠진다. 가장 중요한 것은 하나님의 은혜에 대한 반응으로서, 내가 그리스도께 연합되었고 그러므로 죄를 지어선 안된다는 사실과 여러 동기부여를 받는 것이다.

복음 부흥에 대한 성경적 개념의 풍부한 복잡성이 암묵적으로 표현되었고 상세히 표현되지 못했다는 것에는 오틀런드의 지적에 동의한다. 이것을 우리가 인식할 때 이 부분을 후에 풍성하게 할 수 있는 좋은 지침이 되리라 믿는다.

프롤로그

1. 리처드 린츠, *The Fabric of Theology, A Prolegomenon to Evangelical Theology* (Grand Rapids:Eerdmans, 1993), 9.

2. 위의 책, 82.

3. 위의 책, 315.

4. 위의 책, 316-317.

5. 이 세 가지 영역은 리처드 린츠의 네 가지 신학적 비전 요소들과 대략적으로 상응한다: (1)'복음'은 어떻게 당신이 성경을 읽느냐에서 흘러나온다; (2)'도시'는 문화에 대한 당신의 성찰에서 흘러나온다; (3)운동은 당신이 전통을 어떻게 이해하느냐에서 흘러나온다. 한편, 네 번째 요소-인간 이성에 대한 당신의 견해-는 이 모든 세 가지를 이해하는데 영향을 끼친다. 당신이 비그리스도인을 어떻게 전도하는지, 어떻게 일반은총이 문화 가운데 일한다고 보는지, 사역 구조에 대한 당신의 생각에 있어서 얼마나 제도적인지 (아니면 반제도적인지)에 영향을 끼친다.

6. 복음 축은 다른 두 가지와 같지 않다고 주장할 수 있다. 다른 두 축에서는, 바람직한 위치는 중간점이다. 극단 사이에 균형점이다. 그런데, 싱클레어 퍼거슨(매로우 논쟁에 대한 강연에서) 및 다른 이들이 주장하듯이, 복음은 단지 두 극단 사이의 균형이 아니며, 완전히 다른 무엇이다. 사실, 율법주의와 율법폐기론은 반대가 아니라 사실상 동일한 것이기도 하다. 복음에 반대된 자기 구원이라는 점이다. 그러므로 복음을 두 극단 사이에 놓은 것은 단순히 시각적인 방편일 뿐임을 유의하기 바란다.

part 1

01 -----

1. 마가복음 1:1; 누가복음 2:10; 고린도전서 1:16-17; 15:1-11

2. D. A. 카슨(D. A. Carson), "What is the Gospel? - Revisited," in *For the Fame of God's Name: Essays in Honor of John Piper*, ed. Sam Storms and Justin Taylor (Wheaton, Ill.: Crossway, 2010), 158.

3. 요한일서 3:14에서 '옮겨'(passed)라고 번역한 단어는 *metabainō*로서 옮겨갔다(cross over)는 의미이다. 요한복음 5장 24절에서, "내가 진실로 진실로 너희에게 이르노니 내 말을 듣고 또 나 보내신 이를 믿는 자는 영생을 얻었고 심판에 이르지 아니하나니 사망에서 생명으로 옮겼느니라"(*crossed over*, 메타바이노). 병행 구절로는 골로새서 1장 13절이 있는데, 그리스도를 따르는 이들은 어둠의 지배왕국에서 아들의 나라로 옮겼다고 말하고 있다.

4. 마틴 로이든 존스(D. Martyn Lloyd-Jones), 《영적 침체》.

5. J. I. 패커(J. I. Packer), 《그리스도의 죽음 안에서 죽음의 종식(Introductory Essay to John Owen's Death of Death in the Death of Christ)》에 대한 서론 에세이.

6. J. I. 패커, 《하나님을 아는 지식》

7. 프란시스 쉐퍼(Francis Schaeffer), 《그리스도인의 표지》. 참조: 티모시 죠지, 존 우드브리지 (Timothy George and John Woodbridge), 《예수의 마가복음: 세상이 볼 수 있는 방식으로 사랑하기》.

8. 카슨, 위의 책.

9. 이것에 대한 다른 설교자들의 글에서 읽고 들었지만, 터툴리안의 저작 중에 어디 있는지를 찾을 수가 없었다. 아마도 출처가 의심스러운 문서인 것 같다. 그러나 말하는 원리는 옳다.

10. 그레샴 메이첸(J. Gresham Machen), 《그리스도교와 자유주의》, 99.

11. J. I. 패커(J. I. Packer), *My Place Condemned He Stood: Celebrating the Glory of the Atonement*, 26-27.

12. 사이먼 개더콜(Simon Gathercole), "바울의 복음과 하나님 나라의 복음", in *God's Power to Save*, 138-154.

13. D. A. 카슨(D. A. Carson), 《하나님의 사랑의 어려운 교리》. "우리는 하나님의 사랑이 영원 전에도, 창조가 일어나기 전에도, 타자 지향적이었음을 발견하게 된다. 이것은 (예를 들면) 알라 신에겐 해당하지 않는다. 그러나 성경의 하나님은 한 분이시기에, 단일성 안에 있는 복수성은 하나님께 합당한 초점을 저해하지 않는다. … 언제나 하나님의 사랑에는 타자 지향성이 있어

왔다… 우리는 하나님의 친구들이다. 그것은 하나님의 삼위일체 내적인 사랑의 미덕 덕분인데, 이는 영원 이전에 하나님의 마음에서 만들어진 구원의 계획이 때가 차매 정확한 순간에 우리의 시공간의 역사 속에서 폭발적으로 나타난 것이다.

14. 팀 켈러(Tim Keller)의 《팀 켈러, 하나님을 말하다》에서 "창조의 춤" 장을 보라. 또한 팀 켈러의 《왕의 십자가》에서 "춤" 장을 보라.

15. 윌리엄 버틀러 예이츠(William Butler Yeats)의 시 "재림"(The Second Coming) (1920)에서 가져온 것이다.

16. 에밀리 보브로우(Emily Bobrow), "데이비드 포스터 윌리스, 그의 언어로" (2005년 케니언대학 졸업축사에서 가져온 것이다). http://moreintelligentlife.com/story/david-foster-wallace-in-his-own-words (2012년 1월 4일 접속).

17. C. S. 루이스(C. S. Lewis), 《그리스도인의 묵상》167-176을 보라.

18. 비노스 라마찬드라(Vinoth Ramachandra), 《예수 스캔들》, 24.

19. 이 예시에 대해 마이클 테이트(Michael Thate)에게 감사한다.

20. D. A. 카슨(D. A. Carson), 《하나님의 이름의 영광을 위하여》 "무엇이 복음인가", 158.

02 -----

1. 마크 톰슨(Mark D. Thompson), *A Clear and Present Word: The Clarity of Scripture* (New Studies in Biblical Theology 21; Downers Grove, Ill, Inter-Varsity, 2006).

2. 폴 우드브리지(Paul Woodbridge)를 참조하라, "'Kingdom of God' and 'Eternal Life' in the Synoptic Gospels and John," in *God's Power to Save: One Gospel for a Complex World?* ed. Chris Green (Nottingham, UK: Inter-Varsity, 2006).

3. 위의 책, 72.

4. 위의 책, 64.

5. Simon Gathercole, "The Gospel of Paul and the Gospel of the Kingdom," in *God's Power to Save*, ed. Chris Green (Leicester, UK: Inter-Varsity, 2008), 138-154쪽.

6. 인류학, 언어학, 신학의 세계를 이 분야에서 연결해 준 존 토마스 박사(Dr. John Thomas)에게 감사드린다.

7. 복음을 제시하는 데 있어 어떻게 두 접근법을 통합할 수 있는지 앞 장에서 예시를 보였다.

8. D. A. 카슨(D. A. Carson), "The Biblical Gospel," in *For Such a Time as This: Perspectives on Evangelicalism, Past, Present and Future*, ed. Steve Brady and Harold Rowdon (London:

Evangelical Alliance, 1996), 80-81.

9. D. A. 카슨(D. A. Carson), "조직신학과 성경신학," 《성경신학 새사전》, 데스몬드 알렉산더(T. Desmond Alexander)와 브라이언 로스너(Brian S. Rosner) 편집 (Downers Grove, Ill.: Inter-Varsity, 2000), 89-104을 보라. 특히 97-98 참조. 또한 *New Studies in Biblical Theology* 시리즈의 "시리즈 서문"을 참조하라. 카슨은 성경신학의 세 번째 정의를 내리면서 "성경의 전체 또는 부분에 걸쳐서 성경적 주제들을 기술하는 것"이라고 하였다.

10. 히브리어 성경의 70인역 헬라어 번역자들이 동산, 즉 에덴을 번역한 방식에는 흥미로운 점이 있다. 창세기 2장 9절, 15-16절; 3장 1절, 8절, 10절 그리고 에스겔 31장 8절에서는 그리스어 파라데이소스(paradeisos)를 사용해서 '에덴' 또는 '동산'이라고 했다. 이 단어는 누가복음 23장 43절에 나오는데 예수께서 십자가에서 회개하는 범죄자에게 "오늘 네가 나와 함께 낙원에 있으리라"(en to paradeiso)고 하신 것이다. 또한 바울은 고린도후서 12장 4절에서 바울이 낙원으로(eis ton paradeison) 이끌려 갔다고 말했다. 그리고 요한은 계시록 2장 7절에서 '인자와 같은 이'(1:13)가 에베소교회에게 "이기는 그에게는 내가 하나님의 낙원에(en to paradeiso tou theou) 있는 생명나무의 열매를 주어 먹게 하리라"고 기록했다.

11. 이사야 40장 9-11절; 마가복음 1장 14-15절을 보라.

03 -----

1. D. A. 카슨(D. A. Carson), "예수 그리스도의 복음"(고전 15:1-19), Spurgeon Fellowship Journal (2008 봄): 10-11. www.thespurgeonfellowship.org/Downloads/feature_Sp08.pdf (2012년 1월 5일 접속); 또한 카슨이 쓴 "What is the Gospel? - Revisited," in For the Fame of God's Name: Essays in Honor of John Piper, ed. Sam Storms and Justin Taylor (Wheaton, Ill.: Crossway, 2010), 164-166을 보라. 여기에서 그는 "복음은 비신자를 위한 것만이 아니라 신자들을 위한 것"임을 기록하며 성경적 근거를 제시하고 있다.

2. 레슬리 뉴비긴(Lesslie Newbigin), *The Gospel in a Pluralist Society* (Grand Rapids: Eerdmans, 1989), 38. (《다원주의 사회에서의 복음》, IVP 역간, 2007).

3. Simon Gathercole, "The Gospel of Paul and the Gospel of the Kingdom," in *God's Power to Save*, ed. Chris Green (Nottingham, UK: Inter-Varsity, 2006), 138-154.

4. Edward Fisher, *The Marrow of Modern Divinity* (1645; repr., Fearn, Scotland: Christian Focus Publication, 2009).

5. Thomas Chalmers, "The Expulsive Power of a New Affection" (설교), www.theologynetwork.org/historical-thology/getting-stuck-in/the-expulsive-power-of-a-new-affection.htm (2012년 1월 6일 접속).

6. 미로슬라브 볼프(Miroslav Volf), *A Public Faith: How Followers of Christ Should Serve the Common Good* (Grand Rapid: Baker, 2011), 92. (《광장에 선 기독교 -공적 신앙이란 무엇인가》, IVP 역간, 2014).

7. D. A. Carson, "What is the Gospel? - Revisited," in *For the Fame of God's Name*, 165.

마이클 호튼에 대한 답변

1. John Calvin, *Institutes of the Christian Religion*, ed. John T. McNeill (Philadelphia: Westminster, 1960), 1:696-97. (존 칼빈, 《기독교 강요》)

part 2

04 -----

1. 이 책에서 renewal과 revival은 같은 의미로 사용한다(회복 또는 부흥으로 번역했다-역주).

2. Richard F. Lovelace, *Dynamics of Spiritual Life: An Evangelical Theology of Renewal* (Downers Grove, Ill: Inter-Varsity, 1979), 101.

3. 위의 책, 212.

4. 부흥에 대한 다양한 독서를 위해서는 다음을 보라. Thomas S. Kidd, *The Great Awakening: The Roots of Evangelical Christianity in America* (New Haven, Conn.: Yale University Press, 2007); Mark Noll, "The New Piety: The Conversion of the Wesleys," in *Turning Points: Decisive Moments in the History of Christianity* (Grand Rapids: Baker, 2001), 221-244 (《터닝포인트》, CUP 역간, 2007); D. Martin Lloyd-Jones, *Revival* (Wheaton, Ill.: Crossway, 1987), (《부흥》 복 있는 사람 역간, 2006); Iain H. Murray, *Revival and Revivalism: The Making and Marring of American Evangelism 1750-1858* (Carlisle, Pa.: Banner of Truth, 1994) (《부흥과 부흥주의》, 부흥과개혁사 역간, 2005); C. Goen, ed., *The Works of Jonathan Edwards: The Great Awakening* (New Haven, Conn.: Yale University Press, 1972); Richard F. Lovelace, *Dynamics of Spiritual Life* (Downers Grove, Ill.: Inter-Varsity, 1979).

5. 최근의 조사로는, Collin Hansen and John Woodbridge, *A God-Sized Vision: Revival Stories That Stretch and Stir* (Grand Rapids: Zondervan, 2010)를 보라.

6. William B. Sprague, *Lectures on Revivals of Religion* (1832; Edinburgh: Banner of Truth, 1958), 25-60. (《참된 영적 부흥》, 이레서원 역간, 2007).

7. 마크 놀(Mark Noll)이 *Turning Points*에 쓴 "The New Piety" (221-244)를 보라.

8. 지난 수년 동안, 많은 젊은 복음주의 지도자들이 동일한 비판을 가했다. 그들은 신-재침례주의 사상가들인 스탠리 하우어와스(Stanley Hauerwas), 윌리엄 윌리몬(William Willimon); 좀 더 연로한 재침례주의자인 존 하워드 요더(John Howard Yoder); '신수도원주의'인 셰인 클레어본 (Shane Claiborne); 고교회(high church) 칼빈주의자인 마이클 호튼(Michael Horton), 대릴 하 트(Darryl Hart); 연방 비전 지도자인 더글라스 윌슨(Douglas Wilson); 그리고 레슬리 뉴비긴 (Lesslie Newbigin)과 N. T. 라이트(N. T. Wright)를 따르는 사람들에게 영향을 받았다. 이 사 상가들과 그룹들은 다르기도 하지만 이들은 동일하게 성례, 요리 문답, 두텁고 깊은 공동체 그 리고 성찬의 매주 준수를 강조한다. 부흥주의 종교는 '영지주의적'이며 (몸에 참여하지 않고, 육 체적인 것을 돌보지 않는다는 것), 개인주의적이며, 확신의 근거를 주관적인 경험에 둔다는 비 판을 받는다. 보다 탄탄한 공동체 참여와 전통에 의거하지 않는다는 것이다. 개인적 체험을 위

해서는 성례와 교회 참여가 아니라 확신 추구가 필요하다.

9. 스프레이그(Sprague)는 이러한 부흥의 '악들'에 대해 경고한다: "신적인 제도들과 신적 진리들을 평가절하한다"(p. 242), "신성을 저해하고 목회직의 영향력을 감소시키는 데 적합한 것들"(p. 247), 그리고 "사람들을 제대로 된 준비나 경고 없이 성찬에 참여시키는 것"(p. 254). 이러한 비판들의 상당수가 현대의 역사자들, 신학자들, 젊은 복음주의 지도자들이 하는 것과 유사하다는 것을 특기할 필요가 있다.

10. Archibald Alexander, *Thoughts on Religious Experience* (Edinburgh: Banner of Truth, 1978), 13-35.

11. Mark Noll을 보라. *The Old Religionin a New World: The History of North American Christianity* (Grand Rapids: Eerdmans, 2001), 51.

12. 다원주의적 문화 세력이 어떻게 개인의 신앙 선택에 영향을 미치는지에 대한 두 가지 고전적인 설명이 있다. Peter L. Berger를 보라. *The Homeless Mind: Modernization and Consciousness* (New York: Vintage, 1974) (《고향을 잃은 사람들》, 한벗 역간, 1981), *The Heretical Imperative: Contemporary Possibilities of Religious Affirmation* (New York: Doubleday, 1980), (《이단의 시대》, 문학과지성사 역간, 1981).

13. 빌립보서 3장 3절에서 "우리가 곧 할례파라"고 할 때, 여기에서 '할례'란 특히 구별성을 소통하는 것과 관련된다. '그리스도를 믿는 것'이 객관적인 것을 의미하는지(그리스도 안에 있는 믿음), 아니면 주관적인 것을 의미하는지(그리스도의 믿음/ 신실하심)을 의미하는지에 대해 논쟁이 있다. 그러나 이 논쟁이 우리의 의견에 영향을 미치지는 않는다. 이 구절은 무엇이 우리의 정체성인가에 대한 것이다. 우리가 하는 것(육신의 일)이냐, 아니면 그리스도께서 우리를 위해서 이루신 것이냐 하는 점이다.

14. Martin Luther, *Commentary on Galatians* (Lafayette, Ind.: Sovereign Grace, 2002), 103.

05 -----

1. 이 장에서 그리고 책의 대부분에서 나는 '종교'(religion)를 도덕주의(moralism)와 율법주의(legalism)의 동의어로 사용한다. 물론 우리가 하는 '그리스도교(종교)'라는 말은 중립적인 의미다. 그러나 내가 '종교'라고 표현할 때는 효과적인 전달을 위해서 부정적으로 사용하는 것이다. 내가 이렇게 하는 데는 두 가지 타당한 이유가 있다. (1) 신약성경은 '종교' 또는 '종교성'이라는 두 가지 단어, 즉 threskeia, deisidaimonia를 사용하는데 모두 부정적으로 사용했다(행 25:19; 26:5; 골 2:18 [NIV 성경은 '예배하다']). 야고보 역시 threskeia를 긍정적으로 한 번 사용했고(약 1:27) 1:26에서는 부정적으로 사용했다. 히브리어에는 공로 종교에 대한 유사한 용어들이 많이 있다. (2) 때때로 '종교'와 '관계성'을 대비하기도 한다. "기독교는 종교와 다릅니다. 기독교는

관계입니다"라고 말하는 것처럼. 이것은 내가 의미하는 것이 아니다. 어떤 이들은 기독교가 하나님의 내적인 사랑의 관계를 요구하며 순종이나 거룩한 삶이나 공동체적 삶이나 훈련은 요구하지 않는다고 가르치는데 디트리히 본회퍼(Dietrich Bonhoeffer)는 《나를 따르라》에서 이것에 대해 '값싼 은혜'라고 불렀다. 그것은 우리를 회복시키기 위해 값비싼 대속을 요구하지 않는, 거룩하지 않은 하나님의 사랑에 대한 것이기에 삶의 변화도 요구하지 않는다는 것이다. 복음은 값싼 은혜와 다르며 종교와도 다른 것이다.

2. 사실은 겉보기에 비종교적인 사람들조차도 실상은 종교를 갖고 있다. 1장에서 언급한 데이비드 포스터 월리스(David Foster Wallace)의 말을 들어보라(http://moreintelligentlife.com/story/david-foster-wallace-in-his-own-words).

3. Richare F. Lovelace, *Dynamics of spiritual Life: An Evangelical Theology of Renewal*(Downers Grove, IL: InterVarsity, 1979), 101, 211-212

4. 이 표는 팀 켈러(Timothy Keller)가 쓴 성경공부 교재 *Gospel in Life Study Guide: Grace changes Everything*(Grand Rapids: Zondervan, 2010), 16에 나와 있다.

5. C. S. Lewis, *The Screwtape Letters* (New York: Macmillan, 1961).

6. 바울은 스토아 철학의 미덕을 활용하고 있다. 스토아주의를 통해 그러한 미덕을 실현하는 것으로는 충분하지 않은데, 스토아주의는 감정을 억누르고 열정을 부인하는 사실상의 도덕주의인 것이다. 이러한 미덕을 진정으로 얻으려면 복음에 의하여 '가르침을 받는 것'이 필요하다. 마크 레이놀즈 박사(Dr. Mark Reynolds)가 이에 대한 통찰을 제공했다.

7. 이러한 '직설문-명령문'의 순서와 균형은 바울 서신 어디에서나 찾아볼 수 있다. 예를 들어 바울은 고린도전서의 첫 세 장에서 반복적으로 고린도의 그리스도인들에게 그들이 '거룩'하다고 상기시킨다. 거룩하다는 것은 구별되어 용납되었다는 의미이다. 고린도전서 4-6장에서, 바울은 그들에게 "너희의 부르심을 따라 살라, 너희의 정체성을 실행하라"고 요구한다.

8. 더 자세한 것은 다음을 참조하라: 팀 켈러(Timothy Keller) 저 《팀 켈러의 내가 만든 신 (*Counterfeit Gods*)》(두란노 역간).

9. Martin Luther, *A Treatise on Good Works* (Rockville, Md.: Serenity, 2009), 28. 마르틴 루터, 선한 공로에 대한 논문.

10. 루터는 (선한 공로에 대한 논문에서) 이렇게 썼다, "하나님을 전혀 신뢰하지 않으며, 오직 다른 무엇을 바라기 때문에 그의 은총만 구하는 이들은 이 계명을 지키지 않으며, 진정으로 우상 숭배를 할 뿐이다. 그들이 십계명의 다른 계명들을 지킨다고 할지라도 그렇다."

11. 신학자 폴 틸리히(Paul Tillich)는 우상을 이해하는 유용한 범주를 제공한다. Tillich (*Dynamics of Faith* [New York: HarperCollins, 2001]). 그는 믿음을 '궁극적인 관심'이라고 정의한다. 당신이 무엇을 위해 살든지 - 신앙이 있든 없든 간에 - 궁극적인 최상으로 높이는 것이 우상이다.

12. Timothy Keller, *Gospel in Life Study Guide* (Grand Rapids: Zondervan, 2010)에 본 장에서 다룬 것에 대한 자세한 내용이 나와 있다.

06 -----

1. C. John Miller, *Outgrowing the Ingrown Church* (Grand Rapids: Zondervan, 1986, 1999), 98-101.

2. Martin Lloyd-Jones, *Revival* (Wheaton, Ill.: Crossway, 1987), 33-54, (《부흥》, 생명의말씀사 역간, 2014, 3장 불신과 4장 오염된 교리를 보라).

3. 마틴 로이드 존스(Martin Lloyd-Jones), 《부흥》, 6장 죽은 정통을 보라.

4. 위의 책, 5장과 7장.

5. "복음 부흥을 위한 설교" 부분을 보라. 나는 이 책에서 이 주제를 깊이 다루지 않는다. 가까운 미래에 이 주제에 대한 책을 준비하고 있기 때문이다(2016년에 *Preaching*이 출간될 예정이다-역주).

6. 마틴 로이드 존스(Martyn Lloyd-Jones), 《영적 침체》(새순출판사), 팀 켈러(Timothy Keller), 《팀 켈러의 탕부 하나님》(두란노), 팀 켈러, *The Prodigal God Discussion Guide* (Grand Rapids: Zondervan, 2009).

7. 다음을 보라. Richard F. Lovelace, *Dynamics of Spiritual Life: A n Evangelical Theology of Renewal* (Downers Grove, IL: InterVarsity, 1979, 그리고 조나단 에드워즈가 쓴 이 책들을 보라: The Nature of True Virtue (Eugene, OR: Wipf and Stock, 2003) 조나단 에드워즈, 《참된 미덕의 본질》(부흥과개혁사 역간); *Thoughts on the New England Revival: Vindicating the Great Awakening* (Carlisle, PA: Banner of Truth, 2004) 조나단 에드워즈, 《놀라운 부흥과 회심 이야기》(부흥과개혁사 역간); and R*eligious Affections* (Carljsle, PA: Banner of Truth, 1961) 조나단 에드워즈, 《신앙감정론》(부흥과개혁사 역간). 에드워즈는 조사할 만한 가치가 있는 많은 다른 글들을 남겼다. 또한 그의 설교를 참조하라: "*A Divine and Supernatural Light*" (조나단 에드워즈, 《신적이며 영적인 빛》(부흥과개혁사 역간) and "*Justification by Faith.*"

8. 유용한 자료로는 리디머교회의 성경공부 교재인 Paul's Letter to the Galatians: Living in Line with the Truth of the Gospel(참여자 및 인도자 가이드)을 보라 (http://redeemercitytocity.com/resources/library.jsp?Library_item_param=376)). 또한 팀 켈러(Timothy Keller)의 *Gospel in Life Study Guide*를 보라 (Grand Rapids: Zondervan, 2010).

9. William Williams, *The Experience Meeting: An Introduction to the Welsh Societies of the Great Awakening*, trans. D. Martyn Lloyd-Jones (Vancouver, B.C.: Regent College Publishing, 2003).

10. 윌리엄 스프레이그(William B. Sprague), *Lectures on Revivals of Religion* (1832; Carlisle, Pa.: Banner of Truth, 2007), 139. (《참된 영적 부흥》, 이레서원 역간, 2007).

11. 위의 책, 118-129.

12. 위의 책, 153-214. ("Lectures VI: Treatment Due to Awakened Sinners"; "Lectures VII: Treatment Due to Young Converts").

13. 위의 책, 155.

14. 유명한 찬송 작사가이기도 한 뉴턴(John Newton)은 복음 상담에 대한 위대한 유산을 남겼다. 시작하기 좋은 책은 *The Letters of John Newton* (Carlisle, Pa.: Banner of Truth, 1960), (《영적 도움을 위하여 존 뉴턴 서한집》, 크리스천다이제스트 역간, 2011).

15. 다음을 보라. Wilson H. Kimnach, "Jonathan Edwards's Pursuit of Reality," in *Jonathan Edwards and the American Experience*, ed. Nathan O. Hatch and Harry S. Stout (New York: Oxford University Press, 1988). 105.

16. D. Martyn Lloyd-Jones, "Jonathan Edwards and the Crucial Importance of Revival," in *The Puritans: Their Origins and Successors* (Edinburgh: Banner of Truth, 1976), 360. (《청교도 신앙 그 기원과 계승자들》, 생명의말씀사 역간, 2013).

17. 이 숫자는 1990년대 초반 〈뉴욕〉 잡지에서 얻은 것이며, 모든 개신교 회중의 멤버들을 포함한 것이다. 또 다른 통계에 따르면 1980년대 후반 복음주의적 개신교 교회에 출석하는 사람들의 수는 맨해튼의 1퍼센트 미만이었다.

18. D. Martyn Lloyd-Jones, *Preaching and Preachers* (Grand Rapids: Zondervan, 1972), 151. (《설교와 설교자》, 복 있는 사람 역간, 2012).

19. Richard F. Lovelace, *Dynamics of Spiritual Life: An Evangelical Theology of Renewal* (Donwers Grove, Ill.: Inter-Varsity, 1979), 145-200.

20. Derek Kidner, Psalms 73-150: *A Commentary* (Downers Grove,Ill.: Inter-Varsity, 1973), 440.

21. 위의 책.

22. 위의 책.

'복음 부흥'에 대한 논평 -----

1. C. S. Lewis, "Three Kinds of Men," in *Present Concerns* (London: Fount, 1986), 21-22. 팀 켈러는 이 에세이를 다음의 영상에서 언급한다: www.youtube.com/watch?v=yQOkWULpW8g (접속일: February 25, 2015).

2. C. S. Lewis, "Man or Rabbit?" in *God in the Dock* (1970: repr., Grand Rapids: Eerdmans, 2002), 112. (C. S. 루이스, "인간인가 토끼인가", 《피고석의 하나님》, 홍성사 역간, 2011)

3. Richard Lovelace, *Dynamics of Spiritual Life: An Evangelical Theology of Renewal* (Grand Rapids: Eerdmans, 1979), esp. 98-102. (리처드 러브레이스, 《영적 생활의 역동성: 부흥에 대한 복음주의 신학》)

4. Martin Luther, "A Sermon on the Three Kinds of Good Life for the Instruction of

Consciences," in Luther's Works, vol. 44 (Minneapolis: Fortress, 1966), 236. (마틴 루터, "양심의 교훈을 위한 세 가지 종류의 선한 삶에 대한 설교", 루터 선집 44권)

5. 위의 책, 239.

6. 위의 책, 240.

7. 위의 책 241-242.

8. 다음을 보라. Clare Carlisle, *Kierkegaard: A Guide for the Perplexed* (London: Continuum, 2007), 77-83. (칼리슬, 당황한 사람을 위한 키에르케고르 가이드)

9. F. B. Meyer, *The Directory of the Devout Life* (London: Morgan and Scott, 1904), 148.

10. Thomas Aquinas, *Summa Theologiae, vol. 30: The Gospel of Grace* (trans. Cornelius Ernst; Oxford: Blackfriars, 1972), 81-85. (토마스 아퀴나스, 《신학대전 제30권: 은혜의 복음》)

11. Blaise Pascal, Pensees (Middlesex, England: Penguin, 1995), 52. (블레즈 파스칼, 《팡세》)

12. 에드워즈가 다른 이들과 같은 선명함을 가지고 세 가지 삶의 방식을 구체적으로 말한 부분을 아직 발견하지는 못했다. 그러나 그는 도덕적 삶을 참된 미덕과 거짓 순종의 용어로 매우 자주 설명한다 (그러므로, 암시적으로, 세 가지 삶의 길이 있는 것이다). 그러므로 여기에 그를 포함하는 것이 타당하다. 에드워즈가 참된 열정과 거짓 열정을 구분할 것을 살펴보려면 다음을 보라. 조나단 에드워즈, 《신앙감정론》(부흥과개혁사 역간). 조나단 에드워즈, 《부흥론》(부흥과개혁사 역간). 또한 에드워즈가 "세 가지 종류의 찬양"을 설명한 것을 참조할 수 있다: *The Glory and Honor of God: Volume 2 of the Previously Unpublished Sermon of Jonathan Edwards*, ed. Michael McMullen (Nashville: Broadman & Holman, 2004), 124.

13. Herman Ridderbos, *Paul: An Outline of His Theology*, trans. John Richard de Witt (Grand Rapids: Eerdmans, 1975), 137-40. (헤르만 리델보스, 《바울 신학》, 솔로몬 역간)

14. Karl Barth, *Church Dogmatics*, ed. G. W. Bromiley and T. F. Torrance (Edinburgh:T&T Clark, 1961), IV/3, 461-62. (칼 바르트, 《교회 교의학》, 대한기독교서회 역간)

15. 다음을 보라: Dane C. Ortlund, "Christocentrism: An Asymmetrical Trinitarianism?" *Themelios* 34 (2009): 309-321. (데인 오틀런드, "그리스도 중심 사상: 비균형적인 삼위일체론인가?", 《더 멜리오서 34권》)

16. J. Gresham Machen, *What Is Faith?* (1925; repr.,Edinburgh: Banner of Truth, 1991), 173.

17. 성화와 칭의의 관계에 대해 켈러가 인용하는 리처드 러브레이스는 반복해서 그리스도와의 연합이라는 주제로 돌아간다. 다음을 보라: Richard Lovelace, *Dynamics of Spiritual Life* (e.g., pp. 73-81, 98, 103-4, 114 - 15, 133, 142, 145, 170, 189, 194).

18. John Calvin, *Institutes of the Christian Religion*, ed. John T. McNeill (Philadelphia: Westminster, 1960), 1:537. (존 칼빈, 《기독교·강요》)

19. Charles Hodge, *The Way of Life: A Handbook of Christian Belief and Practice* (1841; repr.,

Grand Rapids: Baker, 1977), 325. (찰스 하지, 《생명의 길》, 크리스천 다이제스트 역간)

20. 이 교리에 대해 지난 몇 년 동안 많은 글이 쓰이긴 했지만, 그리스도와의 연합에 관한 바울 신학의 최고의 책은 지금은 콘스탄틴 캠벨의 책이다. 캠벨은 바울이 그리스도와의 연합을 설명할 때 말하는 네 가지 요점을 정리한다: 연합, 참여, 동일시, 그리고 포함. 다음을 보라: Constantine R. Campbell, *Paul and Union with Christ: A n Exegetical and Theological Study* (Grand Rapids: Zondervan, 2012).

21. 그레고리 비일은 다음의 책 마지막 장에서 그리스도인의 삶에 기름을 붓는 도래된 종말론을 탐사한다: Gregory Beale, *A New Testament Biblical Theology: The Unfolding of the Old Testament in the New* (Grand Rapids: Baker, 2011), 835-870, 961-962.

22. 이 부분에 대해 유용한 대화 상대는 도날드 알렉산더가 편집한 책이다: Donald L. Alexander, ed., *Christian Spirituality: Five Views of Sanctification* (Downers Grove, IL: InterVarsity, 1989). 싱클레어 퍼거슨은 성화에 대한 개혁주의 관점이 팀 켈러가 고백하는 것과 일치한다고 본다. 그러나 복음 부흥에 대한 장들은 종종 거하드 포드의 루터란 관점과 더 비슷할 때가 있다. 퍼거슨이 자신의 관점을 루터란과 구별하는 핵심 차이는 그리스도와의 연합이 가지는 근본적 중요성에 대한 것이다. 유사한 부분으로는 다음을 보라. Sinclair Ferguson, *John Owen on the Christian Life* (Edinburgh: Banner of Truth, 1987), 130.

23. 리폼드 신학교의 D. Min. 과정에서 팀 켈러는 에드먼드 클라우니와 함께 몇 해 동안 공동 강의를 했다. 켈러는 화란 개혁 신학자인 G. C. 벌카우어의 작업을 활용해서 칭의가 성화에 기름을 공급한다고 주장했다. 켈러의 복음 부흥 챕터에도 이 부분이 반영되어 있다. 이는 매우 심오하고 성경적인 통찰이다. 그렇지만 벌카우어는 그리스도와의 연합을 보다 폭넓게 그의 구원론에 충분히 통합하지는 못했다. 이는 내가 다음에서 주장한 바이다. Dane C. Ortlund, "Sanctification by Justification: The Forgotten Insight of Bavinck and Berkouwer on Progressive Sanctification," *Scottish Bulletin of Evangelical Theology* 28 [2010]: 43-61). (데인 오틀런드, "칭의에 의한 성화: 바빙크와 벌카우어의 점진적 성화에 대한 잊혀진 통찰"). 우리의 복음주의 선구자인 칼 헨리는 벌카우어를 이 지점에서 비판했다 (Carl F. H. Henry, *Christian Personal Ethics* [Grand Rapids: Eerdmans, 1957], 468-471).

24. Humphrey Carpenter, ed., *The Letters of J. R. R. Tolkien* (New York: Houghton Mifflin, 2000), 110.

25. 이 마지막 부분에 대해서는 자렛 윌슨 (Jared Wilson)에게 배운 것이다.

26. 스펄전의 통찰을 내게 전해준 아버지 레이 오틀런드에게 감사드린다.

27. 토머스 왓슨이 지적한 바와 같다. Thomas Watson, *A Body of Divinity* (London: Banner of Truth, 1965), 187. (토머스 왓슨, 《신학의 체계》, 크리스찬 다이제스트 역간)

28. John Owen, *Communion with the Triune God*, ed. Kelly M. Kapic and Justin Taylor (Wheaton, IL: Crossway, 2007), 251. (존 오웬, 《성도와 하나님의 교제》, 생명의말씀사 역간)

29. Thomas Goodwin, *The Heart of Christ* (Edinburgh: Banner of Truth, 2011), 48. 토머스 굿
윈 작품의 완전한 제목은 "하늘에 계신 그리스도의 지상에 있는 죄인들을 향한 마음: 즉, 죄 또
는 비참 가운데 있는 온갖 종류의 연약함 아래 있는 그의 성도들을 향하여 이제는 영광스러
운 인간 본성 속에 계신 그리스도께서 가지신 은혜로운 성품과 부드러운 사랑에 대한 논문"이
다. 다른 청교도들도 비슷하게 하나님의 마음에 초점을 맞추었다. 예를 들어, Thomas Manton,
Exposition of John 17 (London: Banner of Truth, 1959); William Bridge, *A Lifting Up for the
Downcast* (Edinburgh: Banner of Truth, 1961); Thomas Brooks, *Precious Remedies Against
Satan's Devices* (London: Banner of Truth,1968) (토머스 브룩스, 《사단의 책략 물리치기》, 엘
맨 역간); John Bunyan, *Come and Welcome to Jesus Christ* (Edinburgh: Banner of Truth, 2004).

30. Bryan Chapell, *Holiness by Grace: Delighting in the joy That Is Our Strength* (Wheaton, IL:
Crossway, 2001), 196. (브라이언 채플, 《성화의 은혜: 기쁨으로 힘찬 발걸음을 내딛게 하는 흔
들림 없는 사랑》). 나는 센터 처치에 나온 팀 켈러의 내용에 대해 쓰라고 요청을 받았다. 그러나
그의 전체 설교 사역을 살펴본다면, 내가 여기에서 묘사하는 뉘앙스를 사람들이 알 수 있을 것
이다.

31. 나는 드루 헌터, 스캇 카우프만, 그리고 개빈 오틀런드에게 감사드린다. 그들이 이 챕터의 초기
버전을 세심하게 읽고 반응해주었다.

데인 오틀런드에 대한 답변-----

1. John Calvin, *Institutes of the Christan Religion*, ed. John T. McNeill (Philadelphia: Westminster,
1960), 1:18

2. Douglas Moo, *The Epistle to the Romans* (New International Commentary on the New
Tastament: Grand Rapids: Eerdmans, 1996), 351-352

3. John Owen, *Of the Mortification of Sin in Believers*, www.ccel.org/ccel/owen/mort(accessed
August 31, 2015)

마이클 호튼(PhD, 코벤트리 앤드 위클리프 홀 대학, 옥스퍼드). 캘리포니아 웨스트민스터신학교의 조직신학 및 변증학 분야의 J. 그래샴 석좌교수다. 그는 화이트 호스 미디어(White Horse Media)의 대표이다. 또한 화이트 호스 인(White Horse Inn)이라는 전국적인 주간 방송 토크쇼를 미국 기독교 안에서 개혁주의 신학의 이슈들을 탐사하는 주제로 하고 있다. 그는 〈현대 개혁주의〉의 편집장이며 20권 넘는 저서를 저술했다.

데인 오틀런드(PhD, 위튼 대학). 일리노이주 휘튼에 위치한 크로스웨이 출판사의 책임 부사장이다. 그는 여러 책을 저술했으며, *Short Studies in Biblical Theology* 시리즈와 *Knowing the Bible* 시리즈의 공동 에디터다. 학계와 대중을 대상으로 많은 글을 썼다.

1권 《복음으로 세우는 센터처치》
기고자: 마이클 호튼, 데인 오틀런드

우리는 복음을 이해하고 충실하게 설교하면, 우리 사역이 필연적으로 복음 중심으로 형성되리라고 쉽사리 가정을 한다. 그러나 이것이 꼭 사실은 아니다. 많은 교회들이 스스로 복음 중심적이라고 주장하지만, 복음으로 형성되고, 복음이 중심이고, 복음으로 능력을 받은 것만이 아니다. 대부분이 복음의 영향력이 교회 사역의 구조 속에서 어떻게 나타났는지 볼 수 없다.

복음 중심적인 사역은 프로그램이 이끄는 것이 아니라 신학이 이끈다. 복음 중심적인 사역을 추구하려면 복음 자체의 본질, 진리, 그리고 양상을 성찰하는데 많은 시간을 할애해야 한다. 복음은 종교도 비종교도 아니다. 완전히 다른 무엇이다. 은혜로 하나님을 만나는 제3의 길이다. 《팀 켈러의 센터처치》 시리즈의 1권 《복음으로 세우는 센터처치》에서 베스트셀러 저자이자 목회자인 팀 켈러는 복음이 어떤 것인지에 대한 현재의 여러 토론과 갈등을 다룬다. 그리고 복음을 성실하게 설교하는 것이 개인과 공동체의 부흥에 어떠한 영향을 미치는지를 제시한다.

이 새로운 에디션은 《팀 켈러의 센터처치》의 첫 번째 부분을 읽기 쉬운 형태로 담고 있다. 이 책에서는 마이클 호튼과 데인 오틀런드의 논평과 팀 켈러의 답변들이 추가되었다.

2권 《도시를 품는 센터처치》
기고자: 다니엘 스트레인지, 가브리엘 살귀에고, 앤디 크라우치

이 책은 베스트셀러 작가이자 목회자인 팀 켈러가 복음을 상황화하는 성경적 토대들을 살펴본다. 문화 속에서 복음과 소통하기 위해서는 복음을 존중하는 태도와 동시에 도전적인 자세가 필요하다. 팀 켈러는 도시 비전의 핵심 특성들을 명확하게 제시한다. 어떻게 도시가 성경에서 한 주제로 발전했는지를 보여 준다. 하나님을 거부하는 도시의 근원부터 선교를 위한 전략적 중요성까지 도시의 정점과 영광스러운 회복까지 다룬다.

《도시를 품는 센터처치》는 《팀 켈러의 센터처치》의 두 번째 부분을 읽기 쉬운 형태로 담고 있다. 또한 여러 저자들의 새로운 논평들이 추가되었고, 팀 켈러가 이에 대해 피드백으로 구성되어 있다.

3권 《운동에 참여하는 센터처치》
기고자: 팀 체스터, 마이크 코스퍼, 다니엘 몽고메리, 앨런 허쉬

팀 켈러는 교회 사명의 본질에 대해서 살피며 각각의 그리스도인이 세상에서 하는 일과 사명의 관련성을 살펴본다. 그는 '선교적 교회'가 되는 것은 오늘날 어떤 의미인지를 조사한다. 그리고 교회들이 어떤 실제적인 방법으로 사람들을 구비하여 선교적 삶을 살아가도록 도울 수 있는지 조사한다. 교회들은 통합적인 사역을 의도적으로 만들어야 한다. 사람들을 하나님께, 각 사람에게, 도시의 결핍에, 그리고 우리 주변의 문화에 연결해야 한다. 마지막으로 그는 교회들의 의도적인 운동에 참여할 필요성을 강조한다. 하나님의 진리를 성실하게 선포하며 지역 공동체를 섬기는 새로운 교회들을 심는 사역의 필요성을 조명한다.

시리즈의 마지막인 이 책은 《팀 켈러의 센터처치》의 세 번째 부분을 읽기 쉬운 형태로 담고 있으며, 새롭게 추가된 논평들과 팀 켈러의 피드백으로 구성되어 있다.